高职教育新形态教材建设工程系列教材

QICHE
DIANQI XITONG JIANXIU

汽车电气系统检修

王　琦　吕少卉　主　编
金天宇　宋玲安　张立驰　副主编

江苏大学出版社
JIANGSU UNIVERSITY PRESS
镇　江

图书在版编目(CIP)数据

汽车电气系统检修 / 王琦，吕少卉主编. -- 镇江：江苏大学出版社，2025. 8. -- ISBN 978-7-5684-2563-6

Ⅰ. U472.41

中国国家版本馆 CIP 数据核字第 202525F8E2 号

汽车电气系统检修

Qiche Dianqi Xitong Jianxiu

主　　编/王　琦　吕少卉
责任编辑/许莹莹
出版发行/江苏大学出版社
地　　址/江苏省镇江市京口区学府路 301 号(邮编：212013)
电　　话/0511-84446464(传真)
网　　址/http://press.ujs.edu.cn
排　　版/镇江文苑制版印刷有限责任公司
印　　刷/苏州盛世云印科技有限公司
开　　本/787 mm×1 092 mm　1/16
印　　张/15
字　　数/349 千字
版　　次/2025 年 8 月第 1 版
印　　次/2025 年 8 月第 1 次印刷
书　　号/ISBN 978-7-5684-2563-6
定　　价/45.00 元

内容简介

随着电子工业技术的飞速发展，电子控制技术在汽车上的应用越来越广泛，尤其是在解决汽车油耗、安全和排放方面的问题上，汽车电子控制技术发挥着举足轻重的作用，给汽车的发展带来了划时代的变革。当前，汽车上的各个系统的工作性能都采用了相应的电子控制装置来优化和管理，因此对于汽车检修专业的学生来说，学习的主要任务和方向就是汽车电路的检修。汽车的发动机电控、底盘电控以及车身电控，都是以基本电路为基础的，所以让学生学会汽车电路故障的检修方法和诊断思路至关重要。这也是我们编写本书的初衷。

本书的内容包括：基础电路检修、灯光与信号系统检修、照明系统检修、电源系统检修、起动系统检修、仪表系统检修。

本书的编写特点如下：

1. 课程项目设计遵循了学生职业成长规律和认知规律来序化教学内容，由易到难、由浅入深、层层递进地安排相应的学习任务；

2. 书中内容能够与时俱进，如在书中引入国赛车型迈腾 B8 和北汽新能源 EU5 的各种控制系统的故障检修等；

3. 学生在学习中，能按照类似于企业工作流程的方法，通过教学做一体化来完成学习任务；

4. 内容上以教师为辅，教师仅提供技术支持和安全监督；以学生为主，学生依据所学内容并借助维修手册，制订故障排除流程，从而上车排除故障；

5. 鼓励学生进行团队合作，在项目学习中提高语言沟通、文字表达、协作配合、动手操作的能力，提高分析问题、解决问题的能力，从而有利于构建知识技能与职业素养并重的评价体系。

汽车电气系统检修课程以本书为依托，着重培养学生的职业能力。课程学时进度安排如下：

内容	学时	内容	学时	内容	学时
项目一	16	项目三	12	项目五	12
项目二	16	项目四	16	项目六	12

本书适用于以培养学生汽车电气系统实车操作技能和应用为主的高职、中职院校，以及从事汽车电气系统维修职业的人员。

目录
Contents

项目一

基础电路检修

本项目主要学习和巩固中学所学的基础电路知识和基本测量方法，了解电路常见故障类型，进一步夯实基础电路的检修知识和检修技能。

知识目标

掌握串联、并联、混联电路的搭建；
掌握单级和多级开关的结构；
掌握常开、常闭、组合继电器的原理；
掌握万用表和试灯的使用；
掌握电路中电压、电流和电阻的测量。

技能目标

能够绘制串联、并联、混联电路图；
能够搭建基础电路；
学会测量基础电路的电压、电流和电阻；
能够排除基础电路短路、断路、搭铁故障；
能够熟练使用万用表和试灯；
能够识读汽车整体电路图；
能够识读和摘画系统电路图。

素质目标

培养热爱科学、实事求是的学风和创新精神；
培养科学的工作态度和严谨的工作作风；
增强有效沟通与合作的能力；
提高分析并解决实际生活中的电路问题的能力。

任务一 基础电路搭建

任务导入

电路知识的应用在我们的生活中很常见。例如，家里的用电器有时候需要单独工作，有时候需要同时工作；路口交通信号指示灯可以通过颜色的变化指挥车辆和行人的交通行为等。电路与我们的生活息息相关，因此我们需要努力学习电路知识，增强实践技能，小则惠及自身和家人，大则强国富民。

下面以常用的手电筒为例，引入最简单的基础电路，其结构如图 1-1-1 所示。

通过手电筒的结构可以看出，基础电路的基本构成包括电源、导线、开关和用电器等元件。对于汽车而言，其基础电路还包括保险丝（片）等，如图 1-1-2 所示。

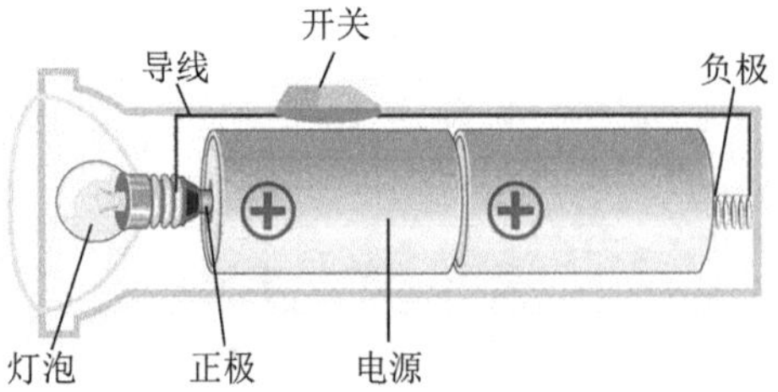

图 1-1-1　手电筒结构示意图

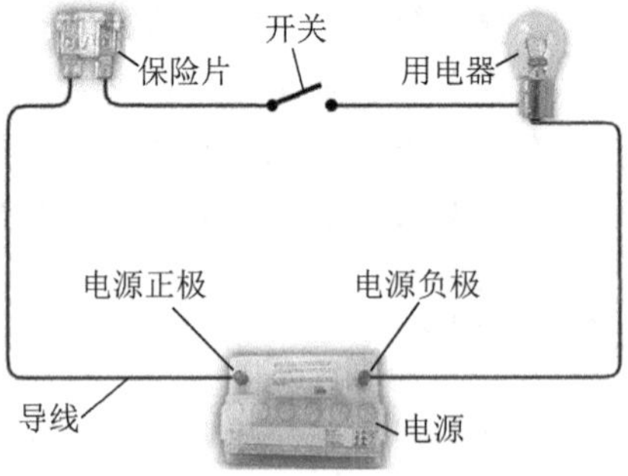

图 1-1-2　汽车基础电路

知识准备一：基础电路组成元件

一、电路的定义

电流流经的路径称为电路。最简单的电路是由电源、用电器（负载）、导线、开关等元器件组成的。

在电路中，电器元件之间靠导线连接。为了实现电路的快速组建，且保证用电安全，所有电器元件都采用插接器或接线柱等方式连接在一起，导线的两端安装了快速接头并采用绝缘体对接头进行保护，防止线路连接好之后有金属部位裸露在外面，如常见的家用插头、插座、灯座等。维修时若需将断开的导线连接在一起，应将导线连接好后缠裹绝缘胶布或热缩管等绝缘材料。

汽车上的电路通常由电源、保护装置、开关、用电器、导线等元器件组成。在汽车电路中，电流从电源正极出发穿过用电器后搭铁回到电源负极。图 1-1-3 表示了电流在汽车电路中的流动方向。

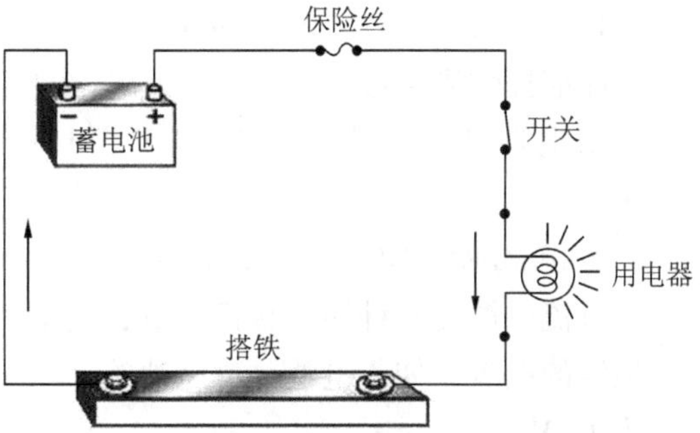

图 1-1-3　汽车电路中的电流流向

汽车电路的特点是低压直流、双电源单线制、用电器并联、负极搭铁。在汽车电气系统中从电源正极到用电器用一根导线连接，从用电器回到电源负极的导线则用汽车底盘、发动机、车身等金属机体来代替，作为另一根共用导线，即采用负极搭铁的方式，使汽车所有用电器的负极都共用一个搭铁线（负极线）。也就是说，在汽车电路中，只能看到从电源正极到用电器的供电导线，而用电器回到电源负极的那根导线直接由金属车身充当。这种连接方式又称单线制，单线制节省导线，线路简单、清晰，安装和检修方便，且电器元件不需要与车体绝缘，所以现代汽车电气系统普遍采用单线制。

二、汽车电路元件及其符号

为了便于分析电路，通常用符号表示汽车电路的元件并将其连接成电路。图 1-1-4 给出了常用的电路元件及其符号。

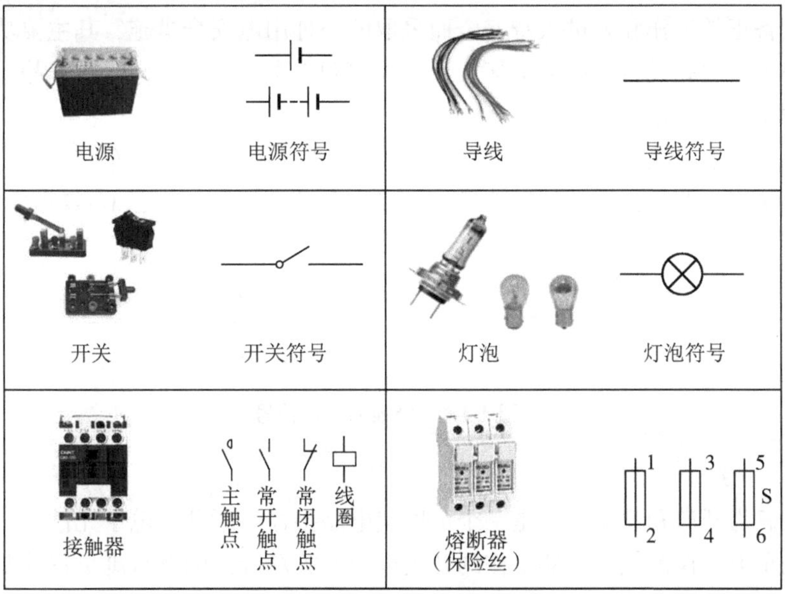

图 1-1-4　常用的电路元件及其符号

（一）电源

电源是将其他形式的能量转变为电能的装置。例如，电池是把化学能转变成电能；发电机是把机械能转变成电能。根据电能的性质，电源可分为交流电源和直流电源两种。

1. 交流电源 AC (alternate current)

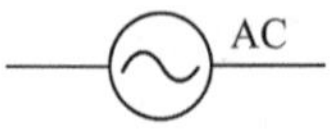

图 1-1-5 交流电源电路符号

能够提供周期性变化的电压和电流的电源称为交流电源，大多数家用电器和工业电器都使用交流电源，其电路符号如图 1-1-5 所示。

2. 直流电源 DC (direct current)

直流电源是一种能量转换装置，它把其他形式的能量转换为电能供给电路，以维持恒定的电流，如干电池、蓄电池等。干电池的电压为 1.5 V，轿车蓄电池的电压通常为 12 V。

直流电源有正、负两个电极，正极的电位高，负极的电位低。当两个电极与电路连通后，能够使电路两端维持恒定的电位差，从而促使电流在外电路中从正极流向负极。直流电源电路符号如图 1-1-6 所示。

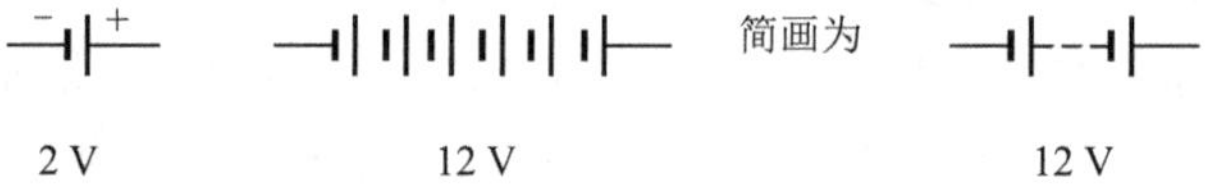

图 1-1-6 直流电源电路符号

(二) 接地 (搭铁)

将电力系统或电气装置的某一部分经接地线连接到地下，称为接地。接地是为保证电工设备正常工作和人员人身安全而采取的一种用电安全措施，其主要功能包括预防电击伤害、避免设备和线路损坏、预防火灾和雷击事故的发生、防止静电损害以及保障电力系统正常运行。

汽车上的电路接地统称为搭铁，这是因为电路负极接在金属车身上，金属车身相当于一根从用电器回到电源负极的导线。接地和搭铁的符号如图 1-1-7 所示。

(a) 接地符号　　(b) 搭铁符号

图 1-1-7 接地和搭铁符号

(三) 开关

开关意为开启和关闭。它是一个可以使电路接通或断开的电子元件。

在汽车上，控制汽车电器工作的开关以及开关总成内的触点副负责控制电路工作的“开”和“关”，以及引导电流流到各个电路中的控制元件，当开关闭合时承载电流，打开时便切断电流。

汽车上常用的开关有多种，具体如下：

1. 单刀单掷开关 (也叫单极开关)

刀和掷的概念一般用在闸刀式的开关上，“刀”是指活动的触头，“掷”则表示这一刀有几个固定触头，也就是一个刀片可以与几个固定触头分别接触。单刀单掷就是指只有一个刀片，它只能与一个固定触头闭合，单刀单掷开关是最简单的开关。在电路中，常将刀和触头称为“触点”。对于单极开关来说，当开关闭合时，两触点接触，电路连通，电流从电源正极经负载流向电源负极；当开关断开时，两触点分开，电路中没有电流流过。

2. 单刀双掷开关

单刀双掷开关有一个刀片和两个固定触头，该刀片可以分别与两个固定触头闭合，起到双控制作用。

3. 组合开关

组合开关通常由多个单刀单掷开关组合在一起而成，用于控制多个用电设备，比如车灯开关，如图 1-1-8 所示。

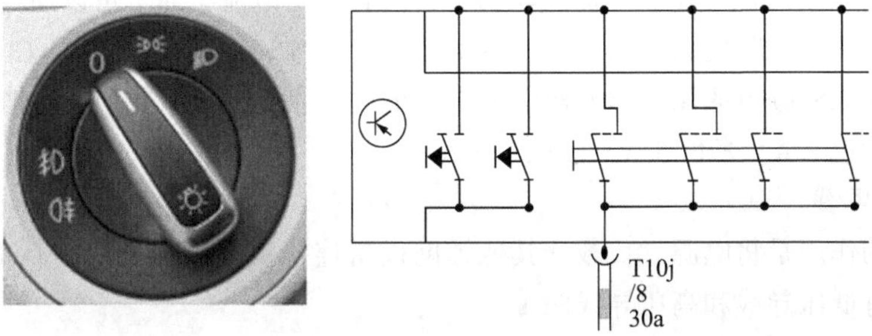

图 1-1-8　车灯开关

4. 联动开关（也叫多极开关）

联动开关是指一个开关总成内有多个触头，触头随开关的转动而转动，但触头之间的相互位置不变的开关。如图 1-1-9 所示的点火开关是汽车电路中最重要的开关，也是最典型的联动开关之一，它是各条电路分支的控制枢纽。其主要功能是：锁住方向盘（Lock）；接通汽车某些附件（ACC），如收音机等；接通汽车电器以及使发动机工作（ON）；起动发动机（ST）。其中，ST 位置工作电流大，不宜接通过久，所以在操作时必须用手克服回位弹簧的弹力，扳住钥匙，直到发动机正常工作，松手后钥匙就会返回 ON 位置。

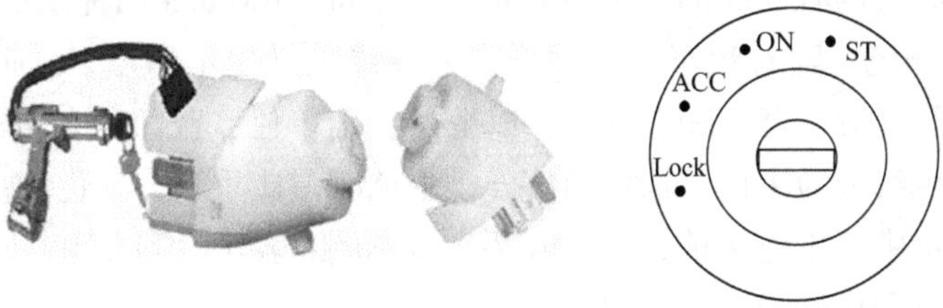

图 1-1-9　点火开关

5. 瞬时接触开关

瞬时接触开关是仅在按压时才接通的开关，比如电动车窗开关。

6. 温度灵敏开关

温度灵敏开关是当温度达到规定值就会接通的开关，比如空调温控开关。

（四）保险丝

在某些情况下，电路中会产生大电流，如果没有任何保护，电流超过所设计的量，线路就会烧蚀，损坏用电器。为防止这种情况发生，电路中就必须包含电路保护装置，如保险丝或断电器。保险丝又叫熔断器，常用于保护局部电路，其熔断电流有多种规格。当增加或更换保险丝时，必须选用额定电流值正确的保险丝，可以用瓦特定律（$I=P/U$）算出所需保险丝的额定电流。选用保险丝时要考虑浪涌电流（预留5%~20%的余量），保险丝额定电流要大于实际负载电流，当流过保险丝的电流超过其熔断电流时，保险丝烧断，对电器设备和电路起到保护作用。一般用电器的电流为保险丝额定电流的80%左右，保险丝的表面注有额定电流，通常可以通过颜色判断其值。大众车系的保险丝颜色判断：红色 10 A，蓝色 15 A，黄色 20 A，白色 25 A，绿色30 A。这五种颜色的保险丝的额定电流大小从前往后成等差数列。其他颜色的保险丝还有：紫色 3 A，米色 5 A，棕色 7.5 A。

（五）导线

导线的作用是将电源、负载和其他辅助设备连接成一个闭合回路从而传输电流。汽车导线有低压导线和高压导线两种。

1. 低压导线

（1）普通线：普通低压导线为铜质多丝软线。导线的选择主要依据用电设备的工作电流，但其线芯截面积不得小于 0.5 mm^2。

（2）屏蔽线：屏蔽线也称同轴电缆，其作用是将导线与外界的磁场隔离，避免导线受外界磁场影响，在防止汽油机高压点火干扰方面尤其有效。屏蔽线常用于低压微弱信号线路，如天线连接线及各种传感器和电子控制单元之间的通信，在爆震信号电路、氧传感器信号电路中使用非常普遍。

（3）起动电缆：起动电缆用于连接蓄电池与起动机开关的主接线柱，截面积有25 mm^2、35 mm^2、50 mm^2、70 mm^2等多种规格，允许电流达到 500~1000 A。

（4）蓄电池搭铁线：蓄电池的搭铁线是由铜丝编织而成的扁形软铜线，国产汽车常用的搭铁线长度有 300 mm、450 mm、600 mm、760 mm 四种规格。

（5）导线颜色：随着汽车电器的增多，导线数量也不断增多，低压导线通常以不同的颜色进行区分。截面积在 4 mm^2以上的，用单色；截面积在 4 mm^2以下的，均采用双色。双色线分为主色和辅色两部分，主色所占比重大，辅色所占比重小。在双色线的代号表示中，主色在前，辅色在后，如 ro/ge 表示“红黄色”。大众汽车所用低压导线的颜色和代号如表 1-1-1 所示。

表 1-1-1　大众汽车所用低压导线的颜色和代号

导线颜色	黑	白	红	绿	黄	棕	蓝	灰	紫	橙
代号	sw	ws	ro	gn	ge	br	bl	gr	li	or

2. 高压导线

高压导线用来传送高压电，由于其工作电压很高，电流强度较小，因此高压导线的绝缘包层很厚，耐压性能很好，但线芯截面积很小。国产汽车用高压导线有铜芯线和阻尼线两种。

（六）汽车线束

为了线路不零乱、安装方便和保护导线的绝缘层，一般将汽车上同路但不同规格的导线（除高压导线之外）用棉纱编织或用薄聚氯乙烯带半叠缠绕包扎成束。汽车线束通常由导线、端子、插接器、护套等组成。

1. 端子

端子一般由黄铜、紫铜、铅等材料制成，它与导线通过冷铆压合技术连接。

2. 插接器

汽车插接器就是通常所说的插头和插座，用于连接传感器、执行器、控制单元与线束，线束与线束，或导线与导线，使之构成一个完整的电气系统。为了防止插接器在汽车行驶过程中脱开，要求所有的插接器均采用闭锁装置。插接器结构如图 1-1-10 所示，图中 1~4 为插孔，A~D 为插脚。

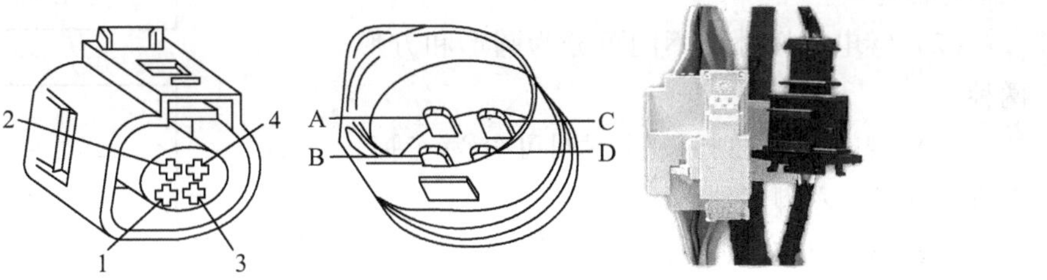

图 1-1-10　插接器

（七）继电器

继电器实际上是一种保护控制装置，它利用电磁方法或其他方法实现自动接通及切断一对或多对触点，用小电流控制大电流，以减小控制开关触点的电流负荷。其外形如图 1-1-11 所示。

图 1-1-11　继电器

1. 继电器的组成

汽车用继电器一般为电磁式继电器，通常由铁芯、线圈、衔铁、触点、弹簧等组成，如图 1-1-12a 所示。图 1-1-12b 所示为继电器电路符号，其中，30、87 是继电器触点的两端，85、86 为线圈两端。当有电流自 85 脚进入线圈而从 86 脚流出时，30 脚与 87 脚连通。30 端子为电源端，接蓄电池正极；87 端子接用电器；85 和 86 一端连接电源，另一端接需要保护的开关。为防止线圈断电时产生的自感电动势损坏电子设备，有的继电器线圈两端还会并联泄放电阻或续流二极管。

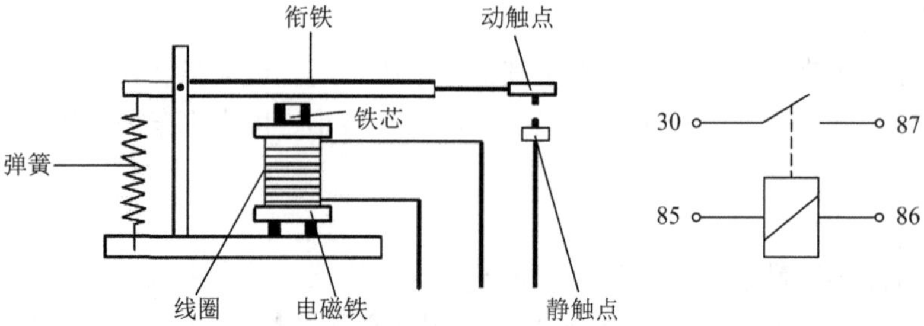

(a) 构造　　(b) 电路符号

图 1-1-12　继电器构造及其电路符号

2. 继电器的种类

（1）继电器按功能不同可分为功能继电器和电路控制继电器两种。闪光继电器、刮水间歇继电器等都属于功能继电器。电路控制继电器即单纯实现电路通断与转换的继电器，汽车上常见的有电源继电器、卸荷继电器、前照灯继电器、雾灯继电器、起动继电器、鼓风机继电器等。

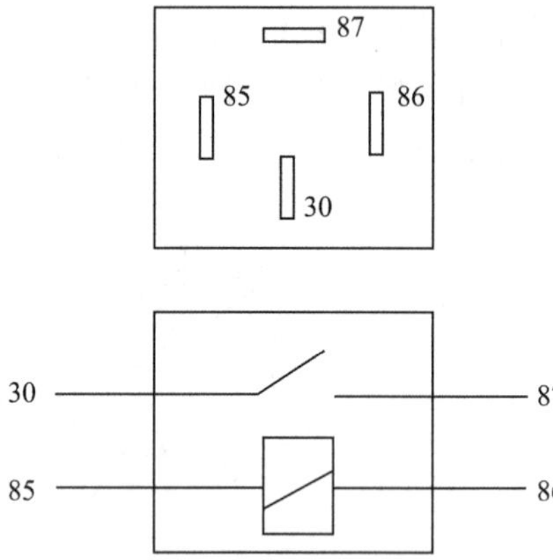

图 1-1-13　常开型继电器

（2）继电器按外形不同可分为圆形和方形两种。

（3）继电器按插脚数量不同可分为三脚、四脚、五脚、六脚多种。

（4）继电器按触点状态不同又分为常开（动合触点）型、常闭（动开触点）型和开闭双极型三类，分别如图 1-1-13、图 1-1-14、图 1-1-15 所示。

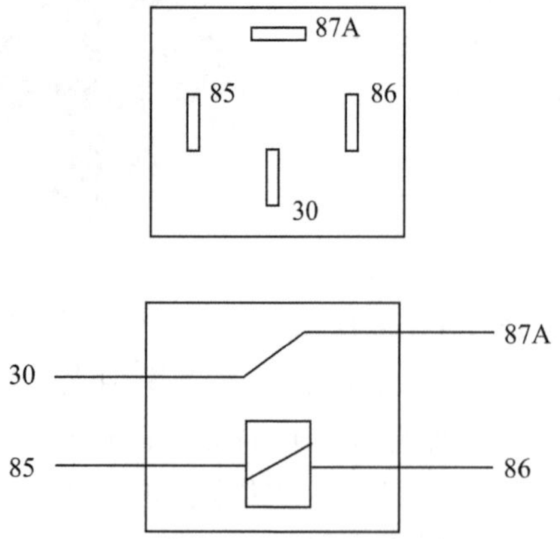

图 1-1-14　常闭型继电器

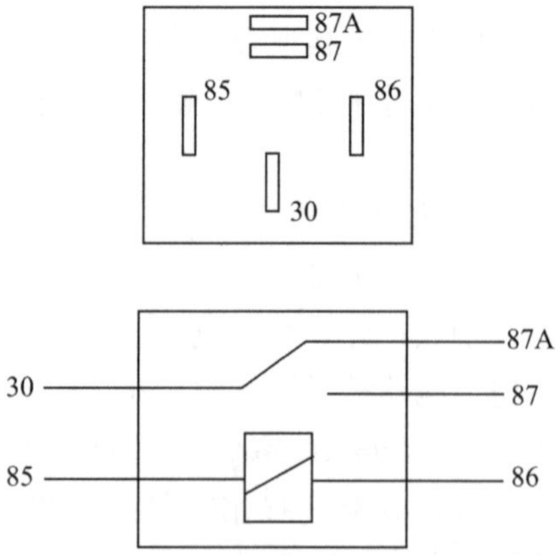

图 1-1-15　开闭双极型继电器

常开型继电器的触点平时是断开的，继电器动作后触点接通，从而接通控制电路。常闭型继电器的触点平时是闭合的，继电器动作后触点断开，从而切断控制电路。开闭双极型继电器平时常闭触点接通，常开触点断开，若继电器线圈通电，则触点处于相反的状态。

继电器的工作电压分为 12 V 和 24 V 两种，分别应用于相应标称电压的汽车上。两种标称电压的继电器不能互换使用。

3. 继电器的工作原理

下面以常开型继电器为例说明继电器的工作原理，如图 1-1-16 所示。

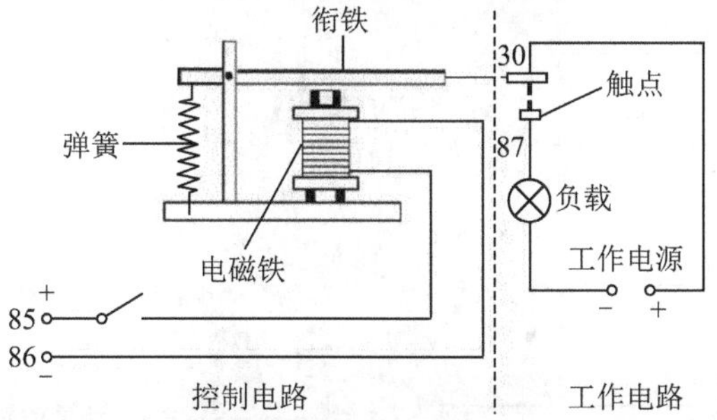

图 1-1-16　常开型继电器的工作原理

85、86 号引脚为线圈两端，30、87 号引脚为触点两端。只要在小电流控制电路中的线圈 85、86 号引脚两端加上一定的电压，线圈中就会流过一定的电流，从而产生电磁效应，衔铁就会在电磁力吸引的作用下克服回位弹簧的拉力向下移动，动触点下移使得 30 号引脚与 87 号引脚接通。当线圈断电后，电磁吸力随之消失，衔铁则在回位弹簧的拉力下返回原来的位置，30 号引脚与 87 号引脚分开。这样的吸合、释放即可实现电路导通、切断的功能。

（八）负载（也称用电器）

负载是指在电路中消耗电能的各种设备，如照明器具、电炉、机床等。负载的功能是把电能转变为其他形式的能。例如，灯泡将电能转化为光能；电炉将电能转变为热能；电动机将电能转变为机械能；等等。

知识准备二：数字万用表和测电笔（试灯）

数字万用表和测电笔是日常修理过程中常用到的测量工具，用于测量电路中的电流、电压、用电器的电阻以及电子元件的参数，以便于我们通过测量数据来判断故障原因和故障点。它们广泛应用于电器、电子维修行业。

一、数字万用表

1. 结构

数字万用表（见图 1-1-17）分为表身和表笔两部分，绝大多数万用表使用 9 V 直流电池作为工作电源，配有红、黑两根表笔。表身分为显示屏、选择旋钮和表笔插孔三部分。

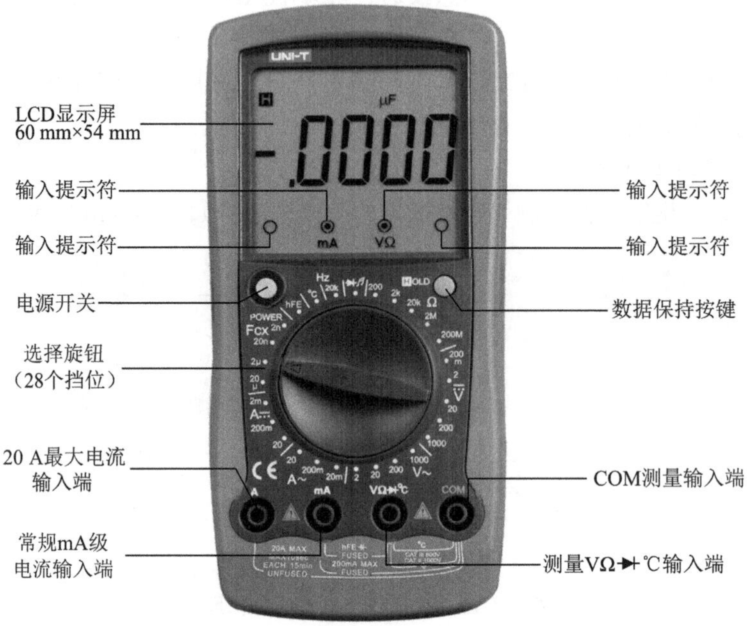

图 1-1-17　数字万用表

2. 符号含义

数字万用表符号含义如表 1-1-2 所示。

表 1-1-2　数字万用表符号含义

符号	含义	符号	含义
	万用表电源开关		三极管挡位
	捕捉开关		摄氏温度挡位
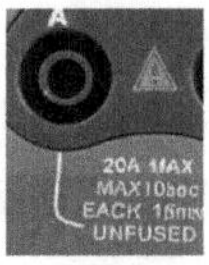	最大不超过 20 A 电流测量孔，红表笔入孔		二极管挡位（蜂鸣挡）
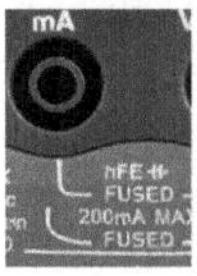	最大不超过 200 mA 电流测量孔，红表笔入孔		电阻挡位，包括 Ω（欧）、kΩ（千欧）、MΩ（兆欧）

续表

符号	含义	符号	含义
	测量电压、电阻、二极管和温度时，红表笔入孔		直流电压挡位
	接地插孔，黑表笔入孔	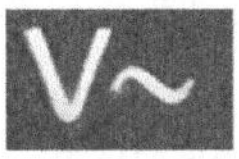	交流电压挡位
	警告，不应超过极限指示		直流电流挡位
	频率挡位		交流电流挡位

3. 常用量程使用方法

（1）电压测量：首先将万用表红表笔插入“VΩ”孔内，黑表笔插入“COM”孔内，若测量的是直流电压，则将万用表选择旋钮旋至直流电压挡位，并根据被测电压大小选择合适量程。例如，汽车用电器电压为 12～14 V，所以选择直流电压挡的“20”量程。然后将万用表的两个表笔分别放在被测负载两端的接线柱上，读取负载两端电压，如果数值左边出现“-”号，则表明表笔极性与实际电源极性相反，此时红表笔接的是负极。

（2）电流测量：首先应根据欧姆定律预估被测电路中的电流，如果测量的是直流电流，应将万用表选择旋钮旋至直流电流挡位，再将万用表黑表笔插在“COM”孔中，红表笔插在“A”或“mA”孔中，并将万用表两表笔串联在被测线路中进行检测。

（3）电阻测量：进行电阻测量时，万用表表笔插孔位置与电压测量时相同，将万用表选择旋钮旋至“Ω”挡位，并预估被测电阻的大小，选择合适量程，将万用表两表笔分别连接在被测电器元件的两端接线处，检测其阻值大小。

（4）蜂鸣挡测试：万用表表笔插孔位置与电压测量时相同，将选择旋钮旋至蜂鸣挡，将两表笔置于待测元件两端，如果电阻值低于 30 Ω，万用表内的蜂鸣器就会发出蜂鸣。

4. 注意事项

（1）测电压和电流时，一定不要超过量程。

（2）不能在电路通电的情况下对电器元件的电阻进行检测，检测时，必须使被测电器元件从电路中分离，或者断开被测元件的电源。由于万用表电阻挡自身带有0. 3~1. 0 V 的电压，测量计算机芯片电阻时产生的几微安电流就可能损坏芯片，因此测量电子电路时一定要谨慎。

（3）电阻量程的选择要恰当。若量程选小了，显示屏上会显示“1.”，此时应换用较大的量程；反之，若量程选大了，显示屏上会显示一个接近于 0 的数，此时应换用相对较小的量程。显示屏上显示的数字再乘以挡位选择的倍率就是所测元件的电阻。

（4）禁止在测量高电压（220 V 以上）或大电流（0. 5 A 以上）时带电转换测试量程，以防产生电弧烧毁数字万用表。

（5）如果无法预估待测电路电压或电流的大小，应先将选择旋钮旋至最高量程挡位测量一次，再视情况把量程转换到合适位置；而测量无法估计的电阻值时，则应先从最小量程开始测量，再视情况逐渐把量程调到合适位置。

（6）测量完毕后，将选择旋钮旋至最高电压挡再关闭电源。

（7）当数字万用表显示屏显示蓄电池符号时，表示电池电压不足，应更换万用表电池。

（8）测量中不要用手同时接触被测元件两端，这样会影响测量精度，因为人体也是有电阻的。

二、测电笔（试灯）

1. 结构

测电笔（见图 1-1-18）分为探针、笔身、导线和搭铁夹几部分。测电笔笔身（手柄）是透明的，笔身中有一电阻丝和氖泡，测试时如果氖泡发光，说明导线有电或为通路的火线；笔身的一端伸出带尖的探头（探针），另一端引出一根带夹子的搭铁线。

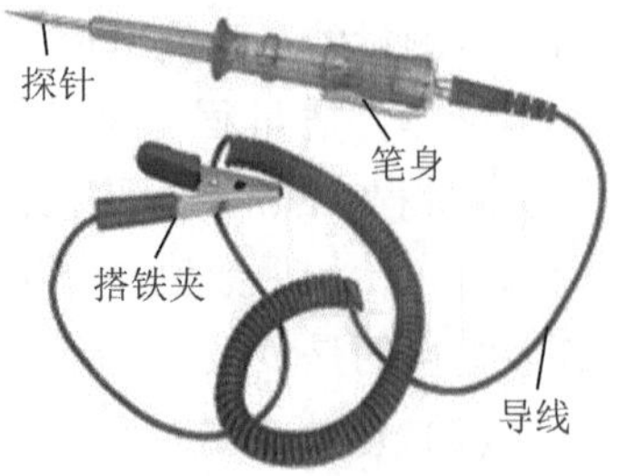

图 1-1-18　测电笔结构

2. 使用方法

（1）断路检查

首先断开与电气部件相连接的电源电路，将测电笔搭铁夹搭铁，探针接电路中的各接点（从电路首端开始检测）。如果灯亮，则说明测量点有电压；如果灯不亮，说明断路出现在被测点之前，如图 1-1-19 所示。

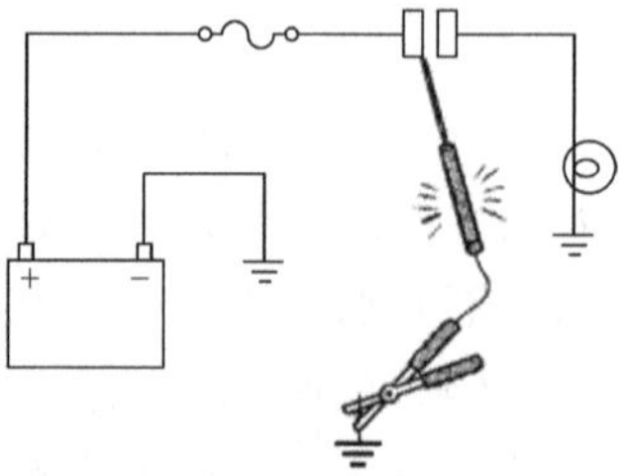

图 1-1-19　断路检查

（2）短路检查

如果电路中保险丝已熔断，说明已发生短路，这时可用试灯进行检查。如图 1-1-20 所示，首先将开关打开，拆下熔断的保险丝，并将试灯跨接在保险丝端子上，观察试灯是否点亮。如果试灯亮，说明保险丝盒与开关之间出现搭铁短路，应修理保险丝盒与开关之间的线束；如果试灯不亮，将开关闭合，并断开用电器插接器，再次观察试灯是否点亮。如果灯亮，说明开关与插接器之间出现搭铁短路，应修理开关与插接器之间的线束；如果灯不亮，说明插接器与用电器之间出现短路，应修理插接器与用电器之间的线束。

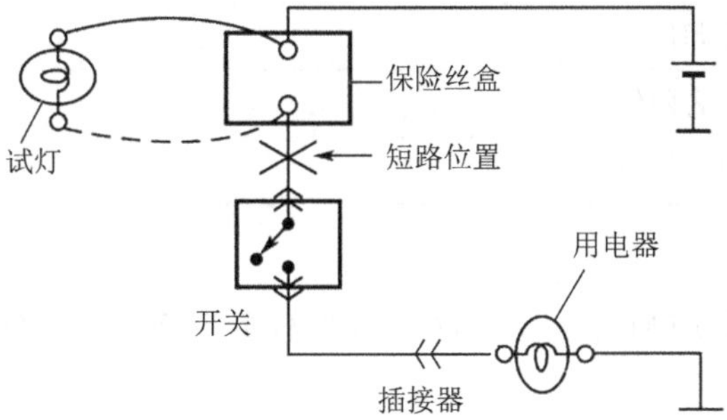

图 1-1-20　短路检查

任务实施一：电路元件的认识

一、各小组任务准备

请填写表 1-1-3。

表 1-1-3　任务准备列表

序号	准备事宜	具体内容
1	安全防护措施	
2	资料、工具、仪器	

二、基础电路元件和检修工具的认识

1. 常用检修工具的熟悉和使用

学生学习使用万用表和测电笔。

2. 电路元件的认识

学生观察和认识基础电路组成元件，包括电源、保险丝、插接器、导线、开关、继电器，并使用万用表检查每个元件。

3. 绘制基础电路元件结构示意图

画图应遵循以下原则：

（1）画图时应使用铅笔和直尺，保证横平竖直，以求美观和便于改动。

（2）简图中应标出线径、颜色、元件名称或代号以及针脚号。

（3）各电路元件使用标准画法。

三、检查

认识元件结束后各小组进行自检和互检，记录检查结果，填写表 1-1-4。

表 1-1-4　检查列表

序号	检查内容	检查结果
1	工具是否归位	
2	万用表是否归位	
3	电路元件是否归位	
4	现场是否符合 5S 管理要求	

四、总结

各小组汇报任务实施情况，教师对各小组任务实施过程进行全面总结，主要内容如下：

对各电路元件的功能、结构是否全部掌握，工量具是否达到三不落地要求，学习现场是否整洁，所有物品、设备是否归位，是否出现安全隐患，工具选用是否正确，组内分工是否明确，是否严格按照规范进行操作。

____

____

____

____

知识准备三：基础电路搭建

一、基础电路类型

（一）串联电路

1. 定义

串联是电路连接的基本方式之一，将所有元件按先后顺序依次首尾相连组成的电路，即串联电路，如图 1-1-21 所示。串联电路中，开关在任何位置均能控制整个电路，即开关的作用与其所在的位置无关。

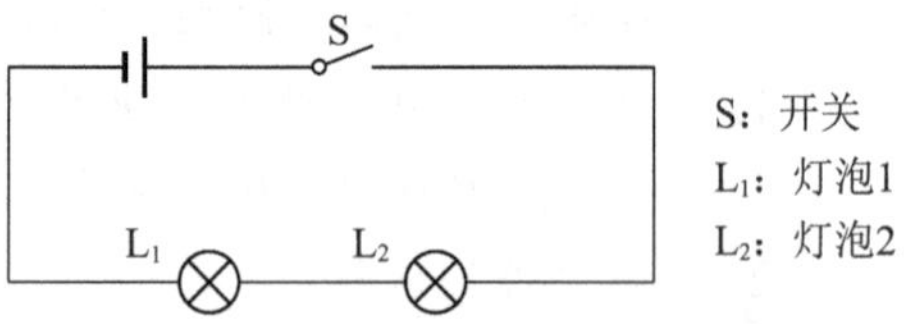

图 1-1-21　串联电路

在串联电路中，电流的路径只有一条，即从电源正极流出并依次流过各个电路元件，最后回到电源负极。因此，在串联电路中，如果有一个用电器损坏或某一处断开，整个电路将处于断路状态，电路中就无电流，所有用电器都将停止工作。所以在串联电路中，各个用电器互相牵连，要么全部工作，要么全部停止工作。

2. 特点

（1）优点：在一个电路中，可实现控制所有电器。

（2）缺点：只要有一处断开，整个电路就处于断路状态，即所有串联的元件都不能正常工作。

（3）串联电路中，总电阻等于各元件的电阻之和，电流各处相等，总电压等于各元件两端的电压之和。

（二）并联电路

1. 定义

将元件并列连接起来组成的电路，叫作并联电路。在此电路中，电流具有两条或两条以上的通路，如图 1-1-22 所示。在并联电路中，当干路上的开关闭合，各支路上的开关也闭合时，灯泡才会发光；当干路上的开关断开，而各支路上的开关都闭合时，灯泡也不会发光。这说明干路上的开关可以控制整个电路，而支路上的开关只能控制本支路。在并联电路中，每一支路都有电流流过，因此，即使某一支路断开，其他支路仍会与干路构成通路而不受影响。

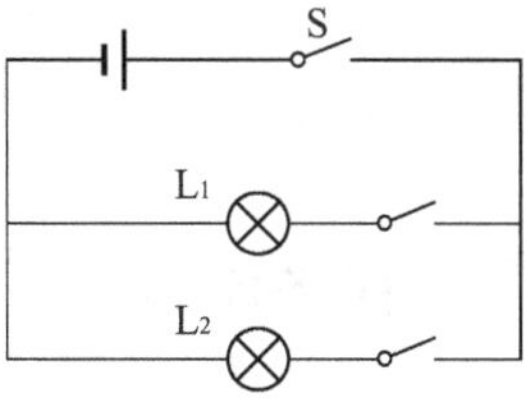

图 1-1-22　并联电路

2. 特点

（1）并联电路正常工作时，各个支路之间互不影响。

（2）并联电路中，总电阻与各支路电阻的关系为$\frac{1}{R}=\frac{1}{R_1}+\frac{1}{R_2}+\frac{1}{R_3}+\cdots+\frac{1}{R_n}$，各支路电压相等。

（三）混联电路

混联电路是指整个电路中既有并联电路又有串联电路，如图 1-1-23 所示。汽车上所有电控系统的控制电路就相当于一个大型的混联电路。

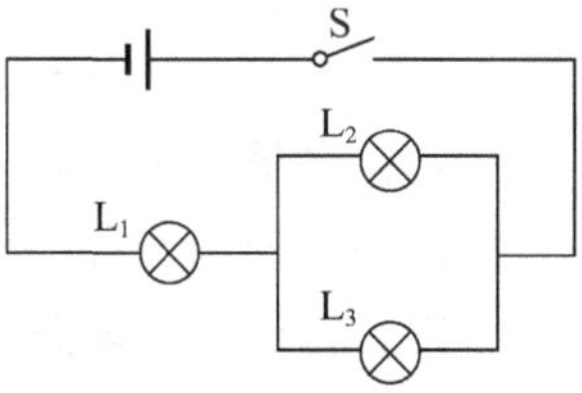

图 1-1-23　混联电路

二、电路图画法

绘制电路图首先应确定电路中的电器元件及类型，然后根据其连接关系用直线将代表这些电器元件的符号连接起来。

绘制电路图时，为保证清晰美观，应遵循以下原则：

（1）画图时应使用铅笔和直尺，保证横平竖直，以求美观和便于改动。

（2）各电器元件用统一规定的器件符号代替，使用标准画法。

（3）电路结构力求对称，电器元件不能画在拐弯处。

（4）回路完整，准确地反映电路的组成。

（5）连线与器件符号连接处不能断开。

如果电路中涉及多用电器，为了方便理解电路之间的关系，通常采用更为简略的电路画法：用电路图中最上面的一条横线代表电源正极，最下面的一条横线代表电源负极，将电路中除电源以外的所有用电器符号画在这两条直线中间，以便找出它们的连接关系。基础电路图的画法演化如图 1-1-24 所示。

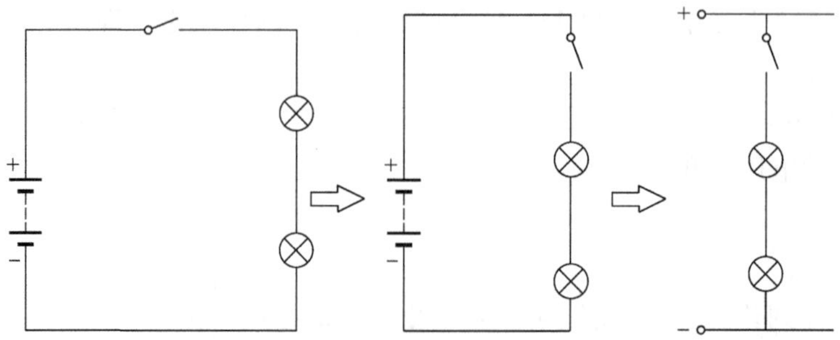

图 1-1-24　基础电路图的画法演化

任务实施二：基础电路搭建

一、各小组任务准备

（1）确认任务内容，注意安全事项，做好个人防护措施。

（2）准备资料、元件和工具：电烙铁、焊锡、松香、干电池、小灯泡、开关、导线、稳压电源（蓄电池）、手电筒或工作灯。请填写表 1-1-5。

表 1-1-5　任务准备列表

序号	准备事宜	具体内容
1	安全防护措施	
2	资料、工具、仪器	

二、做好任务计划

各小组绘制三种类型的基础电路，并交由教师审核。

三、搭建基础电路

（1）各小组根据绘制的通过教师审核的基础电路图合理选择元件，确定元件连接位置。

（2）根据安全注意事项，确定元件连接顺序。

（3）利用导线或者印刷电路板连接电路。

四、检查

搭建结束后各小组进行自检和互检，记录检查结果，填写表 1-1-6。

表 1-1-6　检查列表

序号	检查内容	检查结果
1	电路连接是否合格	
2	电路功能是否正常	
3	工具、仪器、物料、零部件是否归位	
4	现场是否符合 5S 管理要求	

五、总结

各小组汇报任务实施情况，教师对各小组任务实施过程进行全面总结，主要内容如下：

电路绘制及搭建过程是否规范，工量具是否达到三不落地要求，学习现场是否整洁，所有物品、设备是否归位，是否出现安全隐患，工具选用是否正确，组内分工是否明确，是否严格按照规范进行操作。

____

____

____

____

知识拓展：电子电路

电路规模通常相差很大，小到硅片上的集成电路，大到高低压输电网。电子电路可依据所处理信号的特性，分为模拟电路和数字电路，而集成电路是从电路集成度与制造工艺角度进行分类的，常涵盖模拟、数字或数模混合电路功能，是电子电路实现微型化、模块化的典型形式。

1. 模拟电路

将连续性物理自然变量转换为连续性电信号，并对连续性电信号进行运算的电路称为模拟电路。模拟电路能对电信号的连续性电压、电流进行处理。最典型的模拟电路应用包括放大电路、振荡电路、线性运算（加法、减法、乘法、除法、微分和积分）电路。

2. 数字电路

将连续性电信号转换为不连续性定量电信号，并对不连续性定量电信号进行运算的电路称为数字电路。数字电路中，信号为不连续并定量化的电压状态。典型数字电路的应用有振荡器、寄存器、加法器、减法器等。

3. 集成电路

集成电路（integrated circuit，IC）是一种微型电子器件或部件。它是通过一定的工艺将一个电路所需的晶体管、电阻、电容和电感等元件及布线互连在一起，制作在一小块或几小块半导体晶片或介质基片上并封装在一个管壳内，形成的具有所需电路功能的微型结构的电路。其中，所有元件在结构上已组成一个整体，集成技术使电子元件朝着微小型化、低功耗、智能化和高可靠性方向迈进了一大步。在电路中，集成电路用字母“IC”表示。

任务二 基础电路测量

任务导入

有一天，小明家里来了客人，小明懂事地用电水壶烧水泡茶。结果 10 min 过去了，一壶水还没烧开，小明只好先用燃气烧好水泡好茶招待客人。回到自己房间，小明找出工具包和万用表开始修理电水壶。小明从小就养成了勤于动手的习惯，喜欢独立思考，遇到困难和挫折从不轻言放弃，他不仅善于学习，还喜欢运用知识去解决实际问题，在家用电器简单的串并联电路问题方面已经帮妈妈解决了很多困难，他甚至还拥有自己的小发明和小专利，这都与他勤动手和善思考的好习惯分不开。

知识准备：基础电路测量

电器设备正常工作的前提是它必须具有相应的电源和畅通的电路，电流从电源正极流出，经过闭合开关、保险丝、电器设备等再回到电源负极。通常可以用万用表对电路的电压、电流、电阻进行测量，从而判断电路的工作状态，分析并排除故障。测量时，要根据电路特点，严格按照万用表使用要求，选好挡位和量程，注意保护人身安全和设备安全。

一、电压的测量（电路闭合状态）

测量电压时，万用表与被测元件并联，红表笔接电流输入端，黑表笔接电流输出端，如图 1-2-1 所示。

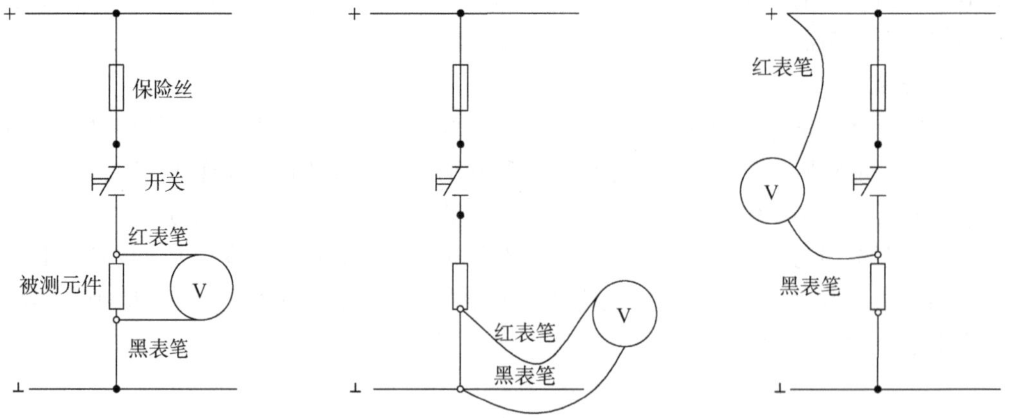

(a) 用电器电压检测　(b) 用电器接地端的电压损耗检测　(c) 用电器正极的电压损耗检测

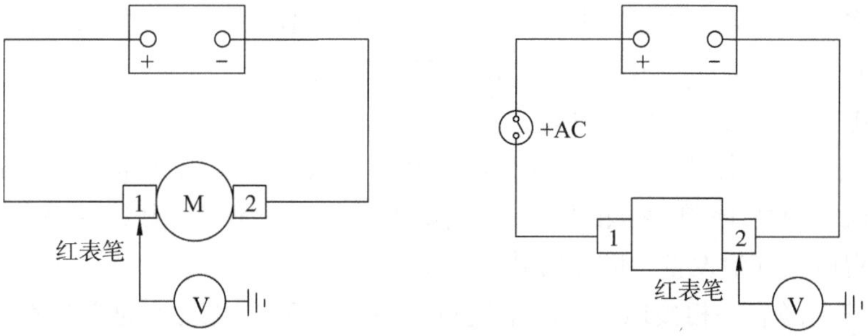

(d) 用电器正极端电压测量　　(e) 用电器负极端电压测量

图 1-2-1　用电器端子电压测量示意图

当电流流经一个电路时，顺着电流方向，元件两端会产生电势的降低，元件两端的电势差称为电压降（见图 1-2-2）。

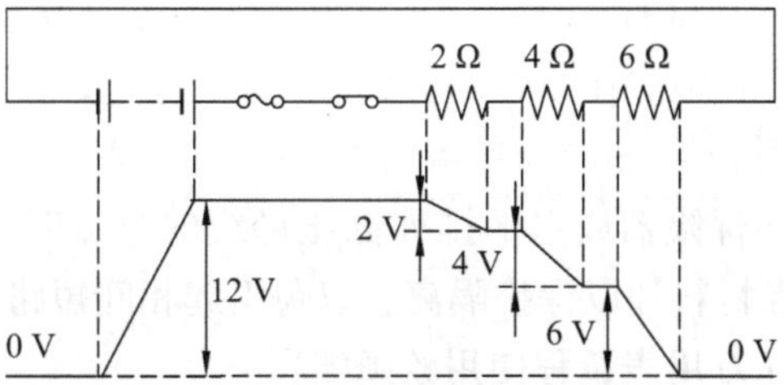

图 1-2-2　电压降示意图

二、电流的测量（电路闭合状态）

（一）万用表的电流挡

用万用表测电流时，应注意以下几点：

（1）电流表要与被测元件串联（见图 1-2-3）。

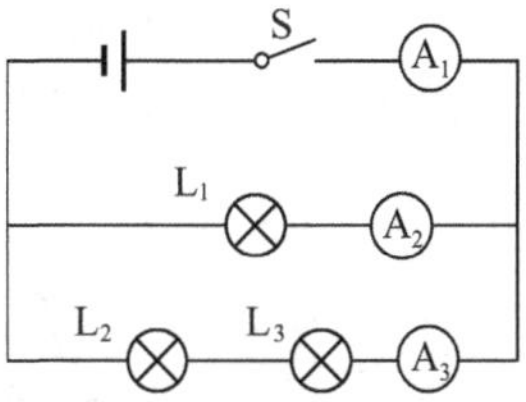

图 1-2-3　电流测量示意图

（2）正、负接线柱的接法要正确。电流从正接线柱流入，从负接线柱流出，俗称“正进负出”。

（3）被测电流不能超过电流表的量程，否则会烧坏电流表。

（4）由于电流表内阻太小（电流表相当于导线），所以绝不允许不经过用电器而将电流表直接连到电源的两极上。

（5）要确认目前使用的电流表的量程。

（二）钳形电流表

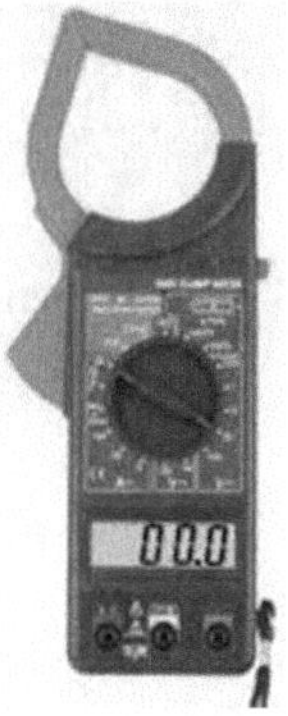

图 1-2-4　钳形电流表

钳形电流表（简称钳形表）如图 1-2-4 所示，是集电流互感器与电流表于一体的仪表，其工作原理与电流互感器测电流是一样的。电流互感器电流的铁芯在捏紧扳手时可以张开，被测电流所通过的导线不必切断就可穿过铁芯张开的缺口，松开扳手后铁芯闭合。穿过铁芯的被测电路导线就成为电流互感器的一次线圈，在一次线圈中通过电流，便在二次线圈中感应出电流，从而使与二次线圈相连接的电流表有了指示，即测出被测线路的电流。

钳形电流表分为高、低压两种，其使用方法如下：

（1）使用钳形表时，应注意钳形表的电压等级，严禁用低压钳形表测量高压回路中的电流。用高压钳形表测量时，应由两人操作，测量时应戴绝缘手套，站在绝缘垫上，不得触及其他设备，防止短路或接地。

（2）当电缆有一相接地时，严禁测量，防止出现因电缆头的绝缘水平低而发生对地击穿爆炸，危及人身安全。

（3）钳形电流表测量结束后，应把开关拔至最大量程挡，以免下次使用时不慎过流，并将其保存在室内干燥处。

（4）观测表计时，要特别注意保持自身头部与钳形电流表带电部分的安全距离，人体任何部分与汽车电气系统中带电体的距离不得小于钳形表的整个长度。

（5）在高压回路上测量时，禁止用导线从钳形表另接表计测量。测量高压电缆各相电流时，电缆头线间距应在 300 mm 以上，且绝缘良好，待认为测量方便时，方能进行测量。

（6）测量低压可熔保险器或水平排列低压母线的电流时，应在测量前将各相可熔保险丝或母线用绝缘材料加以保护隔离，以免引起相间短路。

三、电阻的测量（万用表量程使用欧姆挡）

电阻测量步骤如下（见图 1-2-5）：

（1）将万用表电阻量程调到合适的位置，再将两个表笔接电阻的两个引脚。

（2）测出电阻阻值，当显示为“1”时，表示被测阻值超过了量程。

（3）再向上调大量程，测出数值。如果读数为“0”，则表示量程太大，需调小；如果显示一直为“1”，则说明电阻已断路。

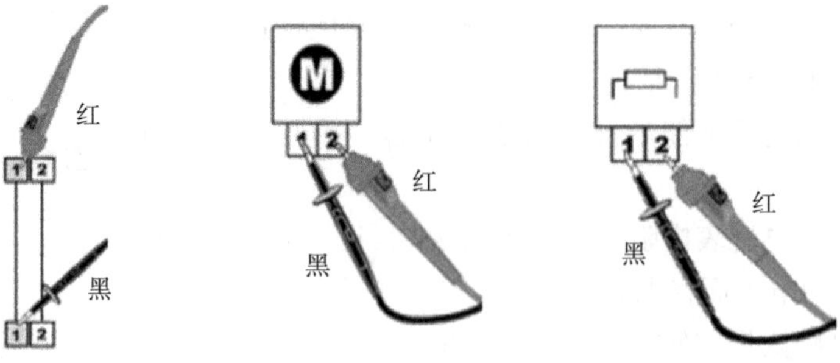

(a) 导线阻值的测量　(b) 电机电阻的测量　(c) 元件电阻的测量

图 1-2-5　电阻测量示意图

任务实施：基础电路测量

一、各小组任务准备

学生按要求穿好工装，做好个人防护措施，按任务内容进行分组，填写表 1-2-1，并检查基础电路连接情况。

表 1-2-1　任务准备列表

序号	准备事宜	具体内容
1	安全防护措施	
2	资料、工具、仪器	

二、各小组任务分工

各小组进行组内分工，明确各自的工作内容和职责，由组长执笔在研究讨论的基础上写好工作计划。

三、任务实施过程

测试图 1-2-6 所示的串联电路并完成填空。

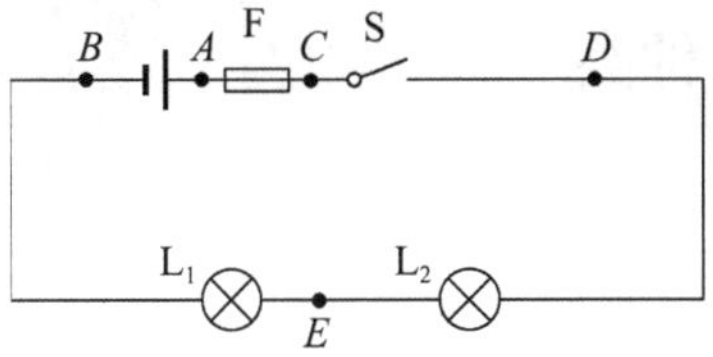

A、*B*、*C*、*D*、*E* 为电路中的测试点；F 为保险丝。

图 1-2-6　串联电路

（1）测试电源端电压：*A* 点____V，*B* 点____V。

（2）测试开关两端电压：*C* 点____V，*D* 点____V。

（3）测试灯泡 L_2 两端电压：*D* 点____V，*E* 点____V。

（4）测试灯泡 L_1 两端电压：*E* 点____V，*B* 点____V。

（5）开关打开状态下测试电阻：*D*、*E* 两点间的电阻为____Ω；*E*、*B* 两点间的电阻为____Ω；*A*、*C* 两点间的电阻为____Ω。

（6）从 *C* 点断开电路，将万用表（用直流电流挡）红表笔接保险丝左端，黑表笔接开关右端，测试开关 S 打开及关闭条件下电路中的电流。

注意：学生也可以按照自己搭建的电路测量电路中的电压、电流和电阻，各测量点由学生自己确定，经指导教师检查无误后进行。

四、检查

任务结束后各小组进行自检和互检，记录检查结果，填写表 1-2-2。

表 1-2-2　检查列表

序号	检查内容	检查结果
1	工具是否齐全	
2	电路元件、仪表是否归位	
3	现场是否符合 5S 管理要求	

五、总结

各小组汇报任务实施情况，教师对各小组任务实施过程进行全面总结，主要内容如下：

任务完成情况，仪器、仪表使用情况，工量具是否达到三不落地要求，学习现场是否整洁，所有物品、设备是否归位，是否出现安全隐患，工具选用是否正确，组内分工是否明确，是否严格按照规范进行操作。

____

____

____

____

知识拓展：电阻的种类

一、按阻值特性分类

（一）固定电阻

阻值不能调节的电阻称为定值电阻或固定电阻。

（二）可调电阻

阻值可以调节的电阻称为可调电阻，常见的可调电阻有滑动变阻器。例如，收音机音量调节的装置是一个圆形的滑动变阻器，它主要应用于电压的分配，也称电位器。

（三）特种电阻（敏感电阻）

特种电阻主要有热敏电阻、压敏电阻、光敏电阻、保险电阻等。

1. 热敏电阻（代号：RT）

（1）主要特性。

正温度系数热敏电阻（俗称 PTC 元件）在常温下只有几欧姆至几十欧姆的阻值，当通过的电流超过额定电流时，其阻值能在几秒钟内升到数百欧姆乃至数千欧姆及以上。负温度系数热敏电阻（俗称 NTC 元件）在常温下呈几十欧姆至几千欧姆的阻值，当其温度升高或通过它的电流增大时，其阻值急剧下降，功率范围为 0. 25～1 W。

（2）用途。

正温度系数热敏电阻常用于电机起动电路、彩电消磁电路、自动保险丝电路；负温度系数热敏电阻常用于温度补偿及温度控制电路中。例如，热敏电阻可以作为晶体管的偏置电阻，以稳定晶体管的工作点；热敏电阻在电子温度计及自动控温系统中（如空调、电冰箱）作为感温元件。

2. 压敏电阻（代号：RV）

（1）主要特性。

当电压超过压敏电压时，其阻值迅速减小，电流增大，从而可抑制瞬时过电压。

（2）用途。

压敏电阻常用来防止家电产品或电子设备的瞬时过电压，如应用于显像管灯丝电路、整流电路和电源、防雷击电路和需要防止过电压的线路中。

3. 光敏电阻（代号：RG）

（1）主要特性。

光敏电阻的电阻值与光照强度有关，光照愈强，阻值愈小。一般，无光照射时阻值达几十千欧以上，有光照射时阻值降为几百欧姆乃至几十欧姆。

（2）用途。

光敏电阻主要应用于光控开关计数电路及各种光控自动控制系统中。

4. 保险电阻（代号：RF）

（1）主要特性。

在额定电流内，保险电阻起固定电阻的作用。当通过的电流超过额定电流时，电阻丝温度迅速升高，温度升至500 ℃时，电阻丝立即熔断，以切断需保护的电路。保险电阻的功率一般在0.25~20 W 范围内。

（2）用途。

保险电阻通常用在各种需要限流输出的电源电路中，用来保护电源或负载不因过流而损坏。

二、按制造材料分类

（一）碳膜电阻器

碳膜电阻器是指利用真空喷涂技术在陶瓷棒上喷涂一层碳膜，再将碳膜外层加工切割成螺旋纹状，依照螺旋纹的多少来定其电阻值，最后在外层涂上环氧树脂密封保护而成的电阻。螺旋纹愈多，表示电阻值愈大。其阻值误差虽然较金属膜电阻高，但由于价格便宜，因此碳膜电阻器仍广泛应用在各类产品中，是目前电子、电器设备及信息产品的最基本零组件。

（二）金属膜电阻器

金属膜电阻器是指利用真空喷涂技术在陶瓷棒上喷涂金属膜（如镍铬），并在金属膜上车上螺旋纹做出不同阻值，且于陶瓷棒两端镀上贵金属形成的电阻。虽然它较碳膜电阻器贵，但优点也很多，如杂音低、稳定、受温度影响小、精确度高，因此被广泛应用于汽车高级音响之中，以及电脑、仪表、国防及太空设备等方面。

（三）金属氧化膜电阻器

某些仪器或装置需要长期在高温环境下工作，使用一般的电阻未必能保证其稳定性。在这种情况下，可使用金属氧化膜电阻器（金属氧化物薄膜电阻器），它是利用高温燃烧技术于高热传导的陶瓷棒上烧附一层金属氧化薄膜，并在金属氧化薄膜上车上螺旋纹做出不同阻值，然后于外层喷涂阻燃性涂料形成的电阻。其性能与金属膜电阻器类似，但电阻值范围窄。金属氧化膜电阻器的典型特点是金属氧化膜与陶瓷基体结合得更牢，电阻膜层承受负载电流的能力较强，具备良好的耐酸碱性能，且抗盐雾腐蚀，因而适合在恶劣的环境下工作，还兼具杂音低、稳定、高频特性好等优点。

（四）合成膜电阻

合成膜电阻是将导电合成物悬浮液涂敷在基体上而得到的电阻，也叫漆膜电阻。由于其导电层呈颗粒状结构，所以噪声大、精度低，主要用于制造高压高阻的小型电阻器。

（五）绕线电阻

绕线电阻是用高阻合金线绕在绝缘骨架上制成的，其外面涂有耐热的釉绝缘层或绝缘漆。绕线电阻具有较低的温度系数和较高的阻值精度，稳定性好，耐热耐腐蚀，主要用作精密大功率电阻；缺点是高频性能差，时间常数大。

（六）方形绕线电阻

方形绕线电阻（钢丝缠绕电阻）俗称水泥电阻，采用镍、铬、铁等电阻较大的合金电阻线绕在无碱性耐热瓷件上，表面用耐热、耐湿、无腐蚀的材料进行保护，再将绕线电阻体放入瓷器框内，用特殊阻燃性耐热水泥充填密封而成。它与阻燃性涂装绕线电阻的差别只是其外层涂装改为了矽利康树脂或阻燃性涂料。方形绕线电阻的优点是阻值精确、杂音低，有良好散热及可以承受较高功率消耗的性能，大多用于放大器功率级部分；缺点是阻值不大，成本较高，以及因存在电感而不适合在高频电路中使用。

（七）实芯碳质电阻

用碳质颗粒状导电物质、填料和黏合剂混合制成一个实体的电阻器，并在制造时植入导线，电阻值的大小根据碳粉的比例及碳棒的粗细、长短而定的电阻，称为实芯碳质电阻。实芯碳质电阻的优点是价格低廉；缺点是阻值误差和噪声电压都较大，稳定性差。因此，目前较少使用。

（八）金属玻璃铀电阻

将金属粉和玻璃釉粉混合，采用丝网印刷法印在基板上而制成的电阻称为金属玻璃铀电阻。其优点是耐潮湿、耐高温、温度系数小，主要应用于厚膜电路。

（九）贴片电阻

贴片电阻（片式电阻）是金属玻璃铀电阻的一种形式，其电阻体由高可靠性的钌系列玻璃铀材料经过高温烧结而成。优点是体积小，精度高，稳定性和高频性能好，适用于高精密电子产品的基板中。贴片排阻则是将多个相同阻值的贴片电阻制作成一个贴片电阻，目的是有效限制元件数量、减少制造成本和缩小电路板面积。

（十）无感电阻

无感电阻常用于负载，用于吸收产品在使用过程中产生的不需要的电量，或起到缓冲、制动的作用。此类电阻常称为 JEPSUN 制动电阻或捷比信负载电阻。

任务三　基础电路故障检修

任务导入

有一天，小明的父亲去做车检，检测人员在对车辆进行外观检查时，发现有一个制动灯不亮，要求他们把车修好之后再送去检查。小明拿出自己的工具包和万用表，自告奋勇给父亲的汽车制动灯进行检修，检修发现该制动灯是卤素灯，寿命到了更换的时间。

知识准备：基础电路故障检修

一、断路故障

1. 断路故障的定义

断路也叫开路，在汽车基础电路中，因线路中断、保险丝熔断、开关断开或灯泡烧毁等一个或多个现象发生时，电源无法给用电设备提供工作电流的状态称为汽车电路的断路故障，如图 1-3-1 所示。

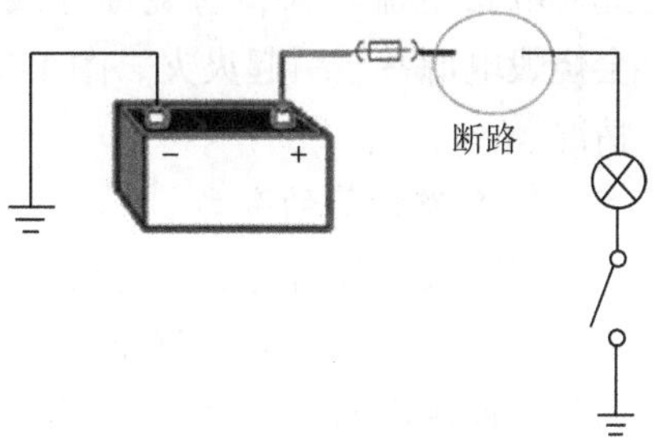

图 1-3-1　电路断路

2. 断路故障的特征

断路故障最重要的标志是电路中有断点，开路处两端电压为端电压，电路中没有电流，外电路的电阻对电源来说无穷大。

3. 断路故障的检测

（1）试灯检测：对于正常工作的电路，如果将试灯的夹子搭铁，而用探头接触带电的电路，灯泡应点亮；反之，灯不亮，如图 1-3-2 所示。

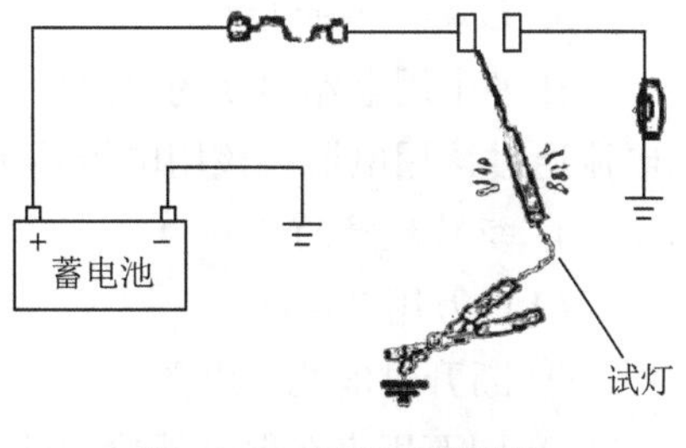

图 1-3-2　试灯检测断路

试灯的局限性在于它不能显示出被检测的电压是多少，不过，根据电压降的概念，技师可通过观看灯泡的亮度来估计电压大小。若测点之前有电压降，则灯泡朦胧亮；若测点之前无电压降，则灯泡是明亮的；若测点在断点之后或探查到搭铁的点，则灯泡是灭的。

（2）跨接线（跳线）。

跨接线的一端接蓄电池正极，另一端接电路中的各测点。用跨接线使电路中的开关、导线和插接器变为旁路的办法检查开关、导线，可判断开关、导线的好坏（是否断路)，如图 1-3-3 所示。跨接线还能将电路中要检查的部分搭铁。

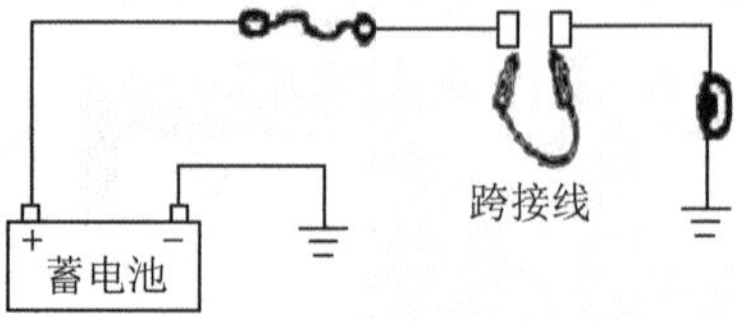

图 1-3-3　跨接线检测

(3) 万用表检测。

① 接通电路的电源（即检测电路中要有电压)，闭合电路的控制开关；

② 将万用表置于电压挡，红表笔放在电路中某一测点上，黑表笔连接在搭铁上，测量电压；

③ 根据电压值判断故障的大概范围；

④ 再将万用表置于电阻挡，进一步确定故障范围；

⑤ 先根据所测阻值判断出是导线故障还是插接器的连接故障，如果是导线故障，可用分段测量的方法找出故障点（这一步仍用电阻挡)。

二、短路故障

1. 短路故障的定义

由于绝缘损坏或接线不当或操作不慎等，使电路元件两端导线或电源两端导线直接触碰或搭接，称为短路故障。此时电路电流较大，易烧蚀导线、毁坏用电器，严重时还会烧毁电源甚至引起火灾。图 1-3-4 给出了电路短路的一种情况。

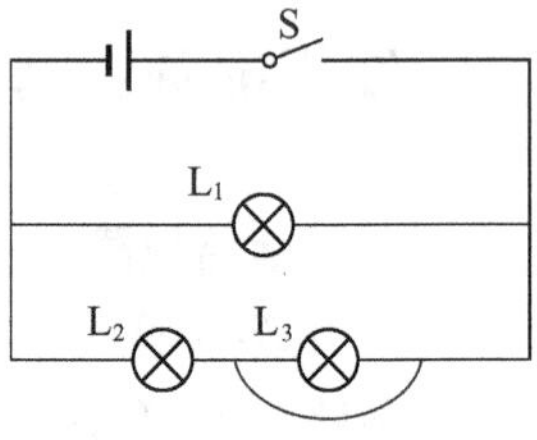

图 1-3-4　电路短路

2. 短路故障的分类

短路故障分为电源短路和用电器短路。

(1) 电源短路：也称搭铁，是指将电源的正、负极用导线直接相连，中间没有通过任何用电器（负载)。电源的短路电流通常很大，容易造成电源烧毁甚至引发火灾。

(2) 用电器短路：是指用一根导线将用电器两端连接起来，电流只通过导线而不通过用电器（负载)，用电器不工作，图 1-3-4 所示的短路故障即为用电器短路。

3. 短路故障的特征

在多个用电器串联的电路中，若某一用电器短路，则相对危害较小，表现为没有电流通过该用电器，该用电器不工作。

4. 短路故障的检测

(1) 万用表检测。

① 断开供电线路电源；

② 用万用表在保险处检测整条线路的电阻；

③ 以每个连接部位为节点，逐步检测其间的电阻，确定短路的范围；

④ 沿线路查找，确定短路故障点。

(2) 试灯检测。

见“知识准备二”的试灯部分。

三、搭铁故障

1. 搭铁故障的定义

搭铁故障是指在汽车电气设备线路中，非搭铁的导线（或接线柱）直接与车架碰触，造成电路元件在此处形成正、负极短路的现象；或者搭铁线连接松动造成接触不良，影响端子电压和信号传输。

2. 搭铁故障的特征

非搭铁导线搭铁故障，轻微的会造成汽车漏电，使蓄电池亏电；严重时会损坏电源（包括蓄电池和发电机）、烧坏线路甚至着火。搭铁导线接触不良会影响信号电平的传输幅度，使线路信号电流减小、端子信号电压降低，从而影响负载的正常工作。

3. 搭铁故障的分类

（1）断路故障。

日常工作中所说的搭铁不良故障大多数是指搭铁线路故障，其按电流的流通状态可分为完全断路和导通不良两种情况。

① 完全断路：一般有搭铁导线断开、连线端子锈蚀两种情况。对于这类故障，其搭铁线失去作用，可能导致用电器不能工作，通常情况下可经目视检查发现故障，若目视检查不能发现故障，则通过电阻的测量进行判断。

② 导通不良：主要分为搭铁导线断股、连线端子锈蚀、连线端子松动、基本件导电不良等情况，可通过目视或测试电阻发现故障点。

（2）短路故障。

① 线路馈电端短路：线路馈电端是指在电机、灯泡、电磁线圈等用电器前面的电源线路搭铁，如图 1-3-5 所示。线路馈电端通常是由导线绝缘层损坏引起的。造成导线绝缘层损坏的原因如下：导线固定太松；绝缘层内进入液体；绝缘层与发动机灼热的零件（如排气歧管）靠得太近而被烧穿，或被车身金属的锋利部分割破，或与车身部件摩擦破裂等。大多数损坏部位较容易看见，但并不是所有的损坏部位都能通过直接目视检查出，比如有的损坏部位可能藏在车门内或内饰中。

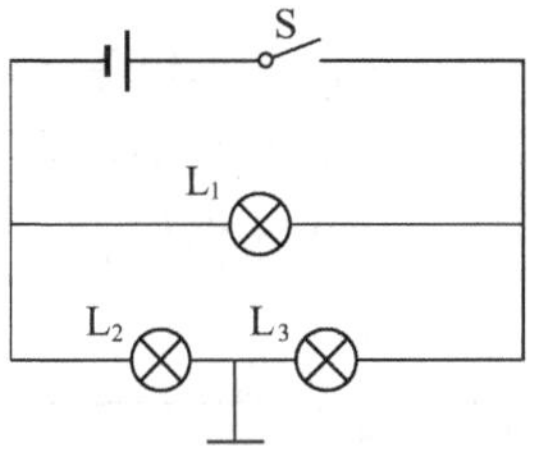

图 1-3-5　线路馈电端线路搭铁示意图

② 线路搭铁端短路：线路搭铁端短路通常出现在用电器搭铁端用的开关控制线路中。如果短路点在手动开关或其他控制开关之前，驾驶员将不能断开用电器。这种情况下，一般从用电器开始诊断。首先断开用电器的搭铁端子，如果用电器不工作，说明问题出在线路的搭铁端；如果开关打开，电路仍然导通，说明开关短路，应予以更换。

四、故障诊断流程

1. 确认故障现象

倾听客户描述故障发生的情形，进行故障重现，并做好相应的故障现象记录，在未确定故障原因之前，勿进行拆解工作。

2. 故障电路分析

参考电路图册中故障子系统电路图以及对该子系统的电路描述，在理解电路工作原理的基础上对整个子系统电路从电源到搭铁进行检测，确定故障点。如果无法确定故障点，就需要检测与故障子系统电路公用的其他电路，如在电路图上参考保险丝、搭铁、开关等公用的电路。如果公用电路工作正常，说明是自身系统电路故障；如果几个公用电路都存在故障，说明保险丝或搭铁存在故障。

3. 电路及电器元件检查

进行电路检查时应参考维修手册中对电路及电器元件的检查流程，同时充分利用故障诊断仪、结合故障诊断流程进行电器元件的检查，从最可能的原因及最容易检查的电器元件开始。检修时，应在如下位置测试电路：① 容易断开的接头；② 容易接触的测试点。

4. 故障维修

发现故障后，应进行必要的维修工作。参考电路图及维修手册中对故障处理方法的描述，如接地点维修、接插件端子维修等。

5. 检验电路是否正常工作

维修工作结束后，需要重新检查系统电路以确认故障已经排除。如果是保险丝熔断故障，应检查所有共用该保险丝的电路。

任务实施：基础电路故障检修

一、各小组任务准备

（1）按任务内容分组，做好个人防护措施。

（2）准备资料、工具、电路组成元件，填写表 1-3-1。

表 1-3-1　任务准备列表

序号	准备事宜	具体内容
1	安全防护措施	
2	资料、工具、仪器	

二、任务实施过程

各小组对搭建的电路进行故障设置，然后换组检修所设置的基础电路的断路、局部短路故障和搭铁故障，利用万用表和试灯进行蓄电池电压、端子电压、线路电流、端子间电阻的测量，进行故障排除比赛。

检测步骤如下：

三、检查

任务结束后各小组进行自检和互检，记录检查结果，填写表 1-3-2。

表 1-3-2　检查列表

序号	检查内容	检查结果
1	故障是否排除	
2	电路元件是否归位	
3	工具、仪器是否齐全	
4	现场是否符合 5S 管理要求	

四、总结

各小组汇报任务实施情况，教师对各小组任务实施过程进行全面总结，主要内容如下：

任务完成情况，仪器、仪表使用情况，工量具是否达到三不落地要求，学习现场是否整洁，所有物品、设备是否归位，是否出现安全隐患，工具选用是否正确，组内分工是否明确，是否严格按照规范进行操作。

____

____

____

____

知识拓展：电路检测方法

1. 信号注入法

信号注入法以外部信号源的不同输出信号作为已知测试信号，并利用被检电子设备的终端指示器显示测试结果。检查时，根据具体要求选择相应的信号源，获得不同指标的已知信号，由后向前逐级检查，即从被检设备的终端指示器的输入端开始注入已知信号，然后依次由后级电路向前级电路推移。在工业电路板维修中，常将已知的不同测试信号分别注入各级电路的输入端，同时观察被检设备终端面指示器的反应是否正常，以此作为确定故障存在的位置和分析故障发生原因的依据。

2. 代换法

代换法是指用已知完好的同型号、同规格的电路板来代换被测电路板进行维修，这样可以判断出该电路板是否损坏。

3. 参数测试法

参数测试法就是运用仪器、仪表（如在线维修测试仪）测试电子设备电路中的电压值、电流值、元件数值、器件参数等的一种电子设备故障检查方法。通常，在不通电的情况下测量电阻值，在通电的情况下测量电压值、电流值，或拆下元器件测量其相关参数。

4. 波形观察法

波形观察法是一种对电子设备的动态检测法。它借助示波器观察电子设备故障部位或相关部位的波形，并根据测试得到的波形形状、幅度参数、时间参数与电子设备正常波形参数的差异，分析故障原因并采取检修措施。在工控电路板维修中，波形观察法是一种十分重要的、能定量检测的测试检修方法。

5. 直觉检查法

直觉检查法是指在不使用任何仪器设备、不焊动任何电路元器件的情况下，凭直觉——视觉、嗅觉、听觉和触觉来检查待修电路板故障的一种方法。直觉检查法是最简单的一种设备故障检查方法。该方法又可以分为通电检查法和不通电检查法两种。

6. 信号寻迹法

信号寻迹法是使用单一的测试信号，借助测试仪器（如示波器、电子电压表等）由前向后逐级进行检查（寻迹）的一种方法。该方法能深入地定量检查各级电路，能迅速确定发生故障的位置。

7. 交流短路法

交流短路法又称电容旁路法，是利用适当容量和耐压值的电容器对被检电子设备电路的某一部位进行旁路检查的方法。这是一种比较迅速、简便的故障检查方法。交流短路法适用于判断电子设备电路中产生电源干扰和寄生振荡的电路部位。

8. 分隔测试法

分隔测试法又称电路分割法，是将电子设备内与故障相关的电路合理地、一部分一部分地分隔开来，以便明确故障所在的电路范围的一种故障检查方法。该方法通过多次的分隔检查，肯定一部分电路，否定一部分电路，一步步缩小故障可能发生的电路范围，直至找到故障准确位置。

任务四 汽车维修手册电路图的识读与摘画

任务导入

汽车检测与维修专业的王浩去年毕业以后进入一家汽车 4S 店工作，在跟着师傅学习维修的过程中，他发现汽车电路维修时，都要先查阅相关车型的维修手册上的电路图。师傅说，现代汽车技术发展很快，故障多发于电子设备和电控系统，要想准确进行故障诊断，就必须看懂和分析汽车电路图，单靠过去机械修理的老经验无法解决现实问题，拥有丰富修车经验的他也在不断地学习，年轻人更要与时俱进，不断学习新知识，养成终身学习的好习惯。

知识准备：汽车维修手册电路图信息

一、汽车电路符号

电路符号是用于电气图或其他文件中的表示项目或概念的一种图形、标记或字符，是电气技术领域最基本的工程语言。因此，为了看懂汽车电路图，学生要掌握和熟练地运用电路符号。大众汽车电路图元件符号说明如表1-4-1所示。

表1-4-1　大众汽车电路图元件符号说明

符号	名称	符号	名称
	保险丝		手动开关
	蓄电池		温控开关
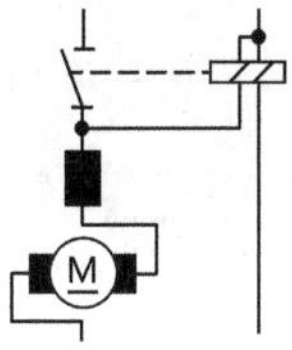	起动机		按键开关
			机械开关
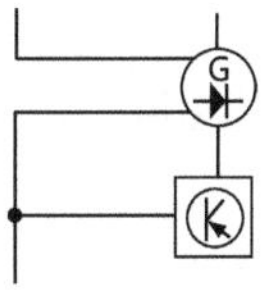	交流发电机		压力开关
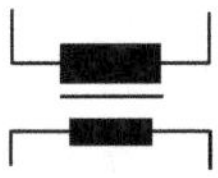	点火线圈	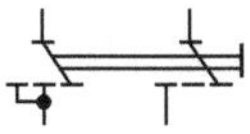	多挡手动开关
	火花塞和火花塞插头	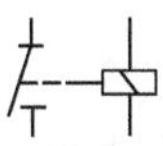	继电器
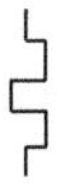	电热丝		灯泡
	内部照明灯		不可拆式导线接点

续表

符号	名称	符号	名称
	显示仪表	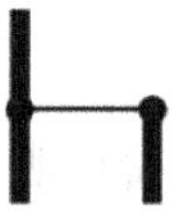	线束内导线连接
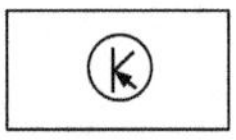	电子控制器	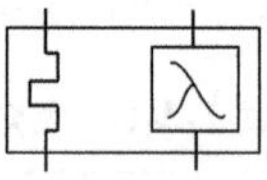	氧传感器
	电磁阀		电机
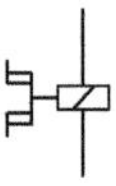	电磁离合器	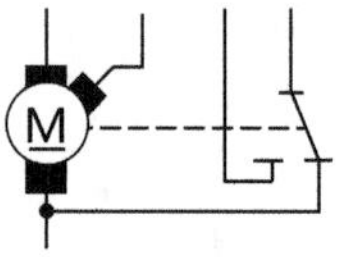	双速电机
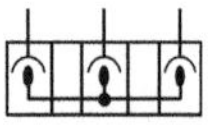	接线插座	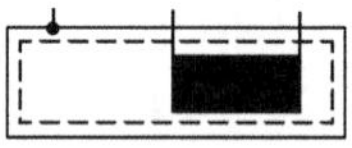	感应式传感器
	插头连接	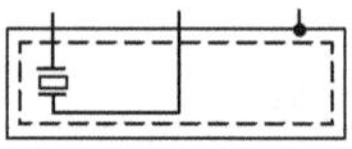	爆震传感器
	元件上多针插头连接		数字钟
	元件内部导线接点	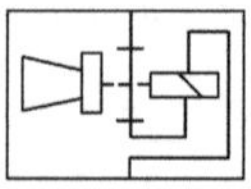	喇叭
	可拆式导线接点	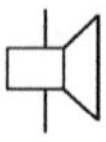	扬声器

二、整车电路图识读

（一）各车系电路图的特点

1. 横坐标式电路图

该模式的电路图在最下端通过坐标编号确定各线路在图中的位置，各线路平行排列，每条线路对准横坐标上的一个编号。图中一般不允许出现横向交叉跨度较大的走线，横向连接的走线以断口标注的方式表示，即线路断口处标注出与之相连的另一端线路在图中的坐标位置编号。

2. 纵横坐标式电路图

该模式的电路图采用横纵坐标来确定电器在电路图中的位置，如奔驰汽车以数字为横坐标、以字母为纵坐标对电路进行定位。

3. 无坐标模块式电路图

“无坐标模块式”并不是该电路图的特点，在此将其归为一类主要是为了和其他形式的电路图形成对比。目前，采用此方式绘图的汽车制造公司较多，如通用别克、本田、东风雪铁龙、丰田、宝马、三菱等，但各公司的具体电路表达方式和图形符号不同，读图时需参照相关电路图和图形符号列表。

（二）一般电路图的读图要领

（1）对照图注和图形符号，熟悉有关元器件名称及其在图中的位置、数量和接线情况。

（2）根据回路原则分析电路。任何电路都是完整的电器回路，其中包括电源、保险丝、用电器、导线和连接器等元件，电流从电源正极出发经导线、保险丝至用电器后搭铁，再回到同一电源的负极。

（三）汽车电路图的结构（以大众车系为例）

（1）电路采用纵向排列，垂直布置，不互相交叉。

（2）电路图中的电器元件都由规定的电路符号画出，旁边标注字母或由字母和数字组成的代码，在电路图的下方或右方注明代码的含义。

（3）电路图中连接导线用粗实线表示，并标出导线颜色和截面积，导线颜色用中文或字母标出。

（4）电路图中通常标出了电路的交接点和搭铁点。

（5）整车电路图分为三部分：

① 上部一般为配电部分，传统大众车系中称之为中央接线盒，如图 1-4-1 所示，安装有保险丝且标注了继电器的位置编号及各端子号等。现代大众车系的上部则是车载电网控制单元 J519 的位置，此部分一般会有一层灰色的背景，且电路中经常用线路代号表示相关电路，如图 1-4-2 所示。

② 中部是车上的电器元件及其连线，如图 1-4-3 所示。

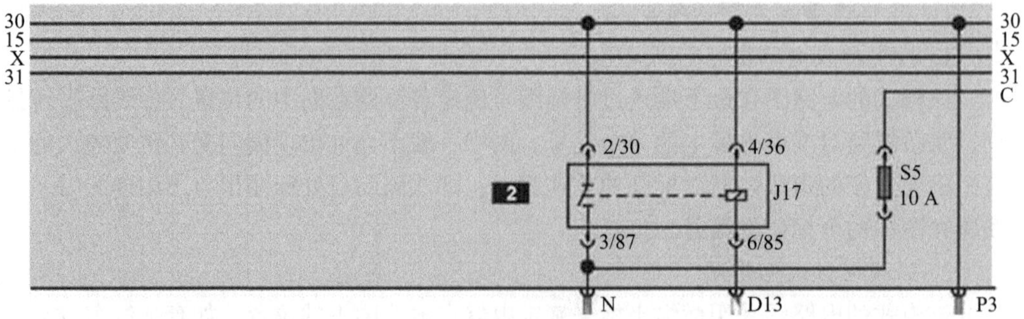

图 1-4-1　传统大众车系电路图的上部——中央接线盒

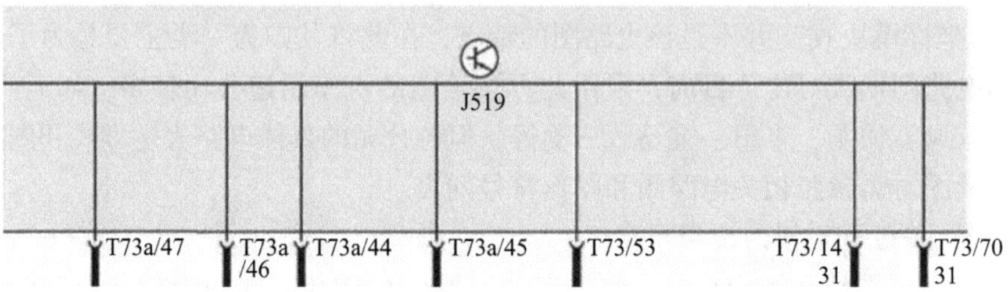

图 1-4-2　现代大众车系电路图的上部——车载电网控制单元 J519

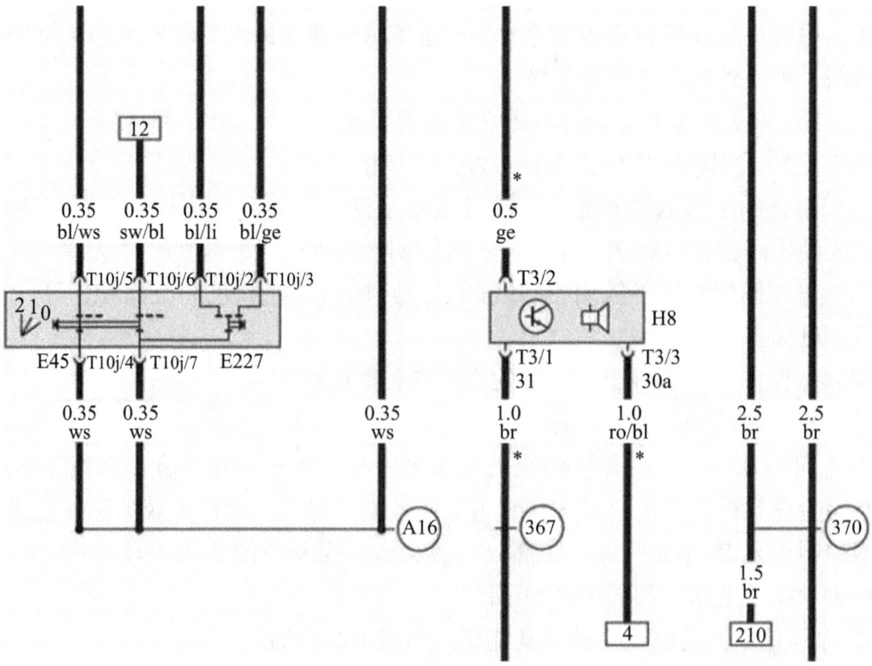

图 1-4-3　大众车系电路图的中部

③ 下部为电路代码和搭铁线及位置说明，如图 1-4-4 和图 1-4-5 所示。

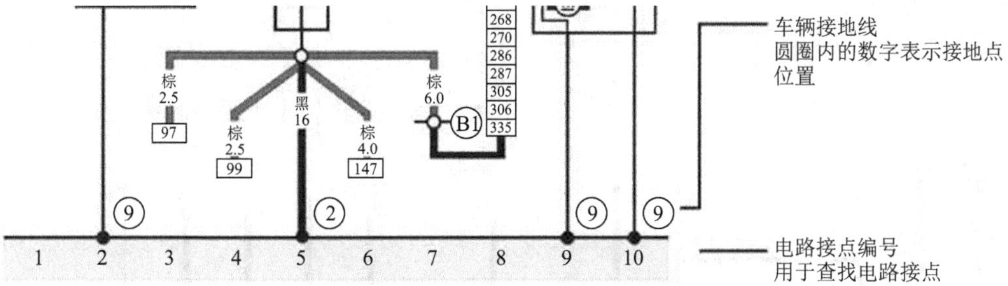

图 1-4-4　大众车系电路图的下部——搭铁点

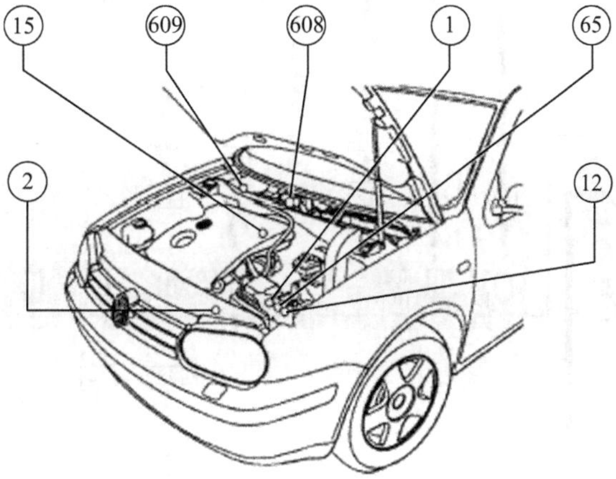

图 1-4-5　大众车系电路图下部——部分搭铁点的位置

电流方向基本是从上到下的，电流流向为电源正极→保护装置→开关→用电器→搭铁→电源负极，形成简明的完整回路。图 1-4-6 给出了大众车系完整电路图。

（6）用小方块里的数字代号解决电路交叉问题。

大众车系采用断路代号法来处理线路复杂交错的问题。如图 1-4-7 所示，某一条线路的上半段在电路号码为 4 的位置上，下半段在电路号码为 67 的位置上，在上半段电路的终止处画一个标有“67”的小方格，即可说明下半段电路就在电路号码 67 的位置上，下半段电路开始处也有一个小方格，里面标有“4”，说明上半段电路就应在电路号码为 4 的位置上，通过 4 和 67，上、下半段电路就连在一起了。

即使再复杂的电路图，经这种方法处理后也能做到看不到一根横线，线路清晰简洁，查找方便。

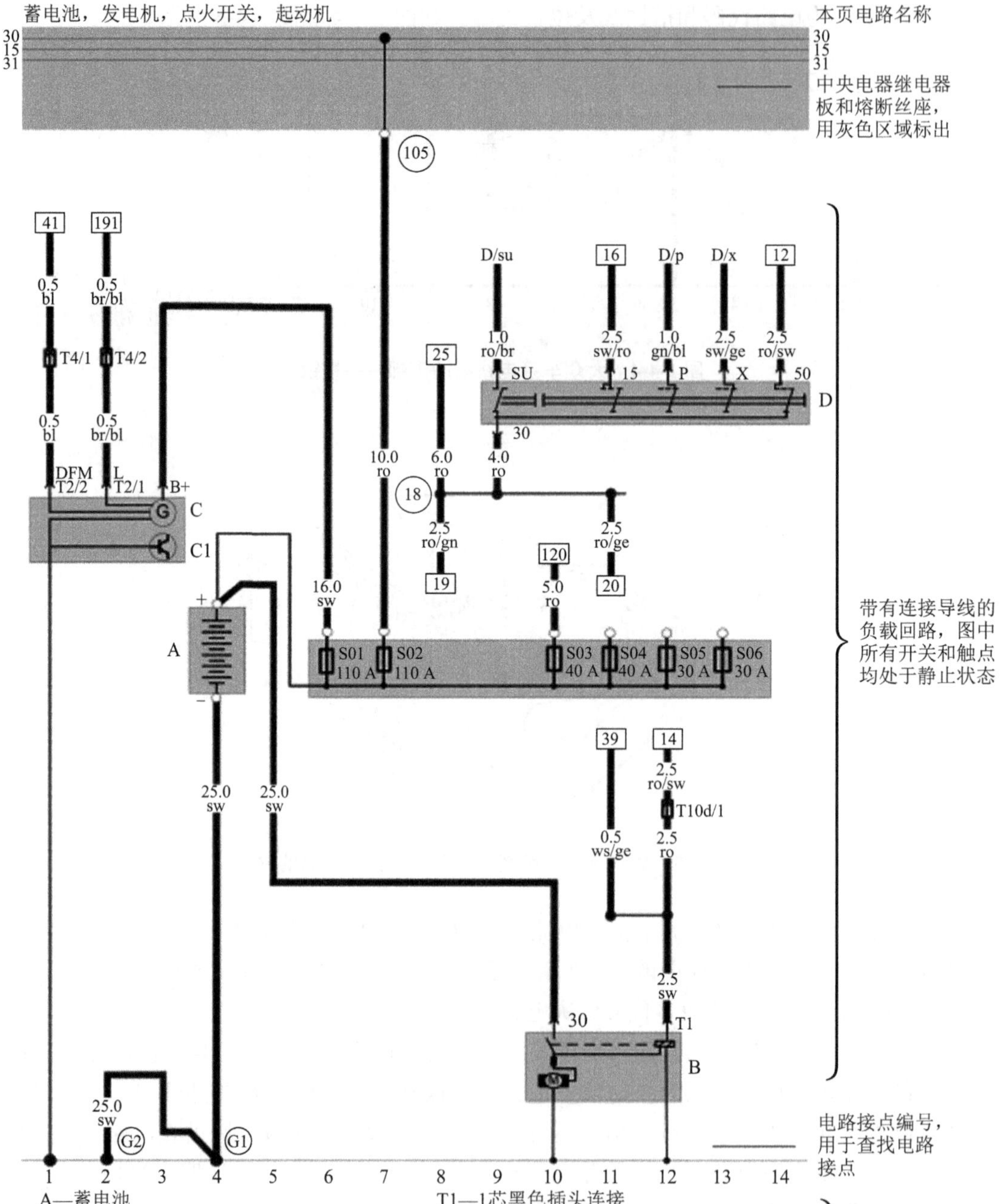

A—蓄电池
B—起动机
C—三相交流发电机
C1—电压调节器
D—点火启动开关
S01—蓄电池上面的保险丝1，110 A
S02—蓄电池上面的保险丝2，110 A
S03—蓄电池上面的保险丝3，40 A
S04—蓄电池上面的保险丝4，40 A
S05—蓄电池上面的保险丝5，30 A
S06—蓄电池上面的保险丝6，30 A

T1—1芯黑色插头连接
T2—2芯黑色插头连接
T4—4芯黑色插头连接
T10d—10芯红色车头连接

(18)—继电器极板上的螺栓连接（30）
(G1)—接地点，蓄电池
(G2)—接地点，变速箱

元件代号及名称

图 1-4-6　大众车系完整电路图结构（仅用于参考）

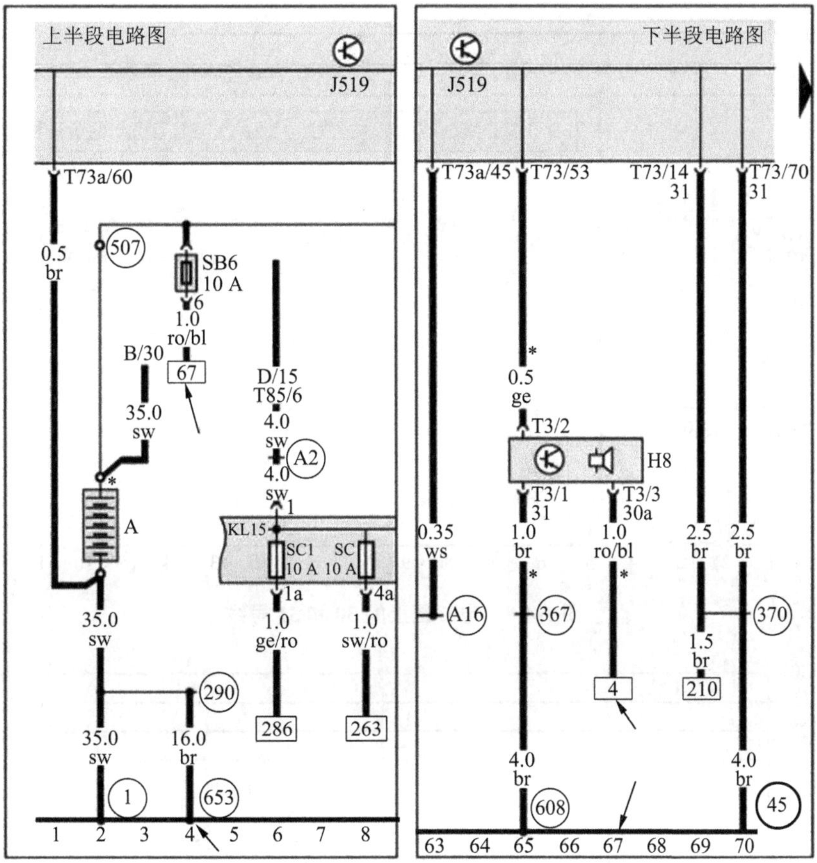

图 1-4-7　断路代号法解决线路复杂交错问题示意图

（7）整车电气系统电源线正、负极认识。

整车电气系统电源正极一般分为三路，即 30、15 和 X（或 75）号线；负极为 31，直接通过车身搭铁。

① 标有“30”的为常电源线，就是在蓄电池正常的情况下，具有规定电压的电源线，汽车维修中称之为“常火线”。它与蓄电池正极直接相连，中间不经过任何开关，无论是停车时还是发动机处于熄火状态时均有电，可供发动机熄火时仍需要用电的电器使用。如图 1-4-8 所示，标有“31”的为电路搭铁线，也就是回电源负极的导线。

② 标有“15”的为小容量电器电源线，当点火开关置于 ON（接通）和 ST（启动）挡时，30 号线经点火开关连接中央继电器盒（或 J519）内的 15 号线。也就是说，打开点火开关时电路才会有电，如图 1-4-9 所示。

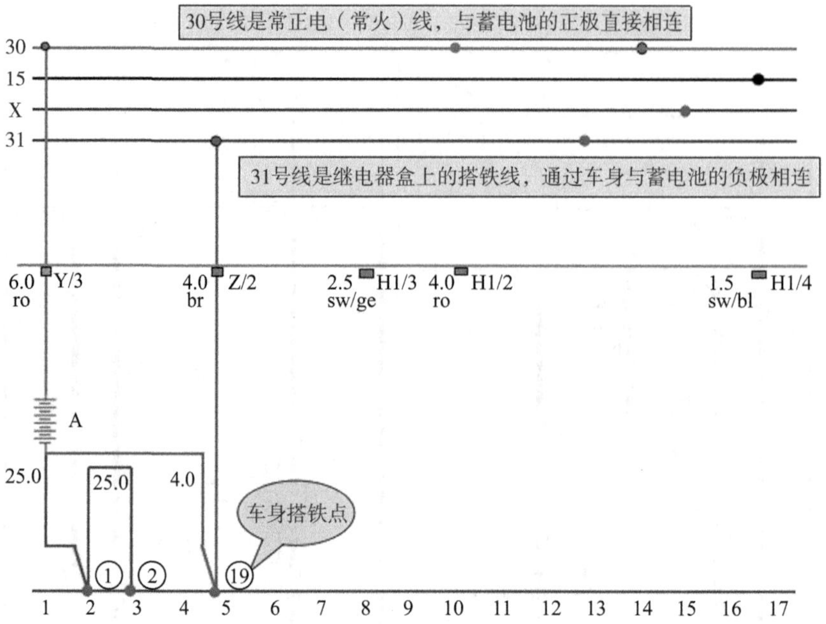

图 1-4-8　电路图上的 30 和 31 号线

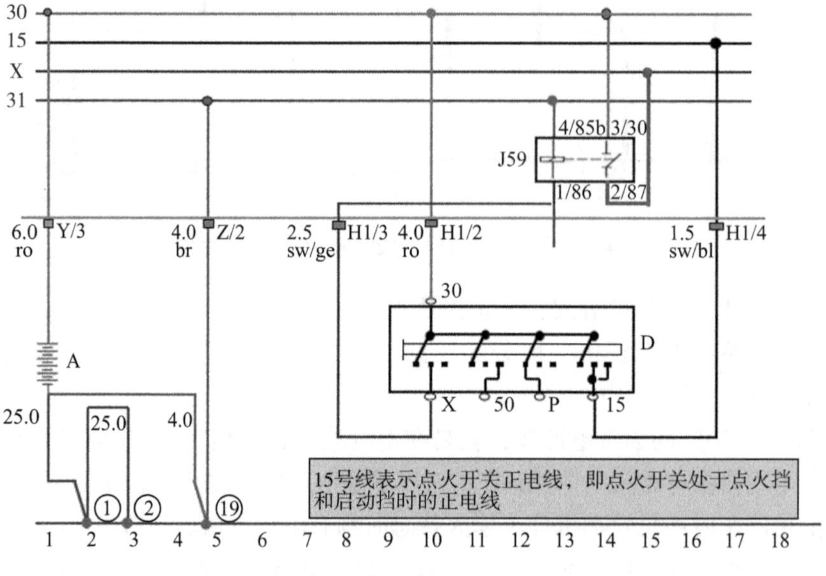

图 1-4-9　电路图上的 15 号线

③ 标有“X（或 75）”的为车辆大容量电源线，它给大功率用电设备（如雾灯、刮水器、风窗加热和空调等）供电，只有在点火开关位于 ON 挡时，X 触点继电器 J59（或 75 继电器）才能工作，30 号线经 X 触点继电器的触点接通 X 线，而在点火开关位于 ST（启动）挡启动发动机时 X 线自动断电，从而保证发动机能顺利启动，该线通常也称为卸荷线，如图 1-4-10 所示。

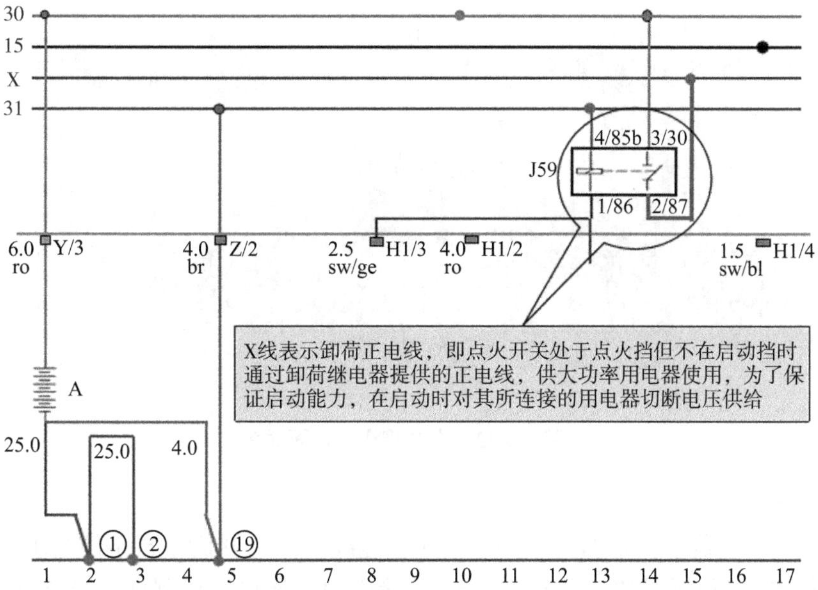

图 1-4-10　电路图上的 X 线

（四）整车电路图中的主要元件认识

1. 中央接线盒（或车载电网控制单元 J519）

整车电气系统采用以中央接线盒为中心的控制方式，即大部分继电器和保险丝都安装在中央接线盒的正面，主线束从中央接线盒背面接插后通往各用电器，如图 1-4-11 和图 1-4-12 所示。中央接线盒上标有保险丝、继电器、线束和导线插接器的位置代号及接点的数字号。

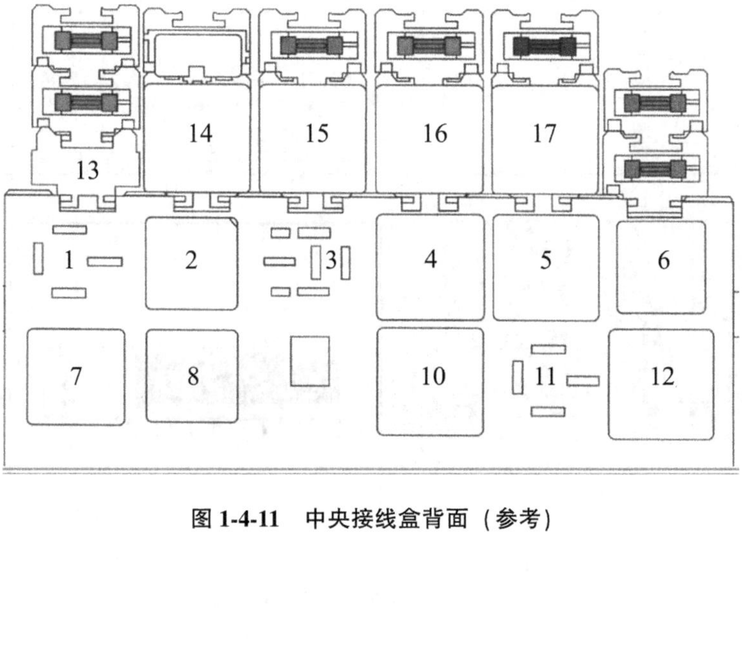

图 1-4-11　中央接线盒背面（参考）

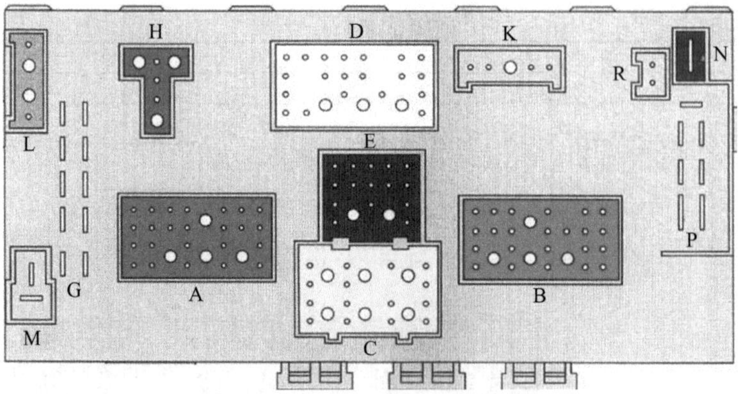

图 1-4-12　中央接线盒背面插头

2. 继电器

在汽车继电器中，85 号接脚通常用于接地线，86 号接脚来自条件电源（如 15 号线或 X 线等），30 号接脚经常通电，87 号接脚用于连接被控制件。当条件电源通电后，85、86 号线导通，产生磁性，吸引 30 号与 87 号线路之间的触点闭合，给用电器通电，如图 1-4-13 所示，电路图上标有 4/85、3/30、2/87 和 1/86，分母数 85、30、87 和 86 是指继电器上的 4 个插脚，分子数 4、3、2、1 标注在中央控制盒正面上，与分母相对应，电路图上的“黑框 2”表示该继电器是在中央控制盒的 2 号位置安装的。电路图中的继电器是初始状态，即继电器线圈未通电，其触点未闭合（即常开型）。

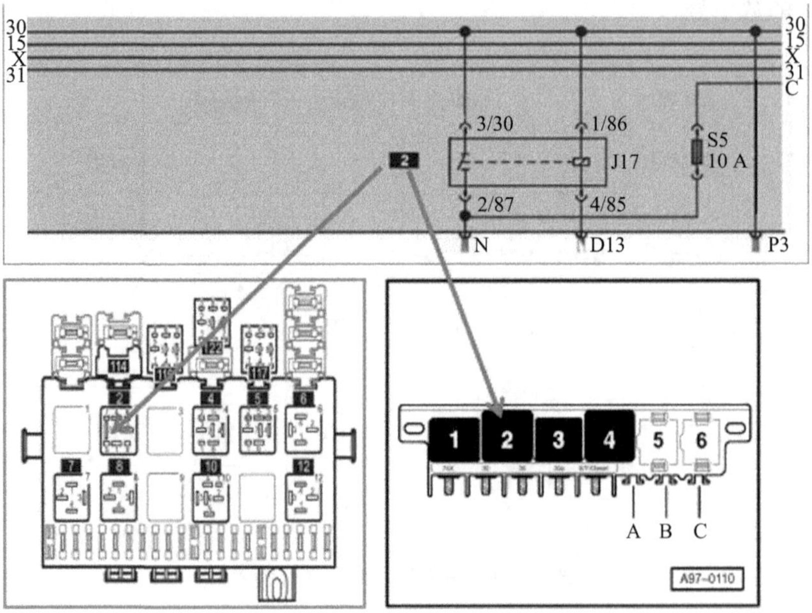

图 1-4-13　继电器位置及接脚示意图

3. 车辆保险丝

（1）保险丝架如图 1-4-14 所示。

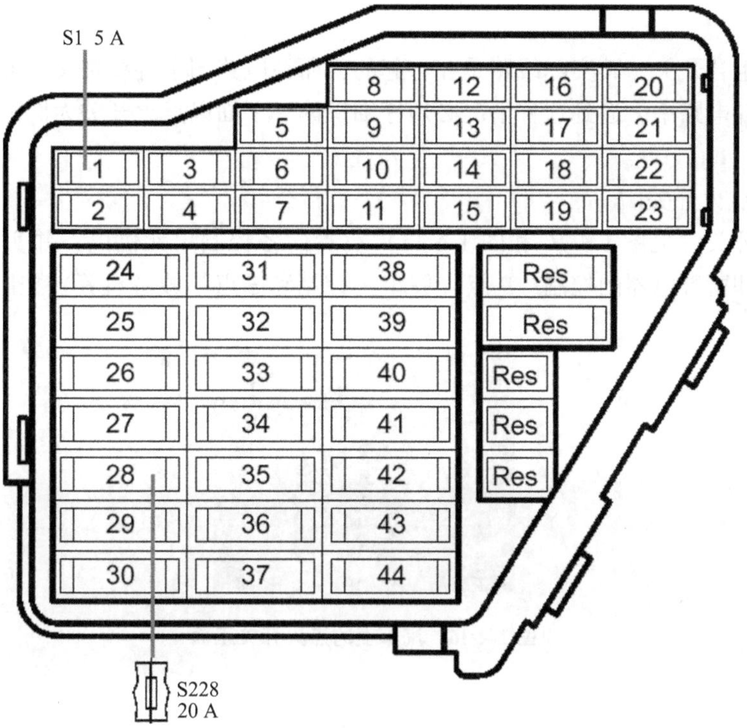

图 1-4-14　保险丝架

（2）保险丝架 SA、SF 在车上的位置（以奥迪 A6L 汽车为例）如图 1-4-15 所示。

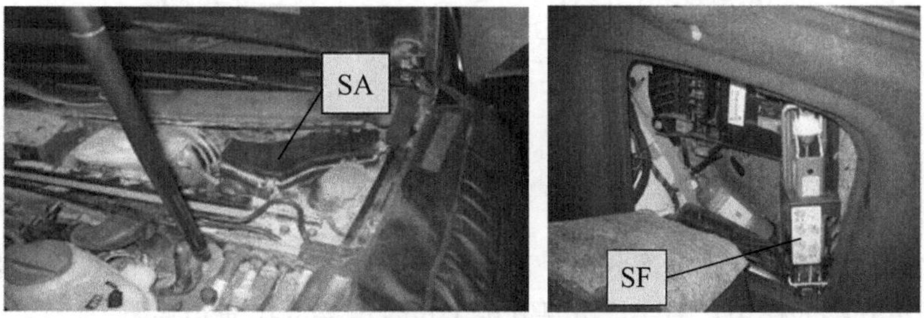

SA：排水槽电控箱左侧保险丝架

SF：行李箱内右侧继电器座和保险丝架

图 1-4-15　奥迪 A6L 汽车保险丝架 SA、SF 的位置

4. 电路开关

在电路图中，各种开关都是按初始状态画出的，即开关未接通。对多层多挡接线柱的开关，要按层、挡位、接线柱逐级分析其各层格挡的功能。有的用电设备受两个以上单挡开关（或继电器）的控制；有的则受两个以上多挡开关的控制，工作状态比较复杂。当开关接线柱较多时，首先关注由电源而来的一两个接线柱，再逐个分析与其他各接线柱相连的用电设备处于何种挡位，从而找出开关的电路控制关系。

对于组合开关，其实际线路是在一起的，而在电路图中各线路又按各自的功能分别画在局部电路中，遇到这种情况必须仔细识读。下面以点火开关为例讲述多极开关的识读。

(1) 点火开关。

点火开关（见图 1-4-16 和图 1-4-17）负责向各控制单元供电，并实现一些其他控制，如卸荷继电器的控制、P 点（驻车）控制和 S 点（收音机等）控制等。

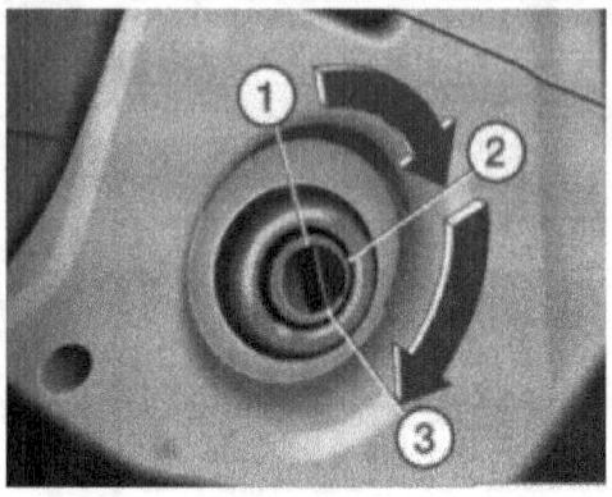

图 1-4-16　汽车上的点火开关正面

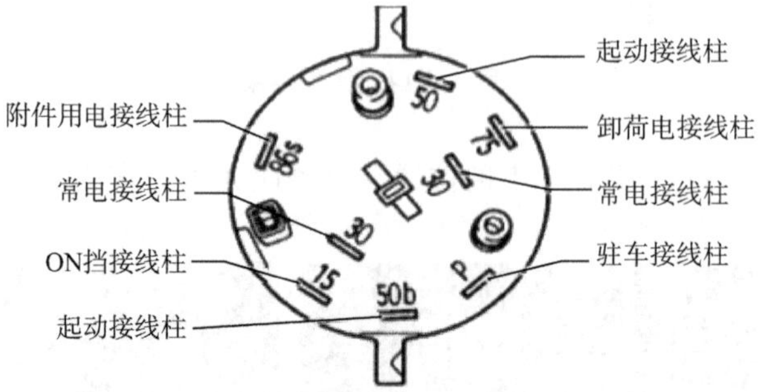

图 1-4-17　点火开关背面接线端子

点火开关的结构分为两部分：一部分是操纵机构（机械锁和钥匙），起到锁止转向柱和操纵开关的作用；另一部分是开关，负责电路的接通和关闭。

（2）点火开关工作示意图如图 1-4-18 所示。

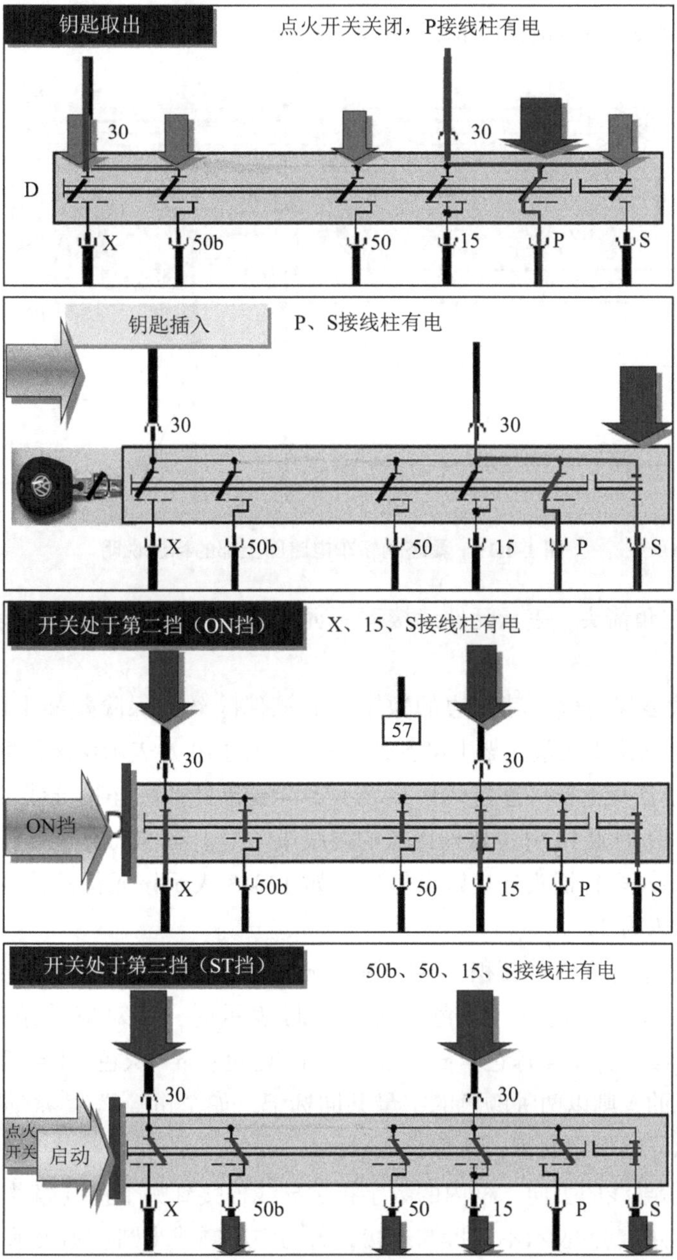

图 1-4-18　点火开关工作示意图

（五）电路图中的标注说明

1. 电路图上部

大众桑塔纳轿车电路图上部如图 1-4-19 所示。

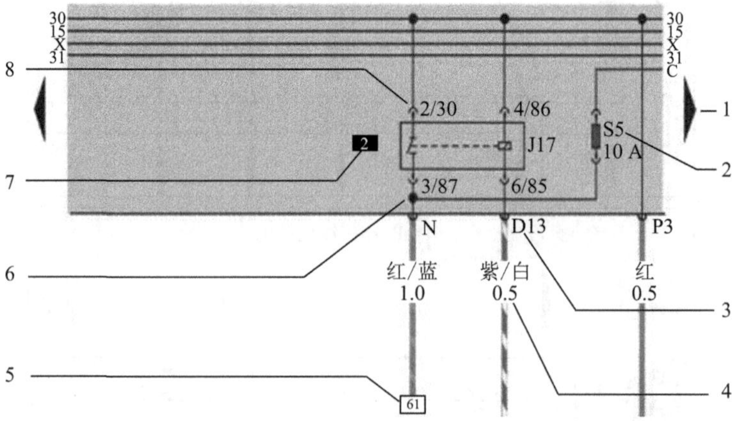

图 1-4-19　桑塔纳轿车电路图上部的标注说明

1——右三角箭头，表示元件续接下一页电路图。左三角箭头则表示续接上一页电路图。

2——S 代表保险丝，其右边的数字代表该保险丝在保险丝架上的位置。例如，S5 表示该保险丝位于保险丝架上第 5 位，S5 下方的 10 A 表示保险丝的容量为 10 A。

3——继电器板上插头连接代号，表示多针或单针插头连接导线的位置，如 D13 表示多针插头 D 的第 13 针位置连接点的接线端子号。有的同类连接符号表示电器元件上接线端子数/多针插头连接触点号码，如 T23/3 表示该元件的接线端子总针数为 23，接触点号码为 3。

4——导线颜色和横截面积。导线颜色分单色和花色。花色线以前面颜色为主色，如红/蓝线，表示红多蓝少。颜色标记以字母表示时，其对应关系为：ws = 白色；sw = 黑色；ro = 红色；br = 棕色；gn = 绿色；bl = 蓝色；gr = 灰色；li = 紫色；ge = 黄色。若导线是双色的，则以两种颜色的字母共同标记，如“ro/sw”“ws/ge”等。颜色下面的数字表示导线横截面积，单位是 mm^2。

5——表示导线的去向。框内的数字指示导线连接到哪个接点编号。

6——实心圆点，表示不可拆卸连接；若为空心圆或半圆，则表示可拆卸连接。

7——黑方框内的数字表示继电器板上的继电器位置编号。该继电器在第 2 位。

8——继电器板上的继电器或控制器的接线代号，表示继电器针脚和相应插孔的对应连接。例如，2/30 表示继电器的 30 针脚应插入板上的 2 号孔。

J17 是该继电器元件的代号，其元件名称可以在电路图下方的标注说明中查到。

2. 电路图中部

大众桑塔纳轿车电路图中部如图 1-4-20 所示。

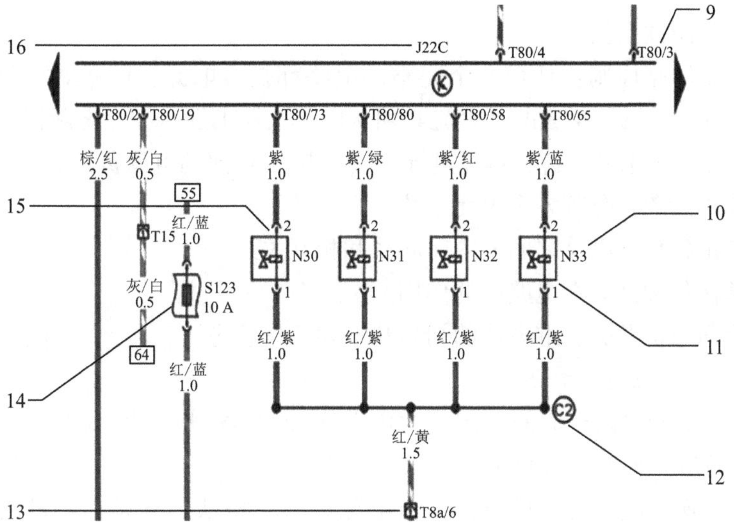

图 1-4-20　桑塔纳轿车电路图中部的标注说明

9——连接插头，如 T80/3 表示 80 针插头的第 3 针脚。

10——元件代号，其元件名称可以在电路图下方查到。

11——元件的电路符号，参见电路图元件符号说明。

12——内部接线点。

13——插头连接，如 T8a/6 表示 8 针 a 插头第 6 针脚。

14——附加保险丝号，如 S123 表示附加继电器板上第 23 号位，容量为 10 A。

15——元件插头内的针脚号。

16——控制单元电路符号。

3. 电路图下部

大众桑塔纳轿车电路图下部如图 1-4-21 所示。

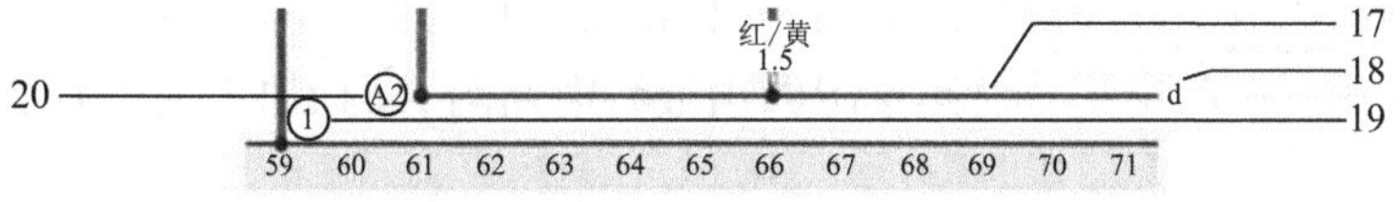

图 1-4-21　桑塔纳轿车电路图下部的标注说明

17——内部接线。该接线并不是作为导线设置的，而是表示元件或导线束内部的电路。这部分连接是存在的，但线路是不存在的，标示线路只是为了说明这种连接关系，同时使电路图更加容易理解。

18——内部连接线的去向。

19——搭铁点的代号。其搭铁点的位置可以在电路图下方查到。

20——线束内连接点的代号。在电路图下方可以查到该不可拆式连接位于哪个导线束内。

三、电路图的摘画

（一）查阅汽车电路图的方法

（1）牢记汽车电路特点：单线制、负极搭铁、用电设备并联。

（2）认真阅读图注。

（3）牢记回路原则：任何一个完整的电路都是由电源、熔断器、开关、控制装置、用电设备、导线等组成的；电流必须从电源正极出发，经过熔断器、开关、控制装置、导线等到达用电设备，再经过导线（或搭铁）回到电源负极。

（4）浏览全图，分割各个单元系统。

（5）熟记各局部电路之间的内在联系和相互关系。

（6）掌握各种开关在电路中的作用。

（7）全面分析开关、继电器的初始状态和工作状态。

（二）电路读图的三种思路

思路一：沿着电路电流的流向，由电源正极出发，顺藤摸瓜查到用电设备、开关、控制装置等，回到电源负极。

思路二：逆着电路电流的方向，由电源负极（搭铁）开始，经过用电设备、开关、控制装置等回到电源正极。

思路三：从用电设备开始，依次查找其控制开关、连线、控制装置等，最后到达电源正极和搭铁（或电源负极）。

实际应用时，可视具体电路选择不同的思路，但有一点值得注意：随着电子控制技术在汽车上的广泛应用，大多数电气设备电路同时具有主回路和控制回路，读图时要兼顾两回路。

（三）具体电路摘画步骤

（1）查看电路图，标注出与所画用电器控制系统有关的组成元件。

（2）仔细分析各元件之间的连接关系和对应针脚号。

（3）画出该电路的用电器及保险部分的电路草图。（采用反向画法，先从用电器开始画）

（4）画出用电器开关部分的草图。（标出各元件针脚号和线径颜色）

（5）使用直尺和铅笔，对照草图画出最终电路图。（标出各元件针脚号和导线电路代号）

（四）具体摘画举例（以 2010 款捷达轿车制动灯电路图为例）

由于汽车电路中用电器较多，且都从电源正极引出然后再分流，因此不能采用电流走向的方法来分析和辨别制动灯电路，而是应该从制动灯泡开始采用逆推法寻找电源的方式来识读制动灯电路，具体步骤如下。

步骤一：找到电路图中制动灯泡的位置，在电路图 11d/12 页横坐标 148 和 152 上方，分别为 M20 和 M21，然后在 M20 和 M21 下方看到它们先通过连接点 58 后又经搭铁点 G6 搭铁（见图 1-4-22）。

步骤二：根据汽车电路单线制的特点，分别沿着 M20 与 M21 上方的电路找到两个断口标注 59 和 58，断口标注 59 下方所对应的横坐标为 148，断口标注 58 下方所对应的横坐标为 152。然后在横坐标 58、59 两处的上方寻找断口坐标 148 和 152（见图 1-4-23）。

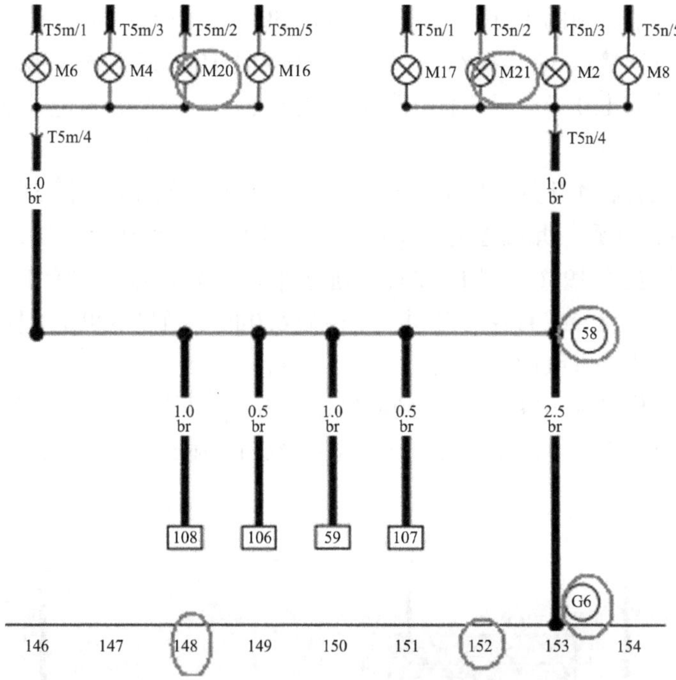

图 1-4-22　制动灯泡位置电路

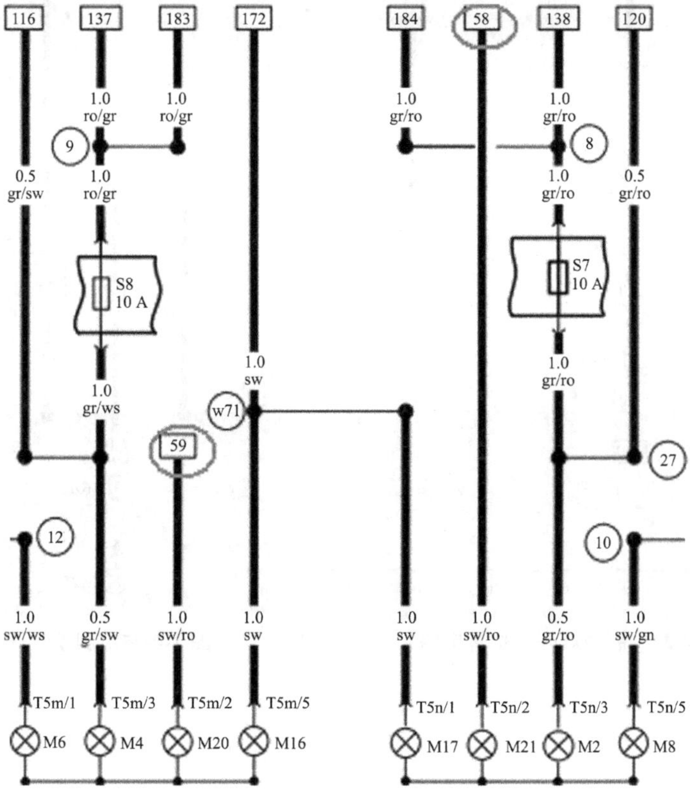

图 1-4-23　导线断口坐标位置电路

步骤三：在电路图的 11d/6 页横坐标 58、59 上方找到对应的断口标注后，发现这两根导线通过连接点 38 连接在一起，此连接点上还有其他导线相连，且所有的导线中只有最右端的 1.0 导线是连接在制动开关 F 上的，因此，这应该是电源的来处了（见图 1-4-24）。

步骤四：顺着制动开关 F 向上又有一个断口标注，指向横坐标 51（见图 1-4-25）。在横坐标 51 处能找到与此相连的断口标注 60，继续向上到达保险丝 S46（10 A），再向上到达正极连接点 19（见图 1-4-26）。通过多次查找发现，所有向下的导线都是通向用电器的，另对比导线直径可发现，直径为 6.0 的红白导线可能才是由电源正极过来的总电源线，于是继续向上查找。

步骤五：在横坐标 10 的上方找到断口标注为 49 的导线连接，继续向上查找不难发现，经连接点 105，又经蓄电池上方的保险丝架的 S02 保险丝后，与蓄电池正极相连（见图 1-4-27）。

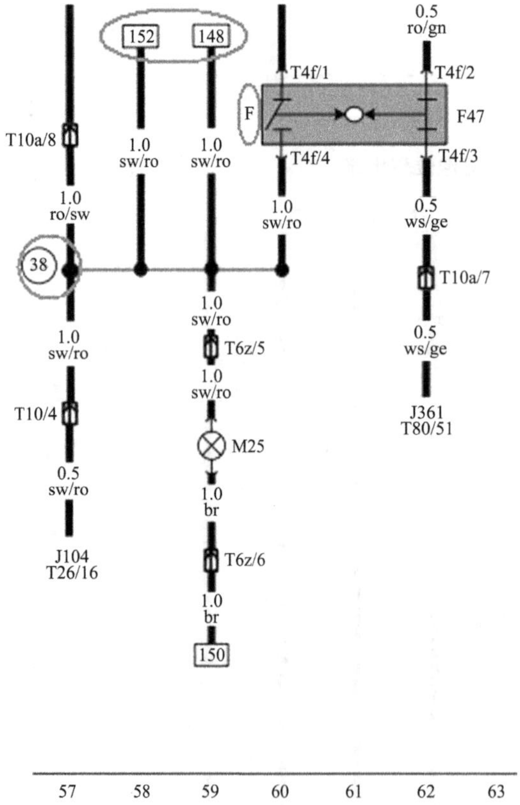

图 1-4-24　制动灯开关位置电路

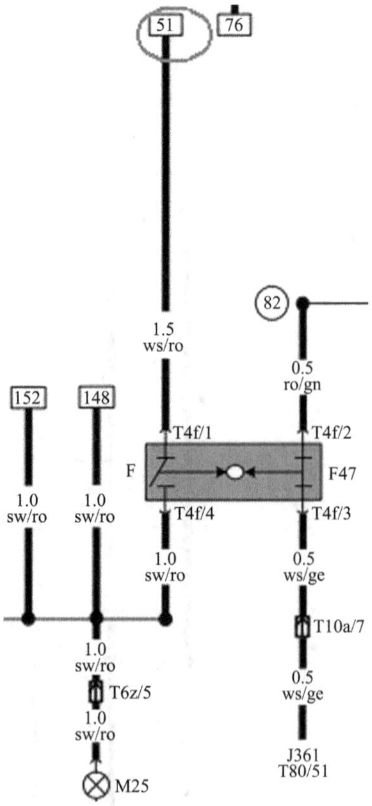

图 1-4-25　制动灯开关线路连接标注

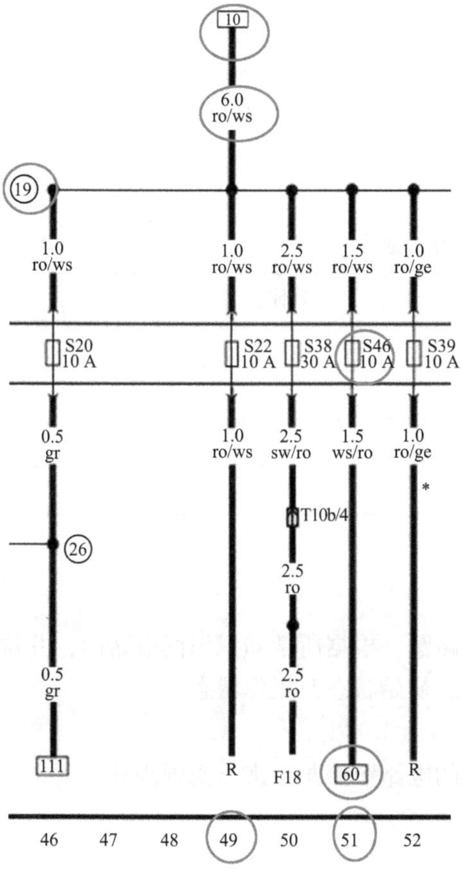

图 1-4-26　制动灯保险丝电路

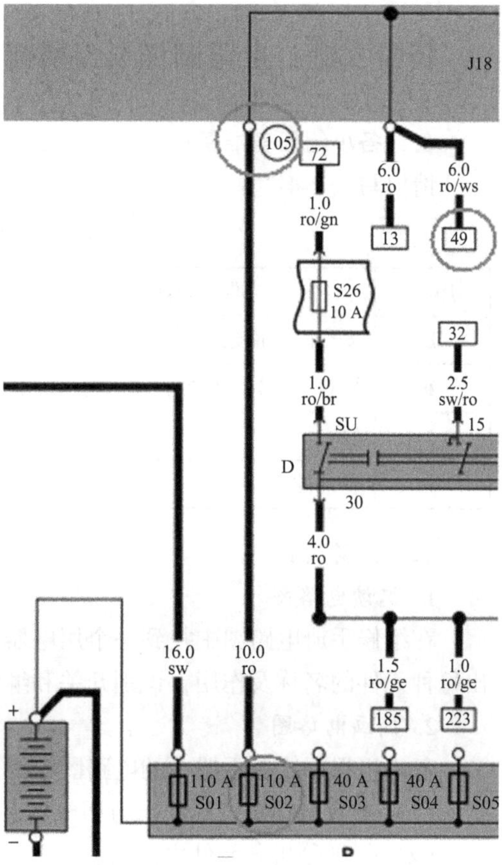

图 1-4-27　制动灯电源线电路

步骤六：拆画电路图。首先在纸张最上端和最下端画两条代表电源和搭铁的直线；然后将电路中所涉及的所有电器元件按电流顺序从上往下一一画出，如保险丝、开关、灯泡等；最后参照电路图将这些电器元件用代表导线的直线连接起来，注意标明每个插接器插脚符号，以便对电路进行分析（见图 1-4-28）。

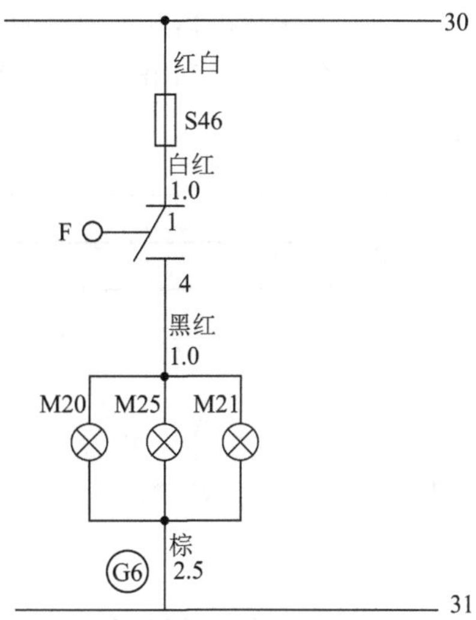

图 1-4-28　制动灯电路图摘画

任务实施：电路图识读与摘画

一、各小组任务准备

请填写表 1-4-2。

表 1-4-2　任务准备列表

序号	准备事宜	具体内容
1	安全防护措施	
2	资料、工具、仪器	
3	物料	
4	零部件	

二、任务实施

1. 识读电路图

在维修手册电路图中找到一个用电器的电路图，根据所学知识识读电路图，并说出每种元件的名称及作用，识别开关和继电器的初始状态及工作状态。

2. 摘画电路图

各小组根据维修手册中的电路图，把要画的电路图摘画出来，摘画步骤如下：

（1）查看电路图，标注出与用电器有关的组成元件。

（2）仔细分析各元件之间的连接关系和对应针脚号。

（3）画出该电路的用电器及保险部分的电路草图。（采用反向画法，先从用电器开始画）

（4）画出用电器开关部分的草图。（标出各元件针脚号和线径颜色）

（5）使用直尺和铅笔，对照草图画出最终电路图。（标出各元件针脚号和导线电路代号）

30 ________________________________

15 ________________________________

X/75 ________________________________

31 ________________________________

三、检查评价

（1）各组组内成员互相交换并检查摘画的电路图，然后给出评价。

（2）各组选出一名成员及其摘画的电路图进行组间互评，互评内容包括电路图是否符合摘画要求，以及该成员能否准确说出电路图中各部分的名称。

四、总结

____

____

____

____

知识拓展：北汽新能源 EU7 一键启动控制原理

一、系统组成

北汽新能源 EU7 一键启动/无钥匙进入系统主要由无钥匙启动控制模块、一键启动开关、继电器及天线等相关元件和线路组成。

二、控制电路图识读

图 1-4-29 给出了北汽新能源 EU7 被动进入及被动启动系统（PEPS 系统）一键启动控制电路。

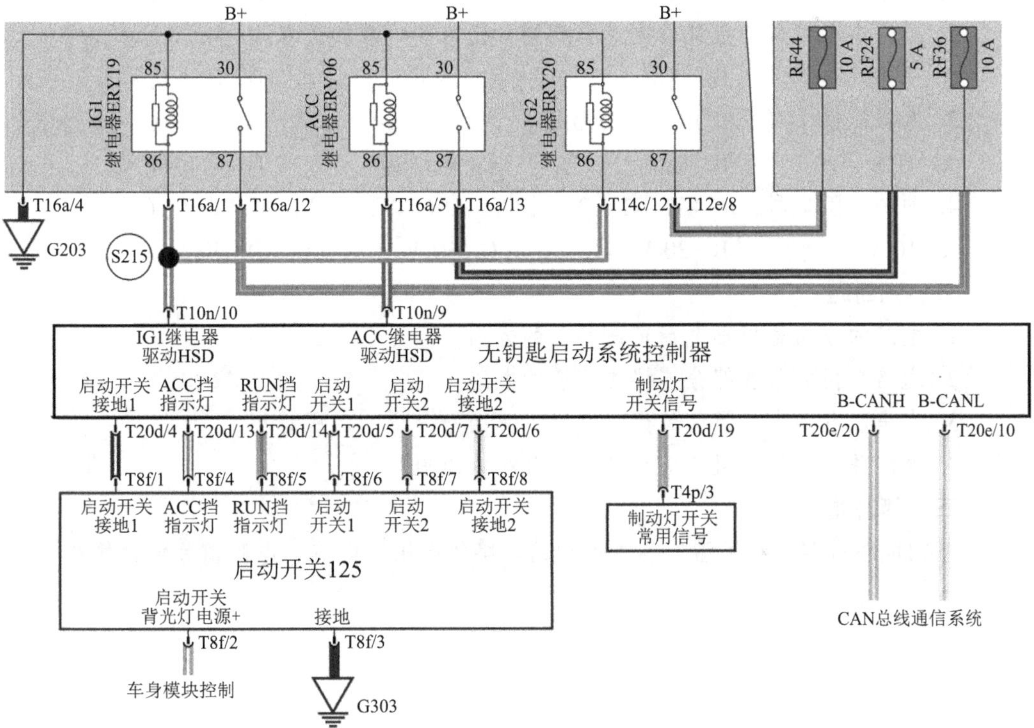

图 1-4-29　北汽新能源 EU7 车 PEPS 系统一键启动控制电路

（1）ACC 挡：按压一键启动开关第一下，启动开关 1 T8f/6 针脚和启动开关接地 1 T8f/1 针脚在内部接通，ACC 挡信号通过 T8f/6 与 T20d/5 之间连接导线输入 PEPS 无钥匙启动控制模块，无钥匙启动控制模块通过 T10n/9 驱动控制 ACC 继电器吸合，向车身辅助用电设备供电，一键启动开关红色指示灯点亮。

（2）ON 挡：按压一键启动开关第二下，启动开关 2 T8f/7 针脚和启动开关接地 2 T8f/8 针脚在内部接通，ON 挡信号通过 T8f/7 与 T20d/7 之间连接导线输入 PEPS 无钥匙启动控制模块，无钥匙启动控制模块通过 T10n/10 驱动控制 IG1 和 IG2 继电器吸合，向车辆低压用电设备供电，一键启动开关绿色指示灯点亮。

（3）高压上电：踩刹车，按压一键启动开关，新能源汽车自动锁定 P 挡，无钥匙启动控制模块通过舒适数据 CAN 总线向动力电池管理系统模块传递上电信号，动力电池管理系统模块检查高压系统一切正常之后，接通高压供电线路，上电成功后，仪表显示 Ready 指示灯亮。

思考与练习

一、选择题

1. 两个阻值相同的电阻串联后，其总阻值等于两个电阻值（　　）。

A. 之和　　B. 之差　　C. 乘积　　D. 之一的一半

2. 电路中流过每个负载的电流都相同，则这些负载的关系是（　　）。

A. 并联　　B. 串联　　C. 混联　　D. 以上均可以

3. 电路提供了（　　）流通的路径。

A. 电压　　B. 电流　　C. 电动势　　D. 电功率

4. 两个电阻串联，$R_1:R_2=1:2$，总电压为 60 V，则 U_{R_1} 的大小为（　　）。

A. 10 V　　B. 20 V　　C. 30 V　　D. 40 V

二、判断题

1. 电流的方向是指正电荷定向移动的方向。（　　）

2. 通路是指电路各部分连接成闭合的电路。（　　）

3. 在串联电路中，阻值越大的电阻，其两端分得的电压越小。（　　）

4. 电阻并联，总的阻值变小且小于最小的阻值。（　　）

三、简答题

基础电路有哪几种类型？各种类型的电路的电压、电流、电阻值如何计算？

项目二

灯光与信号系统检修

本项目主要学习汽车制动灯、倒车灯、示宽灯、转向灯（危险警告灯）等灯光信号系统的结构组成、控制原理及故障检修，熟悉故障检修流程。

知识目标

掌握制动灯、倒车灯的电路组成和控制原理；
掌握喇叭的电路组成和控制原理；
掌握示宽灯、驻车灯的电路组成和控制原理；
掌握转向灯、应急灯的电路组成和控制原理。

技能目标

能够检修灯光信号系统故障；
能够根据故障现象制订检修计划；
能够识读和摘画灯光信号系统电路图；
能够分析故障原因，排除实车故障。

素质目标

培养遵守交通法规、安全行车的意识；
增强爱国、爱党、爱岗敬业的意识。

任务一 制动灯和倒车灯故障检修

任务导入

客户反映自己的大众捷达轿车由于制动灯不亮，差点被追尾，维修人员试车验证故障时发现不仅制动灯不亮，倒车灯也不亮，于是同时对两灯进行检修。

制动灯和倒车灯是机动车预防事故发生、确保行车安全的重要信号装置，学习制动灯、倒车灯的电路组成、控制原理及故障检修至关重要。

知识准备一：制动灯信息

一、制动灯的作用和分类

1. 制动灯的作用

制动灯俗称刹车灯，是指车辆制动时亮起的灯，安装在车辆尾部。汽车制动时，驾驶员踩下制动踏板，制动灯亮，警示后面车辆和行人前车要减速或停车，可防止车辆追尾事件的发生，减少交通事故。

2. 制动灯的分类

制动灯（见图 2-1-1）分为左、右制动灯和车尾中间上部的高位制动灯，主体颜色为红色，相比周围其他的灯，制动灯的亮度较强，较为明显。

图 2-1-1　制动灯

二、制动灯电路的主要组成元件

（一）制动灯

1. 卤素灯

卤素灯是指在灯泡内注入碘或溴等卤素气体，高温下升华的钨丝与卤素进行化学作用，冷却后的钨重新凝固在钨丝上，形成平衡的循环，避免钨丝过早断裂的灯。卤素灯比白炽灯的寿命更长。

2. LED 灯

LED 灯即发光二极管，简称 LED，由含镓（Ga）、砷（As）、磷（P）、氮（N）等的化合物制成，当电子与空穴复合时能辐射出可见光，可在电路及仪器中作为指示灯使用，或者用于组成“文字”或“数字”进行显示。砷化镓二极管发红光，磷化镓二极管发绿光，碳化硅二极管发黄光，氮化镓二极管发蓝光。

发光二极管可分为普通单色发光二极管、高亮度发光二极管、超高亮度发光二极管、变色发光二极管、闪烁发光二极管、电压控制性发光二极管、红外发光二极管和负阻发光二极管等，超高亮度发光二极管可以做成汽车的远光灯、近光灯、制动灯、行车灯和转向灯，也可以用于仪表板照明和车内照明，它在耐振动、省电及长寿方面与白炽灯相比具有明显的优势，尤其是用作制动灯时，其响应时间为 60 ns，比白炽灯或普通 LED 灯的响应时间（140 ms）快许多。在高速公路上行驶时，制动时会增加 4~6 m 的安全距离。LED 灯无辐射、无污染，使用寿命长，理论上可达 6 万个小时。也就是说，在汽车报废期间不用更换灯泡。

3. 制动灯型号

（1）P21/5W，也可称为 BAY15D 或 1157。这种底座型号的灯具有双丝结构，具备刹车警示功能和示位功能。当处于刹车功能时，功率是 21 W；当处于示位功能时，功率是 5 W，示位功能是常开的。

（2）W21/5W，也可称为 7443，如图 2-1-2 所示。这种底座型号的灯也具有双丝结构，具备刹车警示功能和示位功能。当处于刹车功能时，功率是 21 W；当处于示位功能时，功率是 5 W，示位功能是常开的。

图 2-1-2　7443 底座刹车灯

（3）P27/5W，也可称为 3157。这种底座型号的灯也具有双丝结构，具备刹车警示功能和示位功能。当处于刹车功能时，功率是 27 W；当处于示位功能时，功率是 5 W，示位功能是常开的。

我国生产的车辆尾灯一般都是“一泡二用”，灯泡内有两个光丝，较弱的为小灯，较强的为刹车灯。有的厂家将其设计为高低脚插入式，使用起来非常方便。更换刹车灯泡时，一定要注意不要接反。

（二）制动灯开关

制动灯开关安装在制动踏板支架上，随制动踏板联动。踩下制动踏板时，制动灯开关闭合，制动灯亮；松开制动踏板时，制动灯开关打开，制动灯熄灭。

现代汽车的制动灯开关不仅用于控制制动灯，而且越来越多的制动灯开关用于控制更多的系统，如 ABS、巡航系统、发动机控制系统等。因此，现代的制动灯开关多为双式开关，包括制动灯开关 F 和制动检测开关 F47（均为触点开关），如图 2-1-3 所示。制动灯开关 F 和制动检测开关 F47 根据制动踏板的操作，发送相反信号的数值。制动开关正常工作时，踩下制动踏板，制动灯开关 F 将接通制动灯电路，制动灯亮，制动检测开关 F47 发送“0 V”数值；不踩下制动踏板，制动检测开关 F47 的输出信号则发送“12 V”数值，提供信号给各个需要的系统。电子控制单元（ECU）通过刹车开关信号判断是否有制动行为。

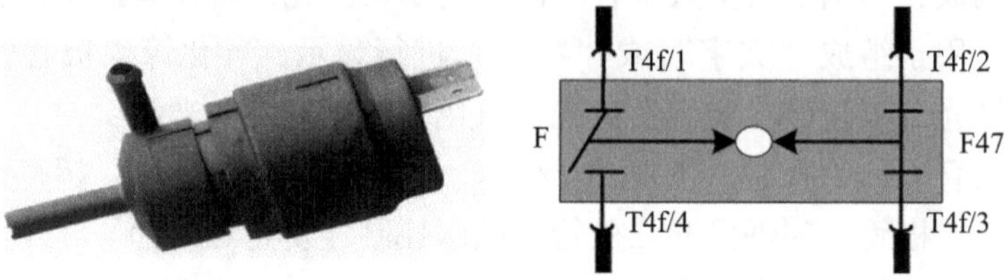

(a) 外形　　(b) 原理

图 2-1-3　捷达轿车制动灯开关外形和原理示意图

三、制动灯电路的控制原理

捷达轿车制动灯控制的基础电路原理就是驾驶员踩下制动踏板时，制动灯开关接通，来自电源的电流经过保险、闭合的制动灯开关进入车尾左、右制动灯和一个高位制动灯，再通过负极线与车体连接构成回路，制动灯亮，如图 2-1-4 所示。

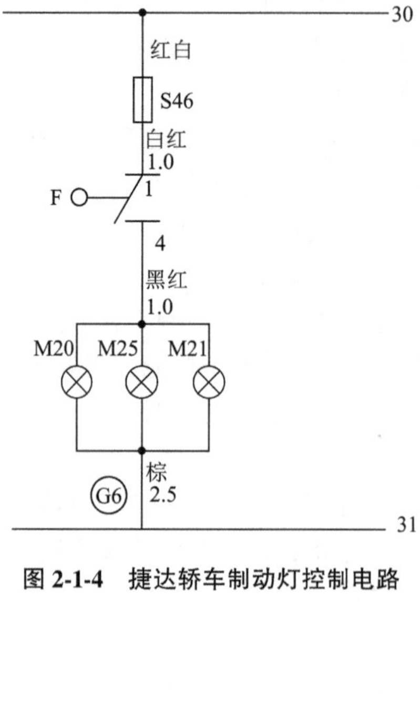

图 2-1-4　捷达轿车制动灯控制电路

任务实施一：制动灯不亮故障检修

一、各小组任务准备

请填写表 2-1-1。

表 2-1-1　任务准备列表

序号	准备事宜	具体内容
1	安全防护措施	
2	资料、工具、仪器	
3	物料	
4	零部件	

二、摘画制动灯电路图，分析故障原因，做好计划

（一）摘画步骤

（1）查看电路图，标注出与制动灯控制系统有关的组成元件。

（2）仔细分析各元件之间的连接关系和对应针脚号。

（3）画出制动灯及保险部分的电路草图。（采用反向画法，先从制动灯开始画）

（4）画出制动开关部分的草图。（标出各元件针脚号和线径颜色）

（5）使用直尺和铅笔，对照草图画出最终电路图。（标出各元件针脚号和导线电路代号）

（二）摘画维修电路手册上的制动灯基础电路图

30

15

X/75

31

三、制订故障排除计划

附：故障诊断流程（两种思路，见图 2-1-5）

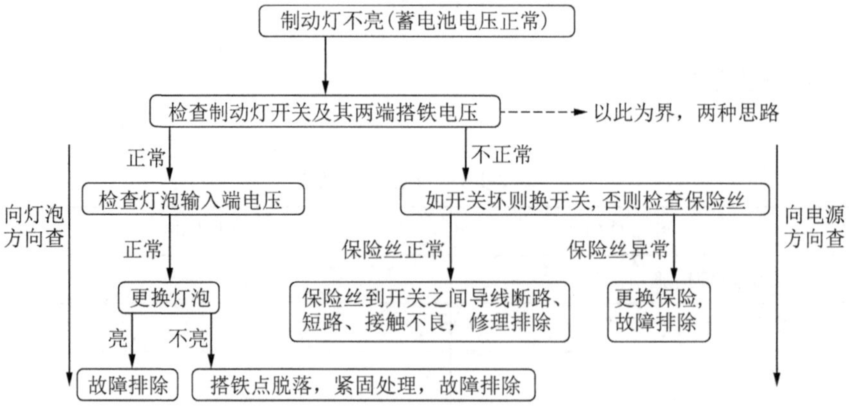

图 2-1-5　制动灯不亮故障诊断

四、上车实施

五、检查

故障排除后各小组进行自检和互检，查看故障是否排除，更换的零部件是否符合规定要求，搭铁点是否牢固，工具、仪器、物料、零部件及车辆是否归位，现场是否符合 5S 管理要求，记录检查结果，填写表 2-1-2。

表 2-1-2　检查列表

序号	检查内容	检查结果
1	更换的灯泡是否灯丝完好，通电是否发亮	
2	保险丝是否为规定大小	
3	搭铁点与车身接触是否牢固	
4	保险和开关阻值是否为零	
5	插接器针脚是否牢固，线路接通后电压是否为 12 V	
6	各段线路阻值是否接近于零	
7	工具、仪器、物料、零部件、车辆是否归位	
8	现场是否符合 5S 管理要求	

六、总结

____

____

____

____

知识拓展一：国赛车型迈腾 B8 的制动灯电路

一、迈腾 B8 制动灯电路组成

迈腾 B8 制动灯由车载电网控制单元 J519 集中控制，整个制动灯控制系统主要包含以下元件：车载电网控制单元 J519、制动灯开关、发动机控制单元 J623、数据总线诊断接口（网关）J533、组合仪表控制单元 J285、左右后制动灯和高位制动灯。

迈腾 B8 制动开关采用霍尔式信号原理，安装在制动主缸上，开关内部电路板上设计两个霍尔芯片，主缸活塞上装有一个永久磁性环，作为信号触发器。

二、迈腾 B8 制动灯控制原理

该制动电路的核心原理是通过点火开关与主继电器的联动控制电源通断，再利用制动信号灯开关的触点状态变化形成电信号回路，从而实现制动行为的电信号转换与传输。具体执行如下举例：

点火开关在 ON 挡时，主继电器 J217 工作，电源进入 F（制动信号灯开关）T4g/4 端子并通过 T4g/2 端子搭铁，仪表制动指示灯亮，如图 2-1-6 所示。制动开关向发动机控制模块输出两个相反的电压信号，即+B 和 0 V，发动机控制单元 J623 将这一信息通过驱动数据总线发送给双离合变速器机电装置 J743、选挡杆控制单元 E313、数据总线诊断接口（网关）J533，J533 将这一数据信息通过舒适数据 CAN 总线发送至车载电网控制单元 J519、组合仪表控制单元 J285，J285 控制仪表盘上制动踏板状态指示灯亮。

图 2-1-6　仪表制动指示灯（箭头处）

踩下制动踏板时，活塞移动，永久磁性环切割开关内部电路板上霍尔芯片的磁感应线，从而产生感应信号，发动机控制单元 J623 检测到制动开关两个霍尔芯片发出的两个制动信号，通过驱动数据总线将这一信息发送至双离合变速器机电装置 J743、选挡杆控制单元 E313、数据总线诊断接口（网关）J533，J533 通过舒适数据 CAN 总线将这一数据信息发送至车载电网控制单元 J519、组合仪表控制单元 J285，J285 控制仪表盘上制动踏板状态指示灯熄灭，车载电网控制单元 J519 接收到此信息后，接通左后、右后以及高位制动灯总成中的 LED 电源，制动灯亮。制动开关电路连接图和结构图如图 2-1-7 和图 2-1-8 所示。

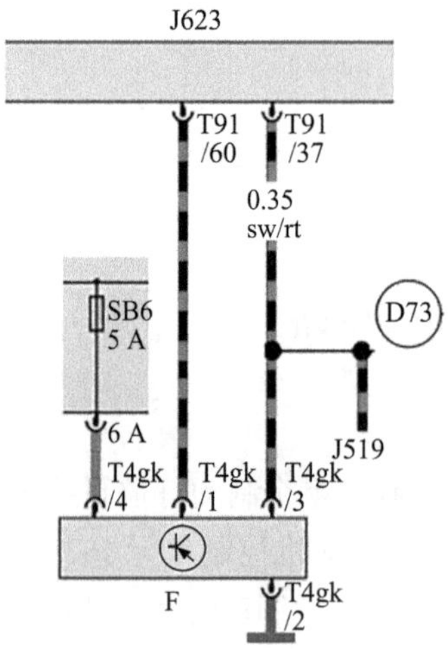

图 2-1-7　制动开关电路连接图

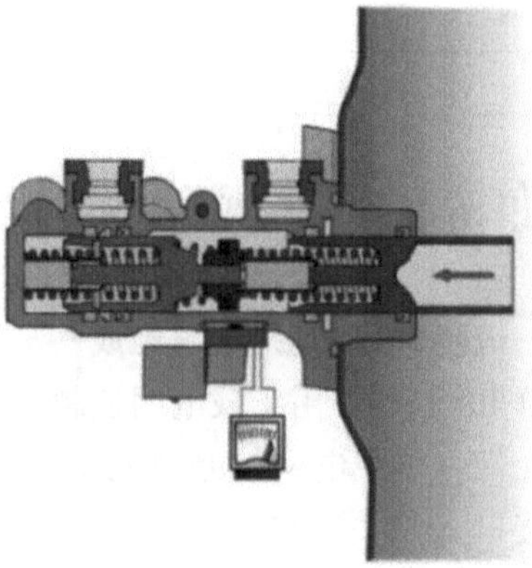

图 2-1-8　制动开关结构图（踩下制动时）

三、迈腾 B8 制动灯的故障诊断与维修

（一）故障现象观察分析

（1）将点火开关置于 ON 挡，观察仪表制动踏板状态指示灯显示是否正常；如有异常，可能存在仪表通信故障。

（2）踩下制动踏板，仪表制动踏板状态指示灯应熄灭，松开时点亮，否则可能存在以下故障：

① 制动灯开关本身、供电及线路损坏。

② 发动机控制模块本身、供电及线路损坏。

③ 驱动数据或舒适数据 CAN 总线故障。

④ 数据总线诊断接口（网关）J533 供电故障或自身故障。

⑤ 组合仪表控制单元本身损坏。

（3）仪表是否提示外部制动灯系统故障。

如果仪表提示外部制动灯系统故障，说明制动开关→J623→驱动数据 CAN 总线→网关 J533→舒适数据 CAN 总线→J519 和组合仪表控制单元 J285 工作正常，即系统车载电网控制单元 J519 可以监测到开关信号，但监测不到制动灯工作。

（4）观察尾部制动灯、高位制动灯是否点亮。

① 制动灯全部不亮，故障原因如下：J519 供电、自身故障；制动灯 LED 故障、制动灯搭铁线路故障。

② 制动灯一侧或高位不亮，故障原因如下：J519 一侧或高位制动灯控制输出及线路故障；一侧或高位制动灯 LED 故障、搭铁线路故障。

（二）制动开关检查

制动开关测试参数如表 2-1-3 所示。

表 2-1-3 制动开关测试参数

测试条件	T4gk/1	T4gk/3
制动踏板未踩下	+B	0 V
制动踏板踩下	0 V	+B

（三）制动灯检查

迈腾 B8 制动灯均由车载电网控制单元 J519 提供+B 电压控制，如图 2-1-9 所示。下面以右后制动灯为例说明制动灯故障检修方法。图 2-1-9 中，M22 既作为制动灯，又作为后尾灯，和其他多个灯合用一个搭铁线路，并且 M59 和 M22 合用一个控制电路，因此，诊断时应考虑其余制动灯的工作状况。若合用搭铁或供电电路的灯泡均工作异常，则说明搭铁或信号电路出现故障的概率较高；若只有 M22 工作异常，则暂时不考虑搭铁和控制信号电路的故障。

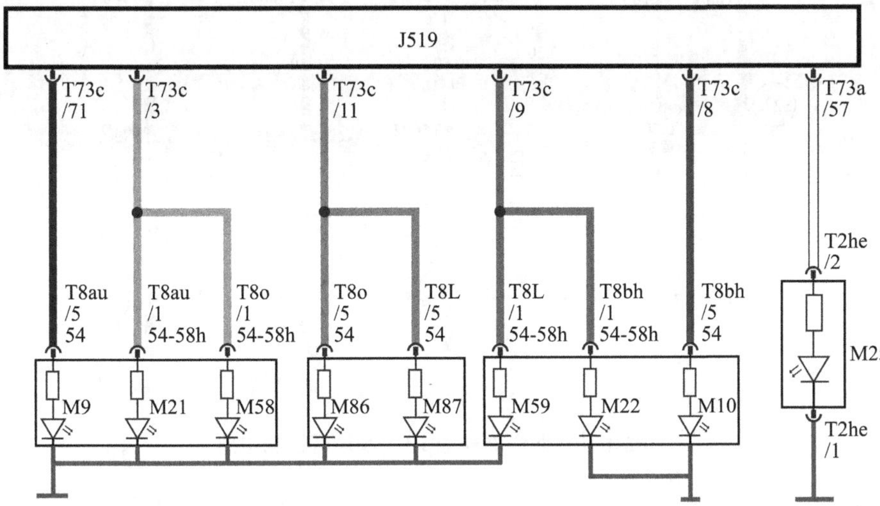

图 2-1-9 迈腾 B8 制动灯电路

（四）诊断检修

（1）连接故障诊断仪器，进入车载电网控制单元 J519，读取故障代码和数据流。

（2）根据故障代码和数据流进行诊断。

（3）结合维修手册电路图对制动故障灯控制、搭铁线路进行电压、通断测量，找到故障点。

（4）维修故障点，排除故障。

知识拓展二：北汽新能源 EU5 的制动灯电路

北汽新能源 EU5 制动灯由车身控制模块 BCM 来控制，控制电路的原理如下：驾驶员踩下制动踏板时，制动灯开关接通，信号传送给车身控制模块 BCM，BCM 直接向车尾左、右制动灯和一个高位制动灯供电，通过负极线与车体连接构成回路，制动灯亮（见图 2-1-10）。

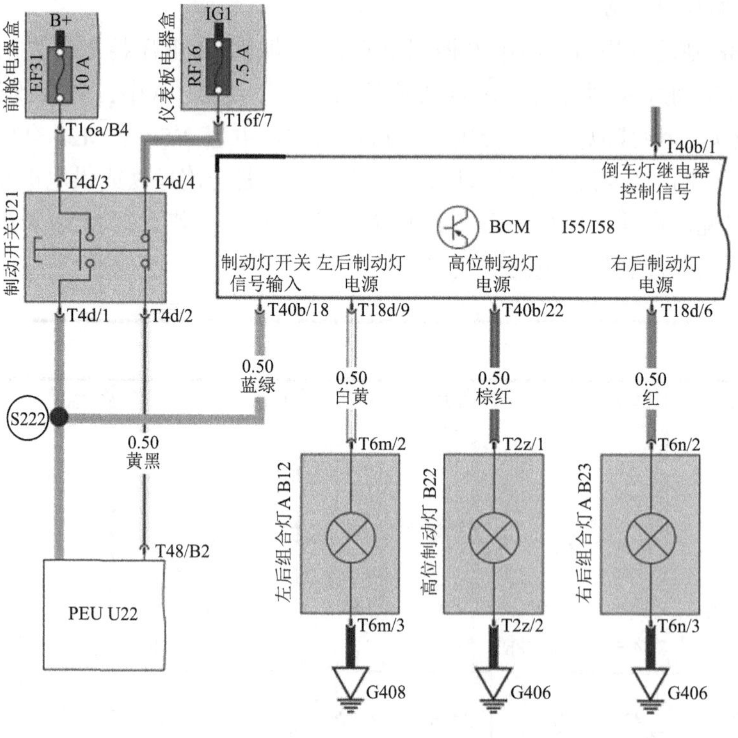

图 2-1-10　北汽新能源 EU5 制动灯控制电路

知识准备二：倒车灯信息

一、倒车灯功用

倒车灯（见图 2-1-11）装在车辆尾部，灯光为白色，功率一般为 21 W，为驾驶员倒车提供照明。有些汽车在倒车信号电路中还装备了倒车蜂鸣器。

图 2-1-11　倒车灯

二、倒车灯基础电路主要元件

1. 倒车灯开关（见图 2-1-12）

许多配备自动变速器的汽车将倒车灯开关与多功能开关组合在一起，大多数配备手动变速器的汽车装备单独的倒车灯开关。倒车灯开关一般安装在变速器上，是常开开关，当挂倒车挡时，机械机构将开关的触点压下，闭合电路，倒车灯亮、倒车挡提示音发声。当脱开倒车挡时，开关触点在自身回位弹簧的作用下弹起，倒车灯电路又成断开状态。

图 2-1-12　倒车灯开关

2. 倒车语音报警器

当汽车倒车时，倒车语音报警器能够重复发出“请注意，倒车！”等声音，以此提醒车辆和行人，确保车辆安全倒车。倒车灯和倒车蜂鸣器由倒车灯开关统一控制。

3. 倒车灯

常见的倒车灯有以下几种：

P21W，功率是 21 W，灯泡直径是 26.5 mm，总长是 52.5 mm，也可称为 BA15S 或 1156。使用 P21W 汽车倒车灯的车型如奔驰 S 系、比亚迪 F3 等。

W21W，功率是 21 W，也可称为 7440。使用 W21W 汽车倒车灯的车型如吉普-欧兰德等。

P27W，功率是 27 W，可也称为 3156。

W16W，功率是 16 W，灯泡直径是 15.2 mm，总长是 35.6 mm，灯头表示为 W2.1×9.5d。使用 W16W 汽车倒车灯的车型如宝马 5 系、7 系和奥迪 Q5 等。

三、倒车灯基础电路控制原理（以捷达轿车为例）

倒车灯受倒车开关的控制，倒车灯开关一般装在变速器上，变速器挂倒车挡时，此开关接通，倒车灯亮。捷达轿车倒车灯基础电路如图 2-1-13 所示。

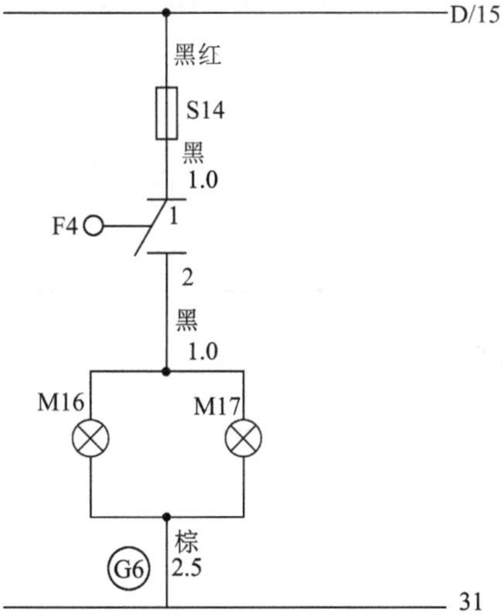

图 2-1-13　捷达轿车倒车灯基础电路

任务实施二：倒车灯不亮故障检修

一、各小组任务准备

请填写表 2-1-4。

表 2-1-4　任务准备列表

序号	准备事宜	具体内容
1	安全防护措施	
2	资料、工具、仪器	
3	物料	
4	零部件	

二、摘画倒车灯电路图，分析故障原因，做好计划

（一）摘画步骤

（1）查看电路图，标注出与倒车灯控制系统有关的组成元件。

（2）仔细分析各元件之间的连接关系和对应针脚号。

（3）画出倒车灯及保险部分的电路草图。（采用反向画法，先从倒车灯开始画）

（4）画出倒车开关部分的草图。（标出各元件针脚号和线径颜色）

（5）使用直尺和铅笔，对照草图画出最终电路图。（标出各元件针脚号和导线电路代号）

（二）摘画维修电路手册上的倒车灯控制电路图

30

15

X/75

31

三、制订故障排除计划

附：倒车灯不亮故障诊断流程（不止一种，仅供参考，见图 2-1-14）

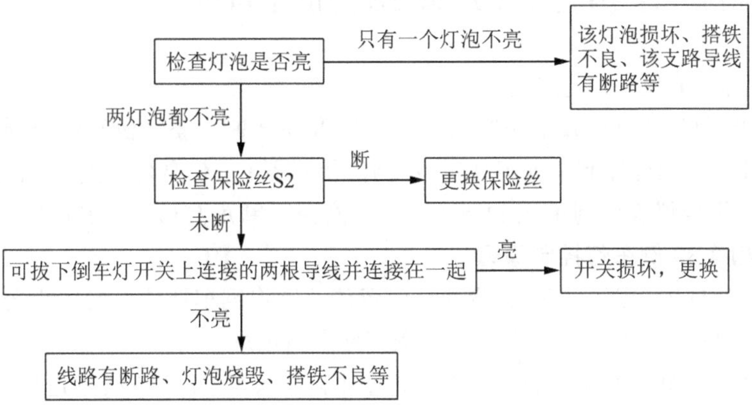

图 2-1-14　倒车灯不亮故障诊断树

四、上车实施

____

____

____

____

五、检查

故障排除后各小组进行自检和互检，查看故障是否排除，记录检查结果，填写表 2-1-5。

表 2-1-5　检查列表

序号	检查内容	检查结果
1	更换的灯泡是否灯丝完好，通电是否发亮	
2	保险丝是否为规定大小	
3	搭铁点与车身接触是否牢固	
4	保险和开关阻值是否为零	
5	插接器针脚是否牢固，线路接通后电压是否为 12 V	
6	各段线路阻值是否接近于零	
7	工具、仪器、物料、零部件、车辆是否归位	
8	现场是否符合 5S 管理要求	

六、总结

____

____

____

____

知识拓展三：国赛车型迈腾 B8 的倒车灯电路

一、迈腾 B8 倒车灯电路组成

迈腾 B8 倒车灯由车载电网控制单元 J519 集中控制，整个倒车灯控制系统主要包含以下元件：选挡杆控制单元 E313（带挡位传感器）、双离合变速器机电装置 J743、网关 J533、组合仪表控制单元 J285、车载电网控制单元 J519、左右后倒车灯。

二、迈腾 B8 倒车灯控制原理

当将变速杆置于倒车挡时，变速杆位置传感器将倒车挡信号发送给选挡杆控制单元 E313，E313 点亮换挡控制面板上的倒车标志指示灯。

选挡杆控制单元 E313 将倒车挡信息通过驱动数据 CAN 总线发送给网关 J533 和双离合变速器机电装置 J743，J743 控制液压机构将齿轮转换到倒车状态。

网关 J533 对数据进行处理后通过舒适数据 CAN 总线发送给车载电网控制单元 J519、组合仪表控制单元 J285。组合仪表控制单元 J285 点亮仪表板上倒车挡显示符号，J519 接通车辆尾部左后和右后倒车灯电源，LED 倒车灯亮。

倒车灯控制系统电路如图 2-1-15 所示。

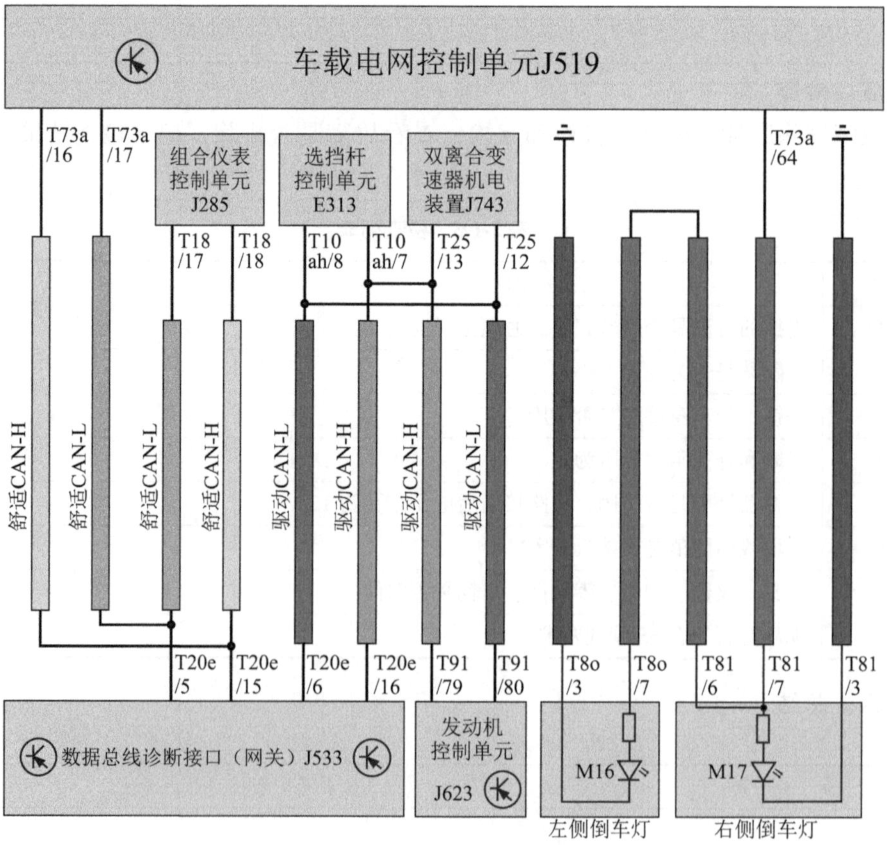

图 2-1-15　倒车灯控制系统电路

三、倒车灯故障诊断与检修

（一）故障现象观察分析

（1）打开点火开关，将换挡杆移入 R 挡，观察换挡面板挡位指示灯是否正常，如果换挡面板上只是 R 挡位指示灯不亮，可能是由选挡杆控制单元 E313 内部 R 挡位指示灯、线路损坏，或是 R 挡位传感器、线路损坏所致。

（2）观察仪表上 R 挡位指示灯是否正常，如果异常，可能存在仪表通信故障。故障原因如下：

① 挡位传感器及线路损坏（选挡杆控制单元 E313 内部）。

② 选挡杆控制单元 E313 供电、自身故障。

③ E313 到 J285 的数据通信出现故障。

注意：如果这几项出现故障，首先表现为仪表挡位显示异常、车辆无法启动。

（3）观察仪表是否提示外部倒车灯故障。

如果仪表提示外部灯光故障，说明 R 挡位传感器→选挡杆控制单元 E313→驱动数据 CAN 总线→网关 J533→舒适数据 CAN 总线→J519 和组合仪表控制单元 J285 的工作线路工作正常，即系统车载电网控制单元 J519 可以监测到开关信号但监测不到倒车灯工作。

① 如果倒车灯全部不亮，可能的故障原因如下：J519 供电、自身故障；J519 至左、右倒车灯控制线路故障；倒车灯 LED 故障及搭铁线路故障。

② 如果倒车灯一侧不亮，可能的故障原因如下：J519 该侧倒车灯控制信号输出及线路故障；该侧 LED 故障及搭铁线路故障。

（二）倒车灯检查

由于倒车灯和制动灯、尾灯合用搭铁电路，所以在诊断时应考虑制动灯、尾灯的工作状况。如果合用的两个灯泡工作均异常，说明搭铁线路故障的概率较大；若只有倒车灯工作异常，则暂时不考虑搭铁线路故障。因为左、右倒车灯合用一条电源控制线路，所以如果两个灯泡都不亮，说明其共用供电控制线路有问题；如果只有其中一个倒车灯不亮，说明灯泡本身及相关线路可能存在故障。

（三）诊断检修

（1）连接故障诊断仪器，进入车载电网控制单元 J519，读取故障代码和数据流。

（2）根据故障代码和数据流进行诊断。

（3）结合维修手册、线路图对倒车灯控制和搭铁线路进行电压、通断测量，找到故障点。

（4）维修故障点，排除故障。

知识拓展四：北汽新能源 EU5 的倒车灯电路

图 2-1-16 给出了北汽新能源 EU5 的倒车灯电路，其控制原理如下：倒车灯受倒车开关的控制，倒车灯开关一般装在变速器上，变速器挂倒车挡时，挡位传感器通过

CAN 总线将信号传至车身控制模块 BCM，BCM 控制倒车灯继电器给倒车灯供电。

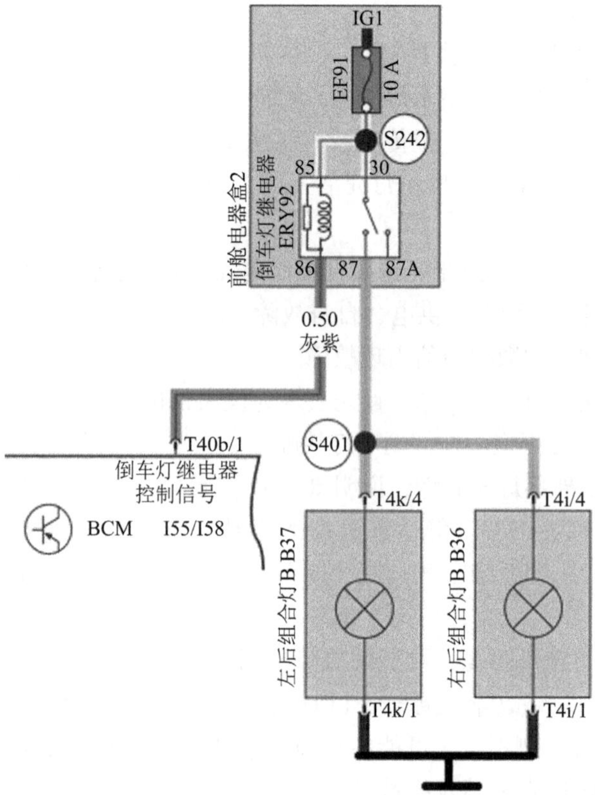

图 2-1-16　北汽新能源 EU5 的倒车灯电路

任务二　喇叭故障检修

任务导入

客户反映自己的捷达轿车最近喇叭按不响，给行车造成了很多不便，维修人员试车验证故障时发现喇叭确实不响，因此对喇叭控制电路进行了检查和维修。

知识准备：喇叭信息

一、喇叭的作用和分类

（一）喇叭的作用

汽车上都装有喇叭（见图 2-2-1），其作用是警示行人和其他车辆，保证行车安全。

图 2-2-1　汽车喇叭

（二）喇叭的分类

1. 气喇叭

气喇叭多用于重型载货汽车，原理是利用气流冲击使金属膜片振动产生声音，其外形一般为长筒形。

2. 电动气喇叭

电动气喇叭主要由电动气泵和气喇叭两部分组成，按下喇叭按钮时，直流电动机气泵运转，产生压缩空气，压缩空气直接通入喇叭使其振动发音，如图 2-2-2 所示。

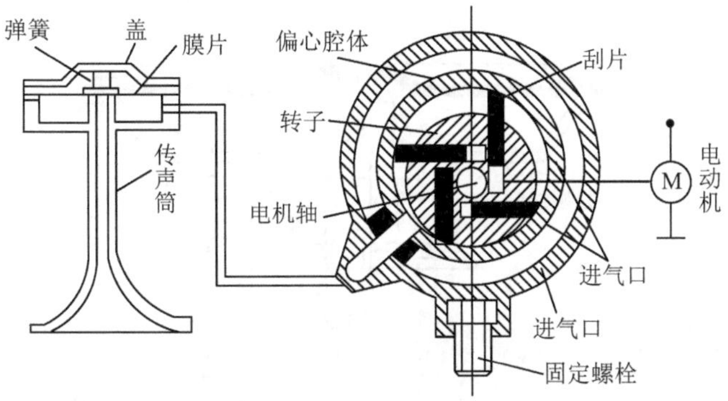

图 2-2-2　电动气喇叭

3. 电喇叭

电喇叭是用电磁控制金属膜片振动发声的装置，分为螺旋型（蜗牛形）、筒形和盆形等不同的结构形式，如图 2-2-3 所示。

图 2-2-3　电喇叭

二、喇叭控制电路主要元件

（一）电喇叭

1. 电磁喇叭

盆形电喇叭内部结构如图 2-2-4 所示。电磁铁采用螺管式结构，铁芯上绕有励磁线圈，上、下铁芯间的气隙在线圈中间，所以能产生较大的吸力。这种喇叭无扬声筒，而是将上铁芯、膜片和共鸣板装在中心轴上。当电路接通时，励磁线圈产生吸力，上铁芯被吸下与下铁芯撞击，产生较低的基本频率，并激励膜片及与膜片连成一体的共鸣板产生共鸣，从而发出比基本频率强得多且分布比较集中的谐音。为了保护触点，盆形电喇叭在触点之间并联了一只灭弧电容器。

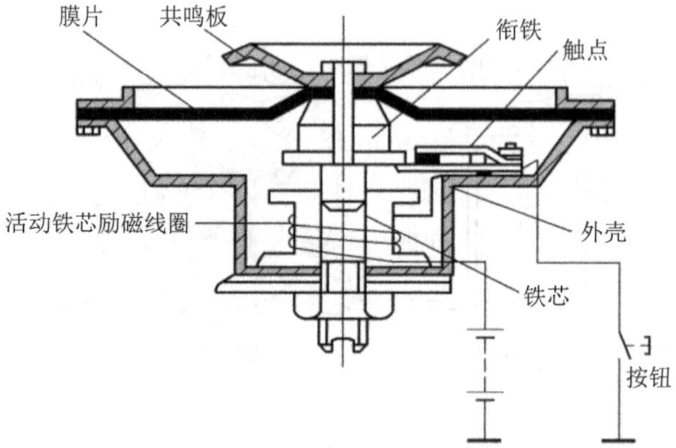

图 2-2-4　盆形电喇叭内部结构

2. 电子喇叭

目前，轿车大多采用电子喇叭，由于晶体三极管取代了触点，避免了触点烧蚀等故障的产生，因此电子喇叭的工作性能更为可靠。电子喇叭具有使用寿命长、音质好、无须调整、工作可靠性高等优点。

电子喇叭的控制电路由振荡电路和功率放大电路组成，如图 2-2-5 所示。其原理是：若振荡器的 T_2 截止，则 T_3 截止，此时 T_4、T_5 导通，喇叭线圈中有电流通过，产生电磁吸力吸动膜片；若振荡器的 T_2 导通，则 T_3 导通，此时 T_4、T_5 截止，喇叭线圈中无电流通过，膜片复位。调整 R_6 的大小，就是调整 T_2 截止时间的长短，即通电时间的长短，改变膜片的振幅，从而直接控制喇叭音调的高低。

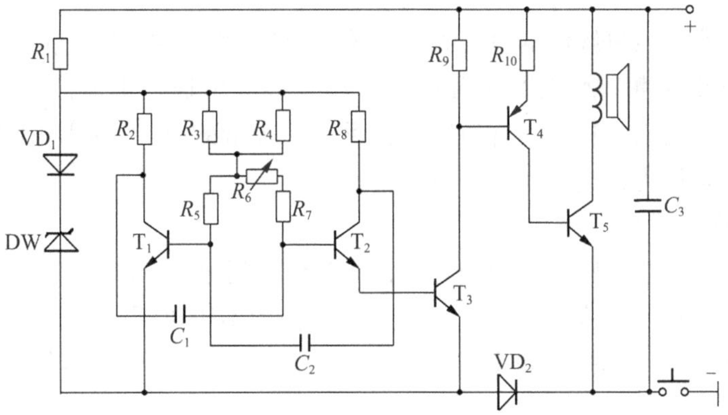

图 2-2-5　电子喇叭控制电路

（二）喇叭继电器

安装单只喇叭时，喇叭可直接由喇叭按钮控制；当汽车安装用双喇叭时，由于其消耗电流较大，为避免喇叭的工作电流直接通过喇叭按钮导致喇叭按钮烧蚀，延长其使用寿命，所以在电路中多安装喇叭继电器（常开型），其接线方法如图 2-2-6 所示。继电器由线圈、铁芯、触点臂、触点等组成，有喇叭柱、电源柱、按钮柱三个接线柱。

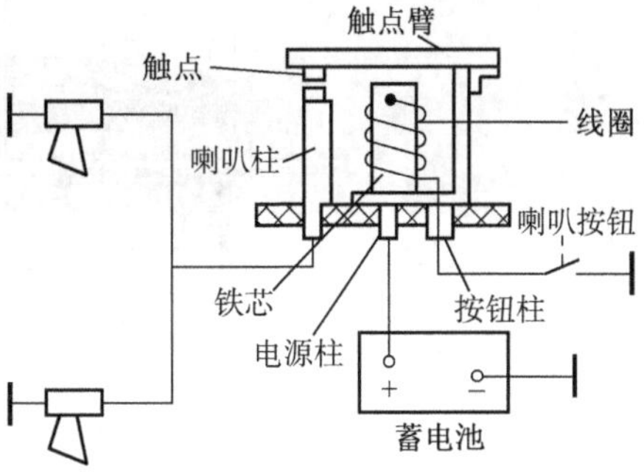

图 2-2-6　电子喇叭继电器连接示意图

（三）喇叭按钮

汽车喇叭按钮一般位于方向盘上，左、右各一个，便于操作。

三、喇叭控制电路的控制原理

喇叭控制电路中主要包含电源、保险、继电器、喇叭按钮和喇叭。当按下喇叭按钮后，电流依次经保险、继电器线圈、按钮、搭铁回到负极。由于继电器线圈有电流通过，铁芯被磁化后将活动触点臂吸下使其触点闭合，电流经继电器触点进入喇叭线圈，使膜片产生振动发出响声。当放开按钮时，继电器线圈的电流被切断，电磁铁的磁性消失，触点在弹簧的作用下分开，从而切断了喇叭控制电路。图 2-2-7 给出了捷达轿车喇叭基础电路图。

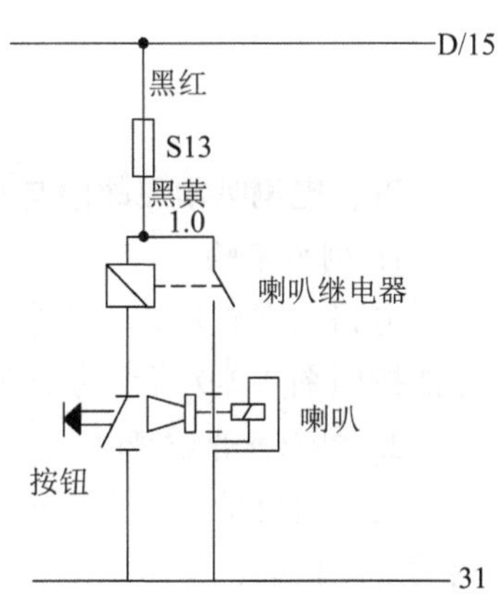

图 2-2-7　捷达轿车喇叭基础电路

四、电喇叭调整

电喇叭的结构如图 2-2-8 所示，其调整包括音量和音调调整两部分。调整部位有两处：一是改变铁芯间隙；二是改变触点压力。

1. 音量的调整

音量的大小与通过线圈的电流大小有关，通过的工作电流大，喇叭发出的音量就大。可以通过改变喇叭触点的接触压力来调整线圈中通过电流的大小（压力增大，通过线圈的电流增大，喇叭的音量增大；反之，音量减小）。盆形电喇叭可通过调整螺钉来调整触点压力，进而实现音量调整。

2. 音调的调整

音调的高低取决于膜片振动的频率，改变铁芯间隙可以改变膜片的振动频率，从而改变音调（有的喇叭在制造时已经调好，工作中不用再调整）。调整时，松开锁紧螺母，旋转铁芯（铁芯间隙减小时音调提高，间隙增大时音调降低）调至合适音调，旋紧螺母即可。

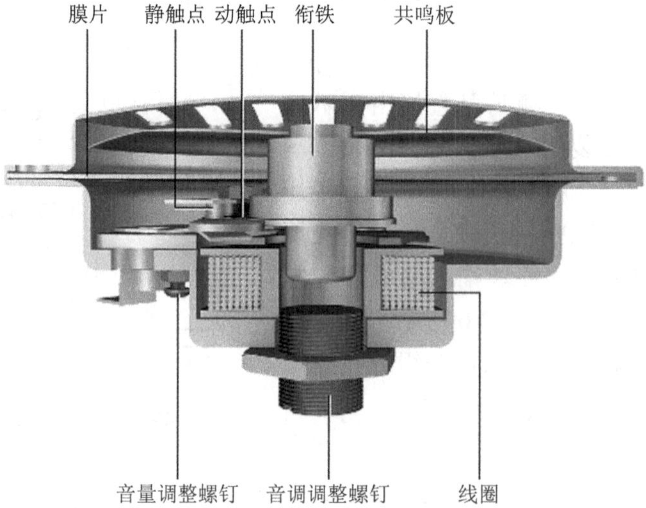

图 2-2-8　电喇叭结构

五、电喇叭常见故障与排除

1. 喇叭不响

电路出现故障时，通常先确认电源电压是否正常，在保证电源电压正常的前提下才能按照图 2-2-9 所示的步骤进行诊断与检修。

2. 喇叭声音沙哑

发动机启动前，常出现喇叭声音沙哑的情况，多数是由蓄电池亏电造成的。如果启动发动机后，待蓄电池电量充足，发动机运转正常且达到中速以上时，喇叭声音仍然沙哑，说明故障可能为导线接触不良、喇叭继电器触点接触不良或喇叭本身损坏。

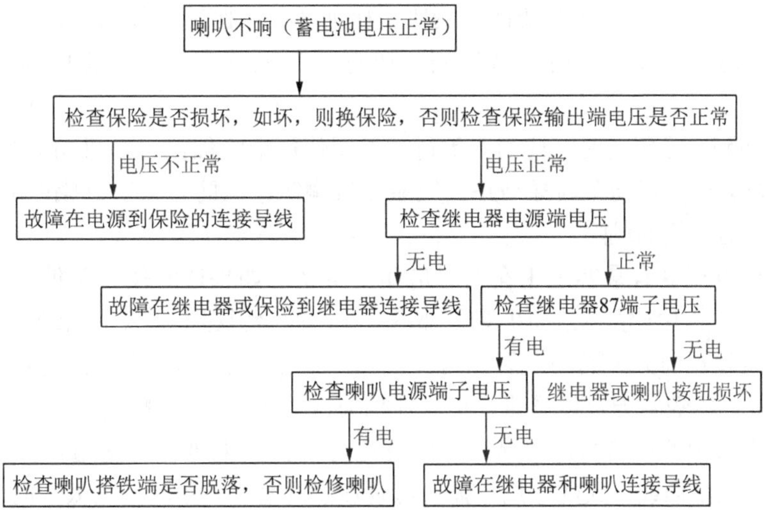

图 2-2-9　喇叭不响故障诊断树

六、喇叭的使用

喇叭是每台汽车必有的一个配件，交通法规中对于汽车喇叭的使用有这样的规定：机动车驶进急弯、坡道顶端等影响安全视距的路段以及超车或者遇有紧急情况时，应当减速慢行，并鸣喇叭示意。

1. 安全正确地使用汽车喇叭

（1）超越前车时使用喇叭

超越前车时要选择好路段，并在距离前车 50 m 处打开左转向灯，在距离前车约 20 m 处用喇叭警示，待前车作出让行表示后，方可超车。

（2）超越前方非机动车辆和行人时使用喇叭

在超越前方非机动车辆和行人前，一定要提前轻按一声喇叭提醒对方。即将超越时再按一声喇叭，使他们不仅能估计出你的速度，还能在你通过时更加小心。

（3）通过视觉盲区时使用喇叭

常见的视觉盲区有弯道、坡道顶端、窄巷、有障碍物的交叉路口、路侧停放的大型客货车等，当行驶通过这些路段时，驾驶员应该提前按喇叭警示，至少连续按压两声。

（4）通过视线模糊不清的路段时使用喇叭

在通过起雾、扬尘等视线模糊的路段时，或黄昏和黎明行驶时，要用喇叭警示，以引起其他车辆或行人的关注，及时避让。

（5）情况紧急时也可以使用喇叭

当在紧急情况下又不宜减速，必须强行通过时，可以用连续的喇叭声告知其他车辆或行人。

2. 使用喇叭注意事项

（1）在禁止鸣笛区域严禁使用喇叭，比如学校、医院等场所，以免影响学生学习和病人休息。在禁止鸣笛区域使用喇叭违反交通管理法规，将面临相应的法律制裁。

（2）遇到交通阻塞时，应耐心等待，不要使用喇叭催促。在机动车行驶过程中，若前方有行人或非机动车横穿马路，应避免按喇叭，以防行人听到喇叭后手足无措，增加发生交通事故的风险。

（3）前方车辆有乘客上下车时，应耐心等待。如果这时按喇叭催促，可能引起前车驾驶员产生不满情绪，如果双方都不礼让，就会引起不必要的纠纷。

（4）若发现前方车辆的车尾贴有“实习”标志时，驾驶员应避免采用鸣笛的方式进行催促，以免对方过度紧张，出现挂挡失误、多次熄火的现象。

（5）在必须使用喇叭的情况下，应避免持续长按喇叭，而是用短暂的单次按压起到提醒其他车辆或行人的作用。需要特别注意的是，在距离行人太近的地方不宜使用喇叭，防止行人受到惊吓，在行人情绪激动的情况下，易引发冲突。

多数场合下，喇叭声应尽量短，尽量避免长按喇叭，以能起到提醒的作用即可。

任务实施：喇叭不响故障检修

一、各小组任务准备

请填写表 2-2-1。

表 2-2-1　任务准备列表

序号	准备事宜	具体内容
1	安全防护措施	
2	资料、工具、仪器	
3	物料	
4	零部件	

二、摘画喇叭控制电路图，分析故障原因，做好计划

（一）摘画步骤

（1）查看电路图，标注出与喇叭控制电路有关的组成元件。

（2）仔细分析各元件之间的连接关系和对应针脚号。

（3）画出喇叭及保险部分的电路草图。（采用反向画法，先从喇叭开始画）

（4）画出喇叭按钮部分的草图。（标出各元件针脚号和线径颜色）

（5）使用直尺和铅笔，对照草图画出最终电路图。（标出各元件针脚号和导线电路代号）

（二）摘画维修电路手册上的电喇叭基础电路图

30

15

X/75

31

三、制订故障排除计划

四、上车实施

五、检查

故障排除后各小组进行自检和互检，查看故障是否排除，更换的零部件是否符合规定要求，搭铁点是否牢固，工具、仪器、物料、零部件及车辆是否归位，现场是否符合 5S 管理要求，记录检查结果，填写表 2-2-2。

表 2-2-2　检查列表

序号	检查内容	检查结果
1	喇叭开关	
2	保险丝	
3	继电器	
4	线路	
5	喇叭	
6	搭铁点	
7	工具、仪器、物料、零部件、车辆是否归位	
8	现场是否符合 5S 管理要求	

六、总结

____

____

____

____

知识拓展一：国赛车型迈腾 B8 的喇叭控制电路

一、迈腾 B8 喇叭控制电路组成

迈腾 B8 喇叭控制系统通过车载电网控制单元 J519 集中控制，主要包含以下元件：喇叭按钮、转向柱电子装置控制单元 J527、车载电网控制单元 J519、喇叭继电器、喇叭。

二、迈腾 B8 喇叭控制电路工作原理

转向柱电子装置控制单元 J527 接收喇叭按钮信号，再通过舒适数据 CAN 总线将喇叭按钮信号传至 J519，J519 接通喇叭继电器线圈电路，继电器线圈产生磁力使触点闭合，从而使喇叭得到电流，发出声音。

三、迈腾 B8 喇叭故障诊断与维修

（一）故障原因分析

如果按下喇叭按钮时喇叭不响，可能的故障如下：

（1）喇叭开关及相关线路故障。

（2）J527 局部故障及相关线路故障。

（3）J519 局部故障及相关线路故障。

（4）喇叭继电器线圈、触点故障。

（5）喇叭供电、接地及喇叭本身故障。

（6）舒适数据 CAN 总线故障。

（二）诊断与维修

（1）连接故障诊断仪器，进入转向柱电子装置控制单元 J527 和车载电网控制单元 J519，读取故障代码和数据流。

（2）根据故障代码和数据流进行诊断。

（3）结合维修手册、线路图对喇叭控制和搭铁线路进行电压、通断测量，找到故障点。

（4）维修故障点，排除故障。

图 2-2-10 给出了迈腾 B8 的喇叭控制电路图。

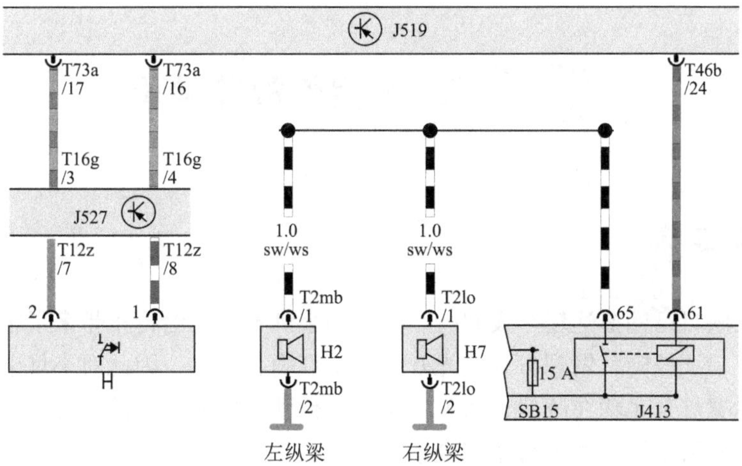

图 2-2-10　迈腾 B8 喇叭控制电路

知识拓展二：北汽新能源 EU5 的喇叭控制电路

当按下喇叭按钮后，车身控制模块 BCM 收到喇叭按钮闭合信号，控制喇叭继电器线圈接通，继电器线圈内有电流通过，铁芯被磁化将活动触点臂吸下使触点闭合，电流经继电器触点进入喇叭线圈，使膜片产生振动发出响声。当松开按钮时，继电器线圈的电流被切断，电磁铁的磁性消失，触点在弹簧作用下而分开，从而切断喇叭控制电路。图 2-2-11 给出了北汽新能源 EU5 的喇叭控制电路。

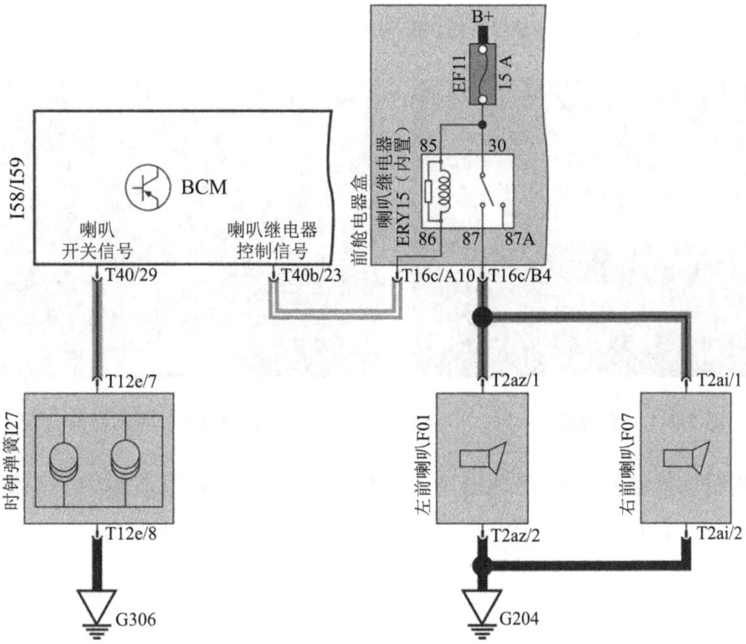

图 2-2-11　北汽新能源 EU5 喇叭控制电路

任务三 示宽灯故障检修

任务导入

客户反映自己的捷达轿车夜间行车时前部小灯不亮，给行车带来了很多不便。维修人员试车验证故障，发现打开灯光开关时小灯确实不亮，因此对小灯电路进行检查和维修。示宽灯是车辆在凌晨、傍晚、阴雨天行驶时需要开启的小灯，它能够让其他车辆和行人看清车辆，增加行车安全系数。

知识准备：示宽灯信息

一、示宽灯的作用

示宽灯（见图 2-3-1）也叫小灯，是一种常用警示灯，兼具驻车灯的功能。灯光开关第一挡为小灯，开启小灯时，前小灯和后尾灯点亮，其用途是表示车辆的宽度以及提醒其他车辆注意，提升行车安全性。简单来说，小灯的主要功能并不是装饰性，而在于增强车辆的可辨识性，即让其他“道路使用者”更容易看清汽车。前小灯一般为白色，后小灯（即尾灯）（见图 2-3-2）一般为红色，红色能增加光源穿透性，可以让后车在视线不清的情况下更容易发现前车，防止因视线不清而未能及时察觉前方车辆而引发的交通事故。小灯的灯泡功率一般为 5~10 W。

图 2-3-1 示宽灯

图 2-3-2 后示宽灯（尾灯）

驻车照明功能是指在黑暗环境中临时停车时，打开靠近道路中心一侧的小灯，防止路过的行人、自行车等“道路使用者”与静止车辆发生碰撞。

二、示宽灯基础电路主要元件

（一）车灯开关

1. 车灯开关的组成

车灯开关一般由灯光控制开关和变光开关组成。灯光控制开关用于开启前照灯（大灯）、示宽灯（小灯）、前雾灯和后雾灯；变光开关用于开启左、右转向灯，同时实现大灯在近光、远光和超车灯之间进行切换。部分车型的转向灯开关可实现驻车灯功能，即夜间临时停车时，拔出点火开关，扳动转向控制手柄至左转向或右转向，驻车灯开启。驻车灯通常是单开，可以根据停车位置确定开启左边或右边的驻车灯（小灯），即打开靠近道路中心一侧的灯，用于提醒行人或车辆。

示宽灯开关有两种，分别是旋钮式和拨杆式，如图 2-3-3 所示。车主可以根据车上标识找到开启示宽灯的挡位。示宽灯开关在一挡时，示宽灯及一些辅助照明灯（如牌照灯、点烟器灯）亮；在二挡时，远光灯和示宽灯都亮。

图 2-3-3　示宽灯开关工作示意图

2. 车灯开关的位置

车型不同，组合开关的组合形式也有所不同，欧美国家的车辆一般将灯光控制开关和变光开关分开布置，灯光控制开关位于方向盘左侧装饰板，变光开关则置于转向柱上；日系车通常将灯光控制开关和变光开关集成一体，安装于转向柱上。

（二）示宽灯的灯泡

示宽灯过去多为卤素灯，近年来汽车上逐渐采用 LED 模块照明。

三、示宽灯（驻车灯）基础电路控制原理

示宽灯基础电路的主要元件有车灯开关和灯泡，示宽灯的开关由车灯开关控制，驻车灯开启则由转向控制手柄触发完成。捷达轿车示宽灯控制电路如图 2-3-4 所示。

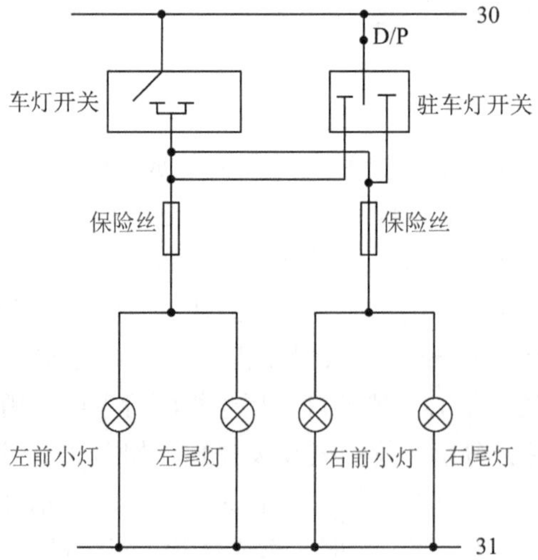

图 2-3-4 捷达轿车示宽灯控制电路

四、示宽灯的使用

1. 示宽灯的使用范围

交通管理法规规定示宽灯的具体使用范围如下：① 夜间行车时；② 傍晚行车时；③ 雨天视线不好时；④ 雾天能见度低时。

示宽灯是一种警示标志的车灯，主要用于在能见度低下的环境中提醒其他车辆注意。然而，鉴于在开启前照灯的同时，车辆的示宽灯会自动开启，所以在日常行驶过程中，很多驾驶员缺乏开启示宽灯的习惯，而是直接开启前照灯或什么灯都不开。

实际上，在雾霾天气、傍晚、细雨绵绵的环境下，都可以单独开启示宽灯，而不需要开启近光灯（因为近光灯在日间照明效果有限），便于前后车辆辨识。

2. 示宽灯使用误区

在日常行车过程中，有不少驾驶员用示宽灯代替近光灯在黑暗中行车，殊不知，这是很危险的。因为示宽灯只有提醒其他车辆的作用，并不会照亮前方道路，因而会影响视线。

3. 车内示宽灯开启提示

有的车型当车灯开关置于示宽灯挡位时，仪表盘上就会亮起相应的标志（见图 2-3-5）。但有些车型的仪表盘上是没有示宽灯标志的，所以无法通过仪表盘判断是否正确点亮示宽灯。

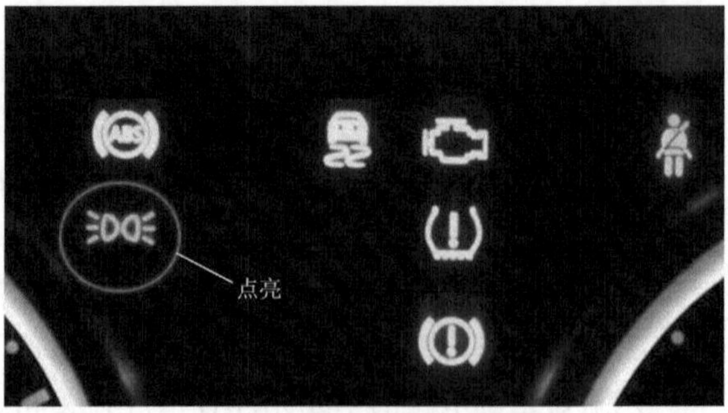

图 2-3-5 示宽灯开启标识

任务实施：示宽灯故障检修

一、各小组任务准备

请填写表 2-3-1。

表 2-3-1　任务准备列表

序号	准备事宜	具体内容
1	安全防护措施	
2	资料、工具、仪器	
3	物料	
4	零部件	

二、摘画示宽灯电路图，分析故障原因，做好计划

（一）摘画步骤

（1）查看电路图，标注出与示宽灯控制系统有关的组成元件。

（2）仔细分析各元件之间的连接关系和对应针脚号。

（3）画出示宽灯及保险部分的电路草图。（采用反向画法，先从灯泡开始画）

（4）画出示宽灯开关部分的草图。（标出各元件针脚号和线径颜色）

（5）使用直尺和铅笔，对照草图画出最终电路图。（标出各元件针脚号和导线电路代号）

（二）摘画维修电路手册上的示宽灯基础电路图

30 ____

15 ____

X/75 ____

31 ____

三、制订故障排除计划

____

____

____

____

四、上车实施

____

____

____

____

五、检查

故障排除后各小组进行自检和互检，查看故障是否排除，更换的零部件是否符合规定要求，记录检查结果，填写表 2-3-2。

表 2-3-2　检查列表

序号	检查内容	检查结果
1	更换的灯泡是否灯丝完好，通电是否发亮	
2	保险丝是否为规定大小	
3	搭铁点与车身接触是否牢固	
4	保险和开关阻值是否为零	
5	插接器针脚是否牢固，线路接通后电压是否为 12 V	
6	各段线路阻值是否接近于零	
7	工具、仪器、物料、零部件、车辆是否归位	
8	现场是否符合 5S 管理要求	

六、总结

____

____

____

____

知识拓展一：国赛车型迈腾 B8 的示宽灯电路

一、迈腾 B8 示宽灯电路组成及控制原理

迈腾 B8 示宽灯由车载电网控制单元 J519 集中控制，示宽灯控制系统主要元件如下：车载电网控制单元 J519、灯光旋转开关模块 EX1、左右前示宽灯和左右后尾灯总成、网关 J533、组合仪表控制单元 J285。

将车灯开关旋至示宽灯位置时，灯光旋转开关模块 EX1 接收到示宽灯开启信号，分析并处理后将此信号通过开关 LIN 数据线发送至车载电网控制单元 J519，J519 接收到信号后控制所有示宽灯点亮。车灯开关及其电路连接如图 2-3-6 所示。

EX1 的 T4di/4 管脚为灯光旋转开关冗余信号，连接至 J519 的 T73a/29 管脚，车载电网控制单元 J519 通过这个线路上的波形电压来判断灯光旋转开关所处的状态。

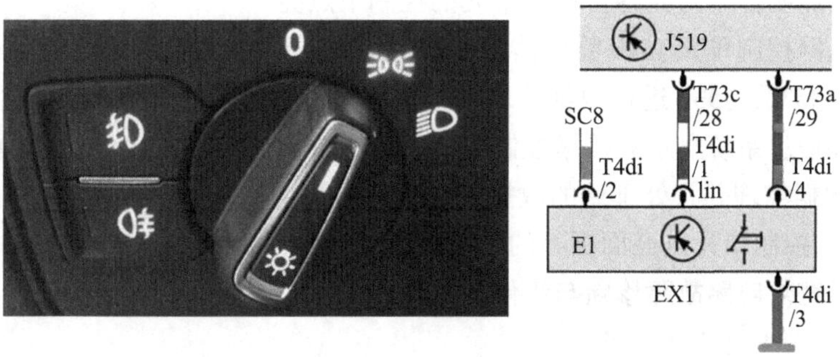

(a) 车灯开关　　　　(b) 电路连接

图 2-3-6　车灯开关及其电路连接

如果 EX1 的 T4di/4 管脚线路出现故障，示宽灯、近光灯点亮就会变得迟钝，同时前、后雾灯无法点亮，J519 监测此信号线路故障后会向仪表发送故障信息，仪表盘上则会提示“故障：车辆照明”。

图 2-3-7 给出了迈腾 B8 示宽灯电路。

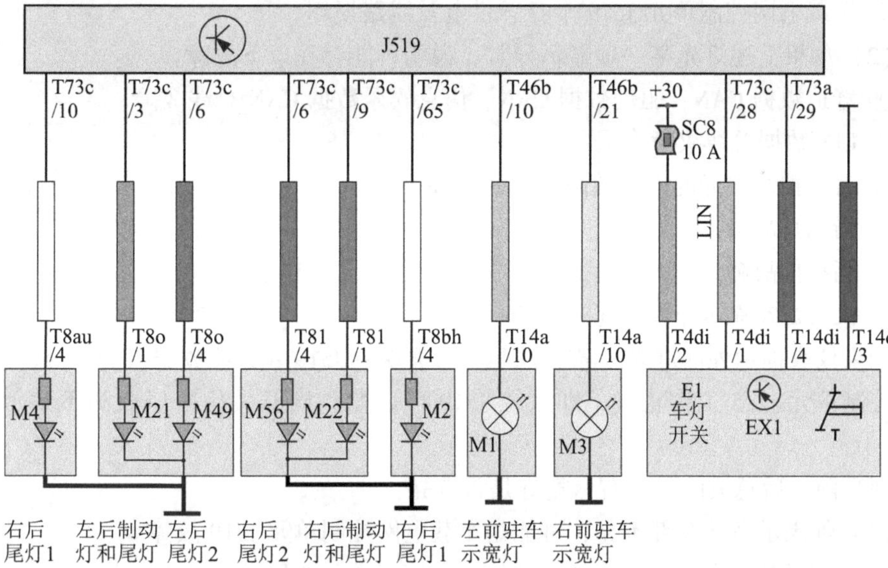

图 2-3-7　迈腾 B8 示宽灯电路

二、迈腾 B8 车内背景照明灯控制原理

车载电网控制单元 J519 将示宽灯开启信号通过舒适数据 CAN 总线发送至组合仪表控制单元 J285、左前车门控制单元 J386、右前车门控制单元 J387、空调控制单元 J255。这些控制单元接收到此信号后控制开关照明指示灯和控制面板上的氛围灯点亮。

左前车门控制单元 J386、右前车门控制单元 J387 通过 LIN 总线分别将示宽灯开启信号传至各自的从机左后车门控制单元 J388 和右后车门控制单元 J389，两后门车窗开关上的照明指示灯在各自控制单元的控制下点亮。

车载电网控制单元 J519 将此信号通过舒适数据 CAN 总线发送至数据总线诊断接口（网关）J533，J533 进行数据处理并将处理后的数据通过信息娱乐数据 CAN 总线发送至前部信息系统显示和操纵控制单元 J685，J685 将点亮面板上的指示灯。同时，J533 进行数据处理并将处理后的数据通过驱动数据 CAN 总线发送至选挡杆控制单元 E313，E313 控制单元点亮面板上的指示灯。

三、示宽灯电路故障诊断与维修

（一）故障现象观察分析

1. 示宽灯位置下各部位指示灯点亮情况及对应故障分析

将点火开关置于 ON 挡，旋转灯光开关旋至示宽灯位置，观察仪表上的氛围灯以及门窗玻璃开关、音响面板、选挡杆控制单元 E313 面板、空调控制面板指示灯是否点亮（2019 款迈腾 B8 要将灯光开关旋至大灯位置，这些灯才会点亮）。

（1）如果上述灯光全部显示异常，说明可能存在以下故障：

① 灯光旋转开关本身、供电及线路损坏（ON 挡时出现灯光应急模式：示宽灯和近光灯同时亮）。

② 车载电网控制单元 J519 本身、供电及线路损坏。

（2）如果上述灯光某一项显示异常，说明可能存在以下故障：

① 舒适数据 CAN、驱动数据 CAN、信息娱乐数据 CAN 总线故障。

② LIN 数据总线故障（局部）。

③ 对应控制单元的电源故障或自身故障。

④ 指示灯故障。

⑤ 插接件故障。

2. 仪表是否提示外部示宽灯故障

如果仪表提示外部灯光故障，说明车灯开关→J519→舒适数据 CAN 总线→组合仪表控制单元 J285 工作正常，即系统 J519 可以监测到开关信号但监测不到示宽灯工作。

观察前、后总成的左、右示宽灯是否点亮：

（1）如果示宽灯全部不亮，可能是车载电网控制单元 J519 故障。

（2）如果某一个示宽灯不亮，其他示宽灯正常，故障原因可能如下：

① J519 某个示宽灯控制输出线路故障。

② 某个示宽灯 LED 故障、搭铁线路故障。

（二）诊断检修

（1）连接故障诊断仪器，进入车载电网控制单元 J519，读取故障代码和数据流。

（2）根据故障代码和数据流进行诊断。

（3）结合维修手册、线路图对示宽灯控制和搭铁线路进行电压、通断测量，找到故障点。

（4）维修故障点，排除故障。

知识拓展二：北汽新能源 EU5 的示宽灯电路

示宽灯（小灯）电路组成的主要元件有车灯开关、车身控制模块 BCM 和灯泡。示宽灯的开关由车灯开关控制，驻车灯的开启则由转向控制手柄触发完成。北汽新能源 EU5 示宽灯控制电路如图 2-3-8 所示。

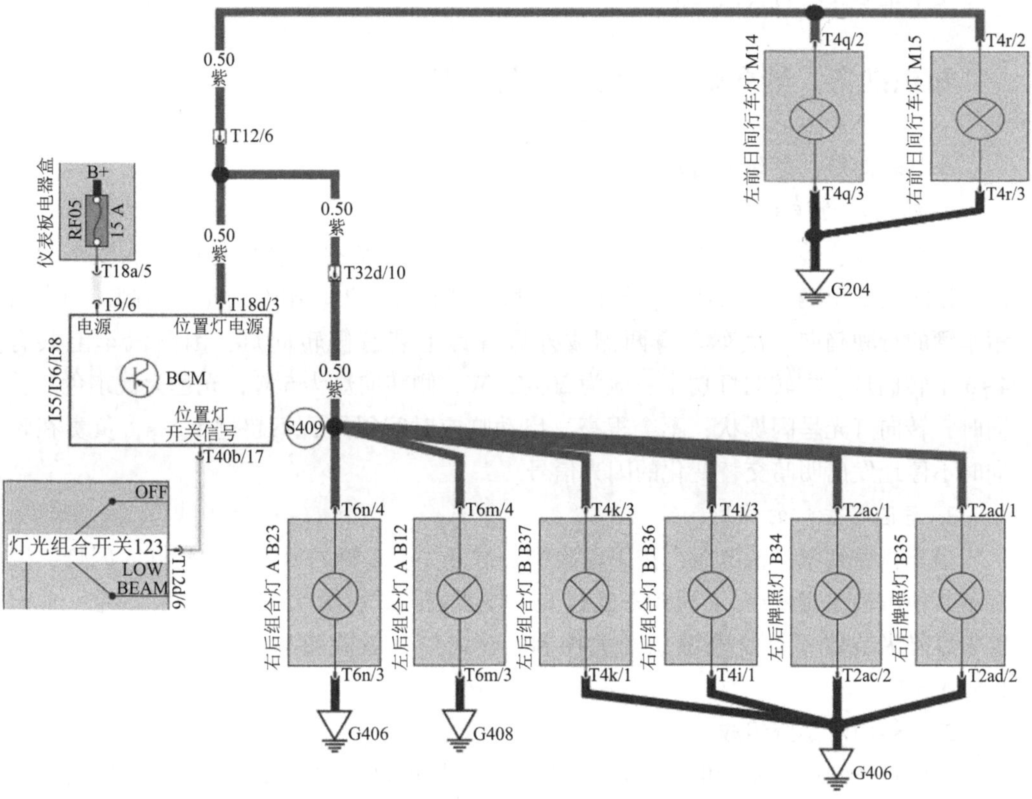

图 2-3-8　北汽新能源 EU5 示宽灯控制电路

当灯光组合开关旋至小灯位置时，BCM 接收到小灯开关闭合信号后就会控制前后小灯及牌照灯亮。

任务四　转向灯、危险警告灯故障检修

任务导入

客户反映自己的捷达轿车在左转弯时左侧转向灯不亮，给行车带来了很多不便，维修人员试车验证故障时发现左侧转向灯确实不亮，于是对转向灯电路进行检修。

转向灯作为信号灯，在日常行车过程中的主要作用就是向周边车辆发出本车即将转向行驶的信号，让其他车辆注意避让，以免碰撞。因此，不管是转弯、并线、超车、起步还是停车，只要车辆需要离开原车道，就需要提前开启转向灯，这也是安全驾驶的基本原则。日常驾驶中，驾驶员最容易忽略打转向灯的几个地方就是进入环岛、从匝道进入高速主道以及从匝道驶入停车场，从而造成事故。行车安全无小事，千万要牢记必要时打转向灯。

知识准备：转向灯、危险警告灯信息

一、转向灯、危险警告灯的作用

1. 转向灯的作用

汽车起步、转弯、变更车道或路边停靠时，都需要打开转向灯以表示汽车的趋向，提醒周围车辆和行人注意。转向灯一般安装在汽车头、尾部的左右两侧，用来指示车辆的行驶趋向。汽车车身两侧或外后视镜上装有侧转向灯，因此汽车上共有4~6个转向灯。主转向灯功率一般为20~25 W，侧转向灯为5 W，光色为琥珀色。转向时，转向灯光呈闪烁状，不会很亮，启动响应时间很短，不超过1.5 s，负责在转向时不停地发出明暗交替变化的闪光信号。

2. 危险警告灯的作用

当车辆遇到紧急情况时，按下危险警告灯开关，车辆的所有转向灯同时闪烁，以提示其他车辆注意避让。《机动车运行安全技术条件》（GB 7258—2017）规定：危险警告灯操纵装置不得受电源总开关控制，转向灯和危险警告灯的闪光频率规定为1.5±0.5 Hz。

二、转向灯系统组成

转向灯系统由闪光继电器（简称闪光器）、转向灯开关、转向灯和危险警告灯等组成（见图2-4-1）。

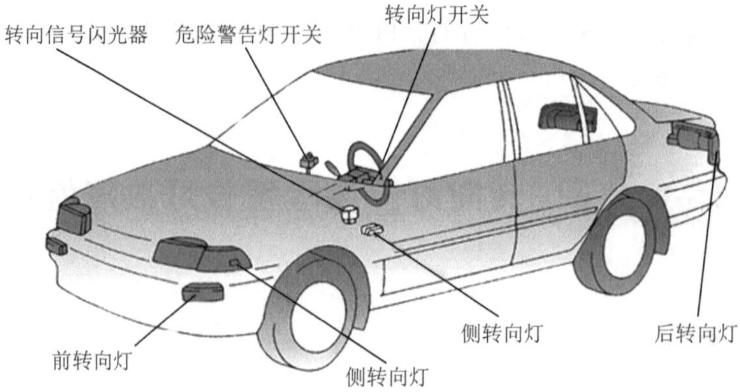

图2-4-1 转向灯位置分布

（一）闪光继电器（闪光器）

常见的闪光继电器有电热式、电容式、电子式及集成式四类，通常为 3 个引脚，如图 2-4-2 所示。电热式继电器的特点是结构简单、体积小、工作时伴有“啪嗒”的响声；电容式和电子式闪光器闪光频率稳定，灯光亮暗明显，还可兼作危险报警闪光器，电子闪光器还具有性能稳定和工作可靠的特点，目前已广泛应用；集成式闪光器的内部电路都集成在一块电路板上，可靠性较高，但不可修理。

图 2-4-2　闪光继电器

1. 电容式闪光器

如图 2-4-3 所示，电容式闪光器的作用是利用电容器的充、放电延时特性，使继电器的两个线圈产生磁力，控制触点的工作状态，使触点呈周期性开闭，从而向转向灯提供断续电流使其闪烁：① R、C 参数决定了转向灯的闪烁频率；② 灭弧电阻与触点并联，能减小触点火花。

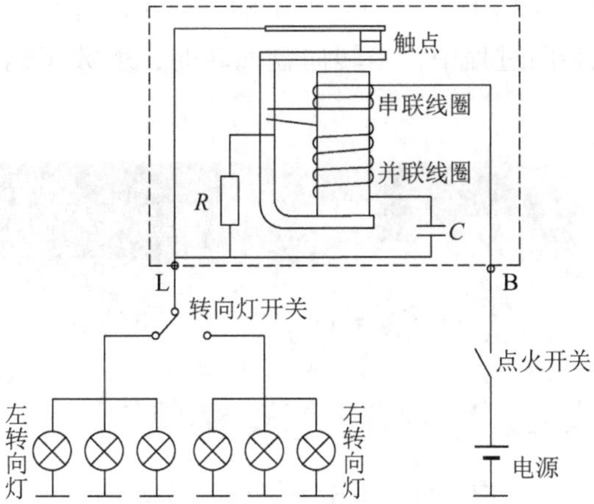

图 2-4-3　电容式闪光器控制电路

电容式闪光器具有监控功能，当一侧的转向灯中有一只或一只以上灯泡烧蚀或接触不良时，闪光器就使该侧转向灯接通时只亮不闪，以告示该侧转向灯电路异常。

2. 电子式闪光器

电子式闪光器按有无触点可分为有触点式和无触点式两类，按电子元件的分立与集成可分为晶体管式和集成电路式两类。

图 2-4-4 所示为一种简单的无触点电子式闪光器，其工作原理是：接通转向灯开关，VT_1 因正向偏压而饱和导通，VT_2、VT_3 截止。由于 VT_1 的发射极电流很小，因此转向灯较暗。同时，电源通过 R_1 对电容 C 充电，使得 VT_1 的基极电位下降，当电位低于其导通所需正向偏置电压时，VT_1 截止。VT_1 截止后，VT_2 通过 R_3 得到正向偏压而导通，VT_3 也随之导通饱和，转向灯变亮。此时，C 经 R_1、R_2 放电，使 VT_1 仍保持截止，转向灯继续发亮。随着 C 放电电流减小，VT_1 基极电位逐渐升高，当高于其正向导通电压时，VT_1 再次导通，VT_2、VT_3 截止，转向灯变暗。随着电容充电、

放电，VT_3 不断地导通、截止，如此循环，使转向灯闪烁。

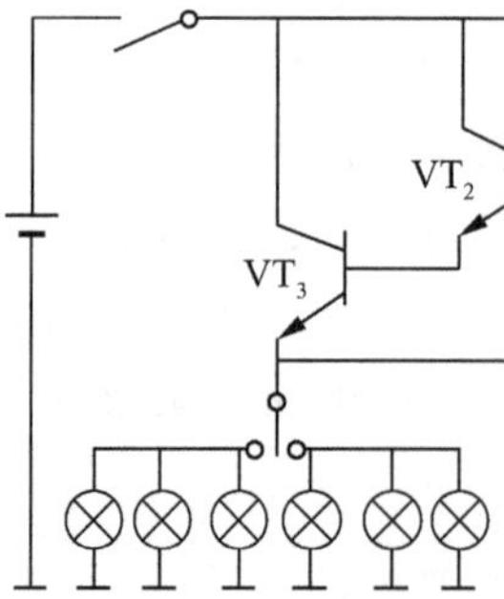

图 2-4-4　无触点式电子式闪光器控制电路

（二）转向灯开关

转向灯开关是控制转向灯的装置，转向灯指示方向、转向开关控制杆拔动方向和转向盘转动方向一致。向斜下方拨动开关手柄，左转向灯亮；向斜上方拨动开关手柄，右转向灯亮。在转向过程中，当转向盘回转时，多数车辆手柄会自动复位，如图 2-4-5 所示。

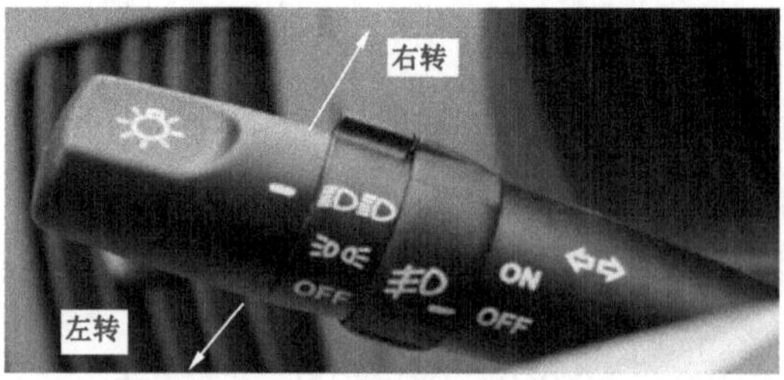

图 2-4-5　组合开关中的转向灯开关

向左转向、向左变更车道、准备超车、驶离停车地点或掉头时，应当提前开启左转向灯；向右转向、向右变更车道、超车完毕驶回原车道、路边停靠时，应当提前开启右转向灯。

转向灯自动回位功能主要靠一个拨杆来实现，目前在售车型都具有这个功能。当驾驶员准备向左转向时，拨动转向灯开关，转向后，方向盘向右回转时，回位盘会把伸出的转向灯拨杆推回，实现转向灯自动回位。

当然，自动回位并不是所有情况下都能实现，除了故障因素以外，有时还会因方向盘的旋转角度不足以触发回位机构而无法实现自动回位。

（三）危险警告灯开关

危险警告灯俗称“双闪”，是一种提醒其他车辆与行人注意本车发生了特殊情况的信号灯。

在行车过程中，如果遇到大雾天气，尤其是能见度低于 100 m 时，不仅要开启前后雾灯，还要开启危险警告灯，以提醒过往车辆和行人，特别是提醒后方行驶车辆保持安全距离和车速，避免紧急制动引起追尾。

危险警告灯开关通常位于仪表台中部，如图2-4-6所示，一般与转向灯共用一个闪光器。当接通危险警告灯开关时，两侧的转向灯电路同时接通，前、后、左、右转向灯以及仪表盘上的左、右转向灯指示灯同时闪烁。由于危险警告灯开关将闪光器与蓄电池连接，因此危险警告信号在点火开关关闭（OFF）和停车时也可以使用。

图 2-4-6　危险警告灯开关

危险警告灯信号的控制是建立在转向灯控制电路的基础上的，当按下危险警告灯开关时，这个控制的优先级是高于转向灯的。

三、转向灯、危险警告灯基础控制电路

1. 转向灯电路（见图2-4-7）

当转向开关闭合时，从电源正极出来的电流经保险、闪光器和开关分别进入前、后和侧面的转向灯以及转向灯指示灯。向右转，右侧灯闪；向左转，左侧灯闪。

2. 危险警告灯电路（见图2-4-7）

闭合危险警告灯开关，从电源正极出来的电流经保险、继电器和开关后，同时进入前、后和侧面的转向灯以及仪表转向灯指示灯，所有的转向灯全部闪烁。

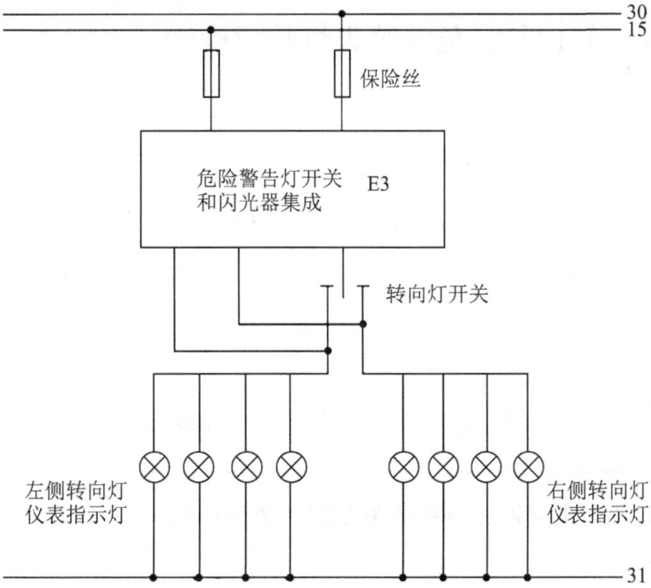

图 2-4-7　转向灯、危险警告灯基础控制电路

四、转向灯的使用

转向灯是表示汽车动态信息的最主要装置，安装在车身前后，在汽车转弯时开启，它可为行车安全提供保障。在行车过程中，为保证个人和他人安全，应按规定使用转向灯，提前告知他人本车的动向，使其做出正确的判断。

（1）汽车行至一般平面交叉路口时，应根据路面宽度、交通流量的大小以及行驶速度，在距离路口 30~100 m 的地方按转弯方向开启转向灯，向右转弯和向右变更车道须开启右转向灯，向左转弯或向左变更车道须开启左转向灯。转入设有导向车道的路口时，应在进入导向车道前开启转向灯。过早开启转向灯，可能导致后面车辆误解，误以为前车未关转向灯；过晚开启转向灯，可能导致后面的车辆或行人因来不及做出反应而增加交通事故发生的风险。

（2）汽车驶入或驶出环形交叉路口时，应根据行驶方向，开启相应的转向灯。

（3）行车过程中，当本车道交通不畅需要变更车道时，应通过后视镜观察相邻车道是否空闲，在不妨碍其他车道车辆正常行驶的情况下，先开启相应的转向灯，再变更车道。

（4）汽车掉头时，应开启左转向灯，并先注意观察车辆前、后有无来车，再行掉头。

（5）在没有标记道路中心实线的路段需要超车时，应开启左转向灯并鸣笛示意（在禁鸣路段除外）。如果是被超车，应靠右让行。

（6）行车过程中需要在路边停靠时，应先开启右转向灯，并注意观察汽车右后方的交通动态，再行靠边。

（7）当驶离停车地点时，应先开启左转向灯，并注意观察汽车左后方的交通动态，再驶向行车道。

任务实施：转向灯、危险警告灯故障检修

一、各小组任务准备

请填写表 2-4-1。

表 2-4-1　任务准备列表

序号	准备事宜	具体内容
1	安全防护措施	
2	资料、工具、仪器	
3	物料	
4	零部件	

二、摘画转向灯电路图，分析故障原因，做好计划

（一）摘画步骤

（1）查看电路图，标注出与转向灯控制系统有关的组成元件。

（2）仔细分析各元件之间的连接关系和对应针脚号。

（3）画出转向灯及保险部分的电路草图。（采用反向画法，先从转向灯开始画）

（4）画出转向灯开关部分的草图。（标出各元件针脚号和线径颜色）

（5）使用直尺和铅笔，对照草图画出最终电路图。（标出各元件针脚号和导线电路代号）

（二）摘画维修电路手册上的转向灯（危险警告灯）基础电路图

30 ________________

15 ________________

X/75 ________________

31 ________________

三、制订故障排除计划

____

____

____

____

附：转向灯不亮故障诊断思路（见图 2-4-8，仅供参考）

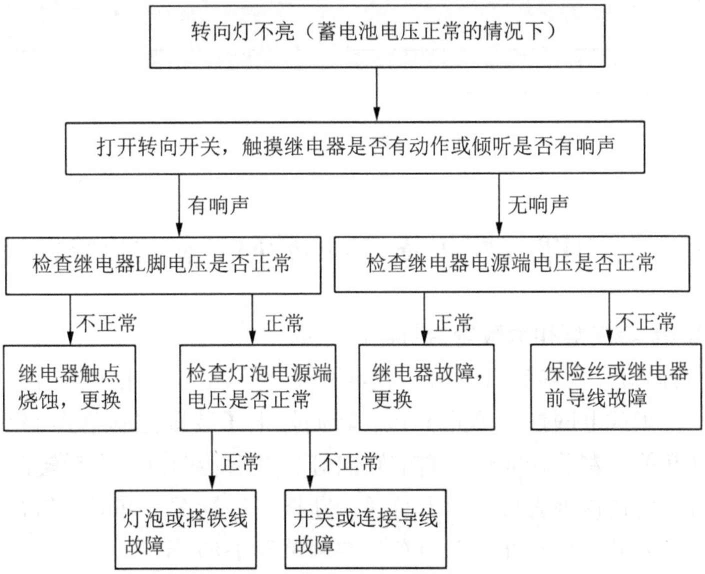

图 2-4-8　转向灯不亮故障诊断树

四、上车实施

____

____

____

____

五、检查

故障排除后各小组进行自检和互检，查看故障是否排除，更换的零部件是否符合规定要求，记录检查结果，填写表 2-4-2。

表 2-4-2　检查列表

序号	检查内容	检查结果
1	更换的灯泡是否灯丝完好，通电是否发亮	
2	保险丝是否为规定大小	
3	搭铁点与车身接触是否牢固	
4	保险和开关阻值是否为零	
5	插接器针脚是否牢固，线路接通后电压是否为 12 V	
6	各段线路阻值是否接近于零	
7	继电器是否完好	
8	工具、仪器、物料、零部件、车辆是否归位	
9	现场是否符合 5S 管理要求	

六、总结

____

____

____

____

知识拓展一：国赛车型迈腾 B8 的转向灯和危险警告灯电路

一、迈腾 B8 转向灯和危险警告灯电路组成

迈腾 B8 转向灯、危险警告灯由车载电网控制单元 J519 集中控制，该控制系统包含的元件如下：车载电网控制单元 J519、转向柱电子装置控制单元 J527、转向/变光开关、警告灯开关、左前转向灯、右前转向灯、左后转向灯、右后转向灯、左侧后视镜警告灯、右侧后视镜警告灯、数据总线诊断接口（网关）J533、组合仪表控制单元 J285、左前车门控制单元 J386、右前车门控制单元 J387 等。

二、迈腾 B8 转向灯和危险警告灯工作原理

转向开关安装在转向柱上部左侧、方向盘下部，与变光开关和驾驶辅助系统操作按钮成为一体，通过内部线束连接到转向柱电子装置控制单元 J527。

1. 转向灯

点火开关置于 ON 挡，向前（向后）拨动转向灯开关 E2，接通开关内部右（左）转向灯触点，转向柱电子装置控制单元 J527 接收到右（左）转向灯开启的信号后，通过舒适数据 CAN 总线将开关信号传至车载电网控制单元 J519、组合仪表控制单元

J285、左前车门控制单元 J386 和右前车门控制单元 J387。

（1）车载电网控制单元 J519 接收到右或左转向灯开关开启的信号后，向右或左转向灯提供 0 V～+B 交替控制信号电压，相应转向灯亮，提醒周围车辆和行人注意车辆的行驶方向。

（2）组合仪表控制单元 J285 通过舒适数据 CAN 总线接收到转向灯开关信号后，点亮控制单元内部的右或左转向灯指示灯，告诉驾驶员转向灯状态。

（3）左前车门控制单元 J386 或右前车门控制单元 J387 通过舒适数据 CAN 总线接收到转向灯开关信号后，点亮相应一侧后视镜上的转向警告灯，提醒周围车辆和行人。

2. 危险警告灯

迈腾 B8 危险警告灯开关 EX3 使用导线直接连接车载电网控制单元 J519，按下危险警告灯开关，开关内部触点接通，危险警告灯开关开启的信号直接发送给车载电网控制单元 J519，J519 控制危险警告灯开关上的危险警告灯闪烁，同时接通车前和车后的左右转向灯；同时，J519 通过舒适数据 CAN 总线将数据传至组合仪表控制单元 J285、左前车门控制单元 J386、右前车门控制单元 J387。组合仪表控制单元 J285 接收到信号后控制内部左、右转向灯指示灯同时闪烁，提示驾驶员危险警告灯状态。左前车门控制单元 J386、右前车门控制单元 J387 通过舒适数据 CAN 总线接收到信号后点亮各自一侧后视镜上的转向警告灯，提醒周围车辆和行人。

图 2-4-9 给出了迈腾 B8 的转向灯和危险警告灯电路。

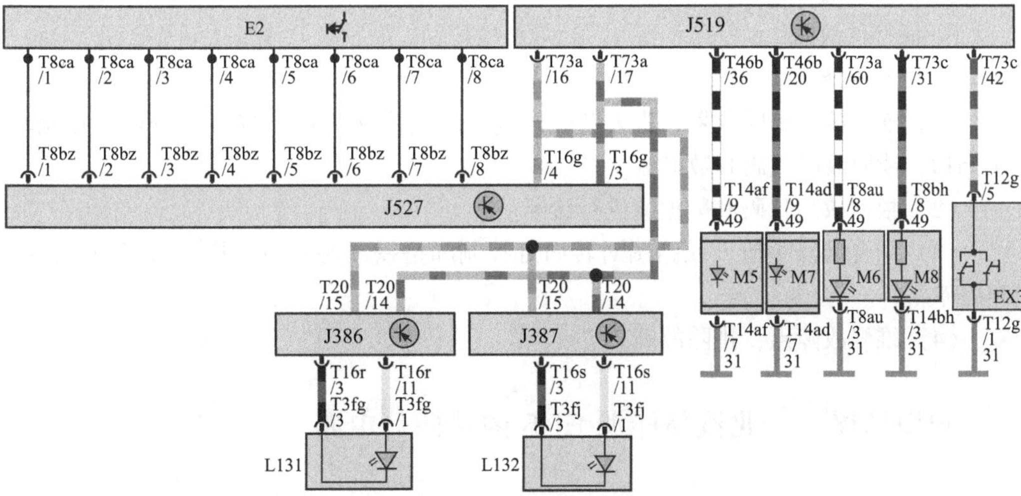

图 2-4-9　迈腾 B8 的转向灯和危险警告灯电路

三、转向灯和危险警告灯控制电路故障检修

1. 故障现象观察分析

（1）拨动转向灯开关手柄至左（右）转向灯位置，观察左（右）侧转向灯、仪表上左（右）侧转向灯指示灯是否点亮闪烁，如果异常，故障原因可能如下：

① 转向灯开关以及线路故障。

② J527 电源及线路故障。

③ 舒适数据 CAN 总线故障。

④ 指示灯故障。

⑤ 插接件故障。

（2）如果仪表上转向灯指示灯闪烁频率增加，观察仪表是否提示转向灯故障，若提示，故障原因可能如下：

① J519 至左（右）侧某个转向灯控制输出线路故障。

② 左（右）侧某个转向灯 LED、搭铁线路故障。

（3）如果仪表转向灯指示灯正常闪烁，而外部转向灯不亮，同时仪表提示转向灯故障，故障原因可能如下：

① J519 电源及线路故障。

② J519 至转向灯控制输出线路故障。

③ 转向灯 LED 照明模块或搭铁线路故障。

（4）按下危险警告灯开关，观察仪表上左、右两侧转向灯指示灯是否闪烁正常。如果异常，故障原因可能如下：

① 危险警告灯开关及线路故障。

② 车载电网控制单元 J519（或局部）故障。

③ 舒适数据 CAN 总线故障。

④ 指示灯故障。

⑤ 插接件故障。

2. 诊断检修

（1）连接故障诊断仪器，进入转向柱电子装置控制单元 J527 和车载电网控制单元 J519，读取故障代码和数据流。

（2）根据故障代码和数据流进行诊断。

（3）结合维修手册、线路图对转向灯控制和搭铁线路进行电压、通断测量，找到故障点。

（4）维修故障点，排除故障。

知识拓展二：北汽新能源 EU5 的转向灯电路

北汽新能源 EU5 转向灯控制的电路原理：打开左（右）转向开关时，转向开关接通，信号传送至车身控制模块 BCM，BCM 直接给前、后、左或右转向灯供电，通过负极线与车体连接构成回路，相应一侧转向灯亮。图 2-4-10 给出了北汽新能源 EU5 的转向灯电路。

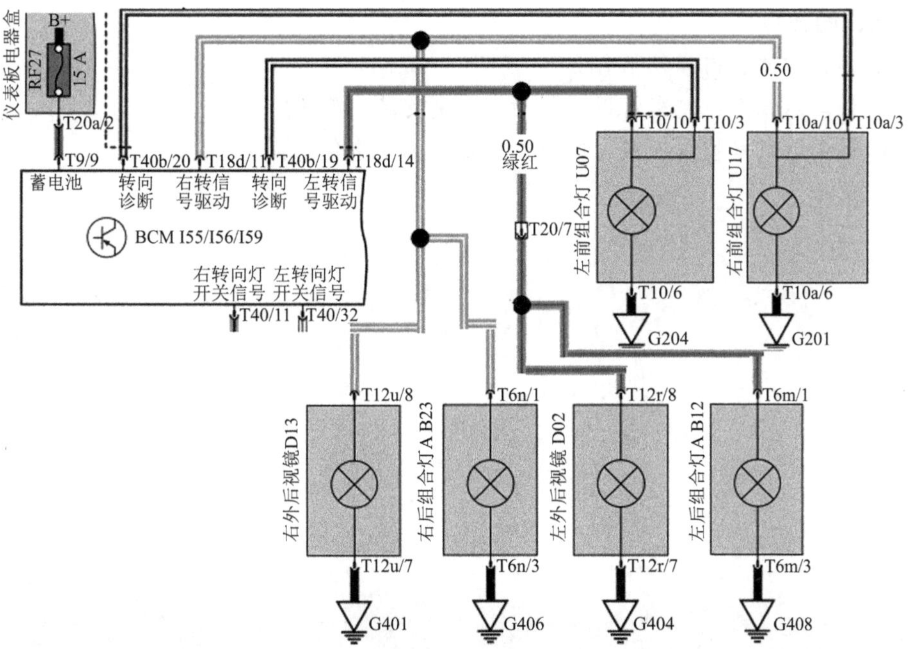

图 2-4-10　北汽新能源 EU5 的转向灯电路

思考与练习

一、选择题

1. 汽车电喇叭可按外形分为螺旋形、(　　) 和盆形。

A. 长形　　B. 筒形　　C. 短形　　D. 球形

2. 控制转向灯闪光频率的是 (　　)。

A. 转向灯开关　　B. 点火开关　　C. 蓄电池　　D. 闪光器

3. 倒车灯的灯光颜色为 (　　) 色。

A. 红　　B. 黄　　C. 白　　D. 橙

4. 制动灯的灯光颜色为 (　　) 色。

A. 红　　B. 黄　　C. 白　　D. 橙

二、判断题

1. 流过喇叭线圈的电流越大，喇叭的音量就越大。(　　)

2. 卤钨灯泡是在惰性气体中渗入卤族元素，使其有防眩目的作用。(　　)

3. 汽车上除照明灯之外，还有用以指示其他车辆或行人的灯光信号标志，这些灯称为信号灯。(　　)

三、简答题

1. 喇叭的调整内容包括什么?
2. 汽车示宽灯、倒车灯以及制动灯分别安装在哪里?
3. 转向灯电路控制方式与其他灯光控制方式有何不同?

项目三

照明系统检修

本项目主要学习前照灯和雾灯电路的结构组成和控制原理，熟悉前照灯和雾灯的故障检修流程，学会排除前照灯和雾灯故障。

知识目标

掌握前照灯电路组成和控制原理；
掌握雾灯电路组成和控制原理。

技能目标

能够检修前照灯和雾灯故障；
能够根据故障现象制订检修计划；
能够识读摘画照明系统电路图；
能够分析故障原因，排除实车故障；
能够对故障排除过程做出总结。

素质目标

能够遵循企业5S管理规范；
培养吃苦耐劳、爱岗敬业和团结协作的精神；
培养创新精神、工匠精神和勇于担当的使命感；
培养家国天下、心系民生的社会责任感。

任务一 前照灯故障检修

任务导入

客户觉得自己的2010款捷达轿车在高速公路上行驶的时候前照灯不够亮，想改装LED大灯。汽车4S店维修师傅告诉他：直接用氙气灯替换卤素灯为非法改装，要想改装，就必须更换前照灯总成，还必须配备前照灯高压清洗装置及前照灯自动调节装置。

交管部门对汽车照明灯在功率上有强制性规定：前照灯的功率不能超过60 W；灯光的照射角度（光型）须符合规定；在保证亮度足够的同时，还应保证防眩目，不对其他车主、行人造成伤害。对车辆进行灯泡升级时一定要遵守这方面的规定，不违规改造车辆照明装置。

知识准备：前照灯知识

一、前照灯的作用

前照灯，俗称大灯，安装于汽车前部两侧，如图3-1-1所示，用于实现夜间行车时车前明亮且均匀的照明，确保驾驶员能辨识前方100 m以内道路上的障碍物。前照灯应具有防眩目功能，以免夜间两车交会时灯光造成对方驾驶员眩目而发生事故。

前照灯包括近光灯和远光灯，有两灯制和四灯制之分。

图3-1-1 捷达轿车前照灯

二、前照灯电路主要元件

（一）前照灯

前照灯主要由灯泡、反射镜和配光镜三部分组成。

1. 灯泡

前照灯灯泡一般有卤钨灯泡、高压放电氙气灯泡、LED灯泡和激光大灯四类。

（1）卤钨灯泡（卤素灯）。

卤素灯（见图3-1-2）仍以钨丝作为发光源，只是在灯泡内部额外填充了卤素（溴和碘的混合气体）。当灯丝发热时，金属钨升华成气体后向玻璃管壁方向移动，当接近玻璃管壁时，钨蒸气被冷却到大约800 ℃致使钨原子和卤素原子结合在一起，形成卤化钨（碘化钨或溴化钨）。卤化钨向玻璃管中央继续移动，又重新回到被氧化的灯丝上。由于卤化钨是一种很不稳定的化合物，其遇热后又会分解成卤素蒸气和钨，这样钨又在灯丝上沉积下来，弥补升华掉的部分。

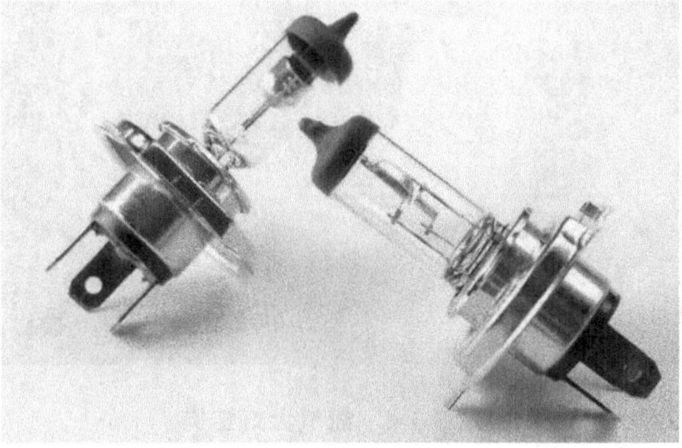

图 3-1-2　汽车用卤素灯

通过这种再生循环过程，灯丝的使用寿命不仅大大延长（几乎是白炽灯的 4 倍），同时由于灯丝可以在更高温度下工作，从而得到了更高的亮度、更高的色温和发光效率；而且成本低廉，启动时间快，并且发出的黄色光有着非常好的穿透性，雨雪天的照明性能非常好。卤素灯的缺点是照射距离短，亮度不足。

（2）高压放电氙气灯泡。

与传统卤素灯不同，汽车氙气灯是一种高压放电灯，如图 3-1-3 所示。它利用正负电刺激氙气与稀有金属进行化学反应而发光，因此灯管内有一颗小小的玻璃球，其中灌满了氙气及少许稀有金属，通过电流刺激它们进行化学反应，两者就会发出色温高达 4000~12000 K 的光。通过启动器和电子镇流器，以 23000 V 高压电流刺激氙气，在两极间形成白色电弧并发光。

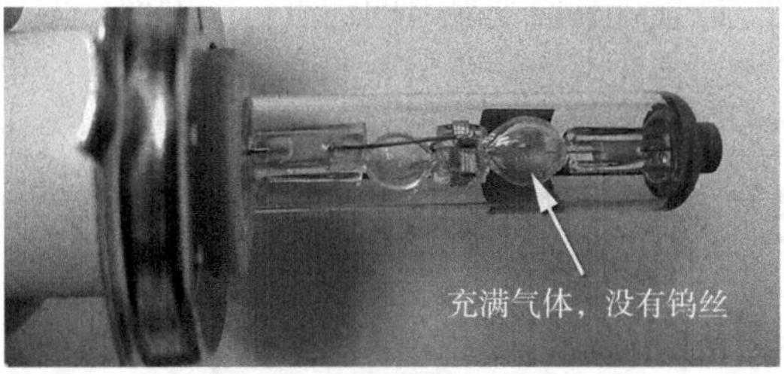

图 3-1-3　高压放电氙气灯

氙气灯的亮度是卤素灯的 3 倍，需要配合透镜聚拢灯光，控制光束位置，如图 3-1-4 所示。亮度高并且有透镜造型使得氙气灯无论是实用性还是造型上都更加“高大上”。除此之外，相比卤素大灯，氙气灯的寿命更长，能耗减少 40% 以上；但氙气灯点亮时间慢，雨雾天的照明能力不及卤素灯。

图 3-1-4　氙气大灯结构

为了产生整齐的灯光折线，灯泡前设计了折板。大灯透镜里有一个遮光片，远近光是通过变光机构驱动遮光片上下移动实现的，这样只需一个氙气灯泡，就可以实现远近光的切换（见图 3-1-5）。

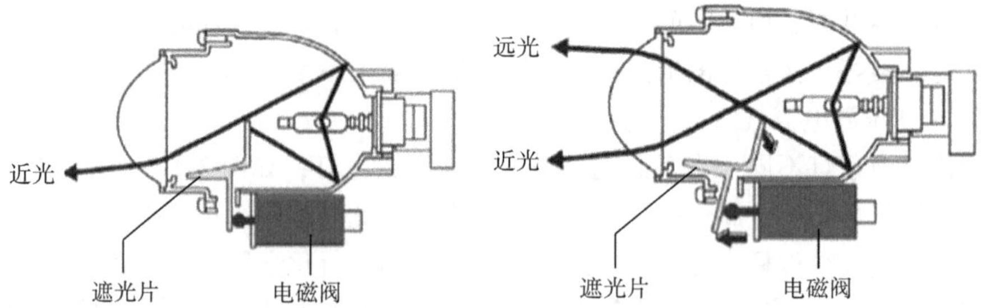

图 3-1-5　氙气大灯变光机构

与普通灯泡相比，氙气灯有两个显著的优点：一方面，发光的是电弧光，而不是通过灯丝发热进行发光，因此电能转化为光能的效率比卤素灯提高了 70%以上；另一方面，氙气放电灯具有比较高的能量密度和光照强度，它拥有比普通卤素灯高 3 倍的光照强度，能耗却仅为其 2/3。以一支 35 W 氙气灯为例：它的光强是 55 W 卤素灯的 3. 5 倍以上，大大减轻了汽车电力系统的负荷，电力损耗节省了 40%，相应地提高了车辆性能，节约了能源。

氙气灯维修注意事项：

① 灯座区域内的照明系统的控制单元插头或部件带有致命的高电压，在对大灯系统进行操作时，必须确保所有部件不带电，以及关闭大灯之后必须消除剩余电压。

② 操作时须使用护目镜和手套，避免直视光束，有灼目危险，有损视力；另外，氙气大灯工作时灯泡内的温度可高达 700 ℃，需等待足够时间让气体放电大灯冷却方可操作。

③ 氙气灯在启动时会产生高电压（2. 3 万伏以上），维修之前必须断掉电瓶线负极；如遇电线损伤、接线端子破损、高压电线外漏等情况，必须终止维修工作；禁止

用手触摸氙气灯玻璃体，这样会导致灯泡散热不均匀，从而影响灯泡寿命，甚至爆裂。

④ 更换大灯总成、传感器或控制单元后，均需对其做基本设定，否则仪表故障灯将点亮，大灯将进入应急状态。

（3）LED 灯泡。

LED 即发光二极管，如图 3-1-6 所示，其优点如下：

① 发光效率高，汽车 LED 灯的能耗仅为卤素灯的 1/20。

② 寿命长，目前汽车上的 LED 灯寿命基本可达到 6 万小时，而氙气灯寿命约为 3000 小时。

③ 结构简单，抗震、抗冲击性能都比较好，具有较强的耐用性，能够适应多种环境。

④ 体积小且紧凑，便于布置以及造型设计，能很好地满足对大灯的造型要求。

⑤ 响应速度快，其点亮速度是微秒级别的，用在车上有更好的响应提示能力。

图 3-1-6 LED 灯泡

⑥ 亮度高，LED 灯的光线亮度衰减远小于卤素灯，对使用环境要求低，用低压直流电源即可驱动，负载小。

比起氙气灯，LED 大灯（见图 3-1-7）的亮度更高也更节能，没有氙气灯点亮迟滞的缺点，且其单个发光体体积小，因此可以组合成任何造型。由于可以单个发光，可以更好地控制光束形状和位置，因此 LED 大灯的应用真正实现了汽车大灯智能化。但是，看上去美轮美奂又兼具高性能的 LED 光源也存在一个问题，就是工作时发热量很大，因此发光效率也会受高温影响，所以一般都会配有散热器，这也间接造成了成本的提高，所以 LED 大灯的门槛是相对较高的。

图 3-1-7 汽车 LED 大灯

高色温的氙气灯灯光和 LED 灯光颜色偏白，在雾天的穿透力不如低色温颜色偏黄的卤素大灯，这也是卤素雾灯至今仍然没有被大范围取代的原因。

（4）激光大灯。

继 LED 大灯之后，更加前沿的激光大灯（见图 3-1-8）问世。相比 LED 大灯，激光大灯照明距离更远，一般能达到 600~700 m，其核心原件为激光二极管，激光二极管产生的激光束经过反射镜将灯光反射到前方，再经过滤镜和透镜，最终形成一道超亮的光线。

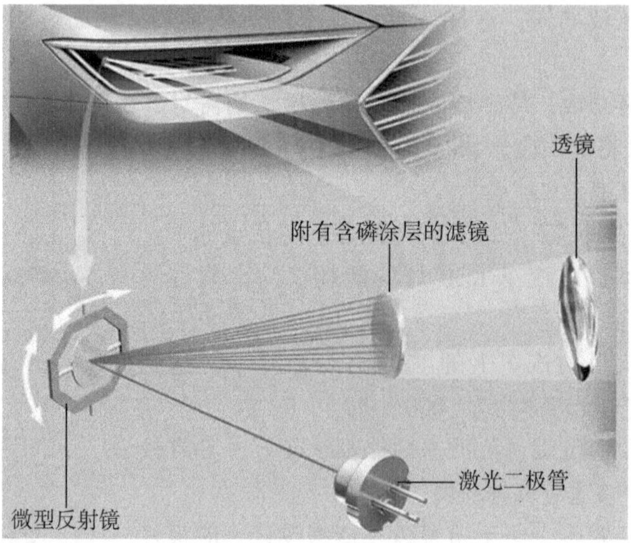

图 3-1-8　汽车激光大灯

2. 反射镜

由于灯泡是360°发光的，因此不能集中照射到路面上，导致光线利用率低，光照强度和距离无法满足要求，且会造成眩目。反射镜的作用是将灯泡的光线聚合并导向远方。反射镜材料有薄钢板、玻璃、塑料等，其表面形状是旋转抛物面，内表面镀银、铝或铬，再进行抛光，如图 3-1-9a 所示。

反射镜聚光原理如图 3-1-9b 所示，灯丝位于焦点上，灯丝向后照射的光线经反射镜反射后变成平行光束射向前方，使光照强度增加，从而使车前 100～150 m 处的路面被照得足够清晰。从灯丝射出的直射（散）光束则向前方各个方向散射，可照亮车前 5～10 m 的路面和路缘。

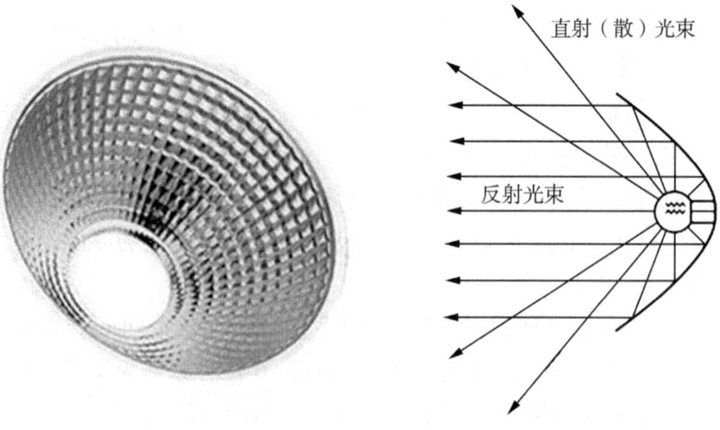

(a) 反射镜外形　　(b) 反射镜聚光原理

图 3-1-9　反射镜

3. 配光镜

配光镜是由透镜和棱镜组合而成的散光塑料镜，配光镜的作用是将反射镜反射出的平行光束折射和散射，使车前路面有较好的光线覆盖效果，如图 3-1-10 所示。

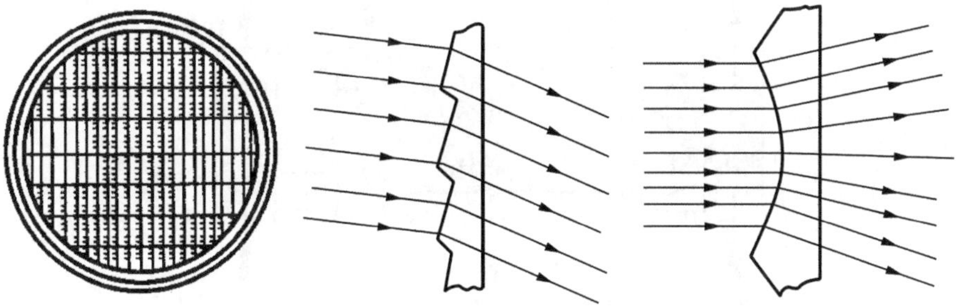

(a) 几何形状　　(b) 垂直部分（折射）　　(c) 水平部分（散射）

图 3-1-10　配光镜的折射和散射

（二）灯光组合开关

1. 旋钮式灯光组合开关

旋钮式灯光组合开关安装在仪表盘左下方的内饰板上，如图 3-1-11 所示，通过旋转开关旋钮切换不同挡位：灯光关闭挡位为“0”，示宽灯挡位为 ，前照灯挡位为 。变光开关与转向灯开关集成在一起，向上抬接通远光灯，向下压接通近光灯，原位置不动保持近光灯（或回到近光灯默认状态）。

2. 杆式灯光组合开关

杆式灯光组合开关是将前照灯、示宽灯、转向灯、雾灯及变光等开关制成一体，安装在转向盘左下方的转向柱上，如图 3-1-12 所示。杆式灯光组合开关操纵杆端部有两个旋钮，转动外侧旋钮，可依次接通示宽灯和前照灯；转动内侧旋钮，可依次接通前雾灯和后雾灯。

图 3-1-11　旋钮式灯光组合开关

图 3-1-12　杆式灯光组合开关

（三）大灯继电器

大灯继电器如图 3-1-13 所示，作用是将灯光开关和变光开关放在低电流的控制回路中，将继电器中的触点开关接入大电流的工作回路中，这样能有效保护灯光开关和变光开关，防止因接入大电流的工作电路而使触点烧坏。

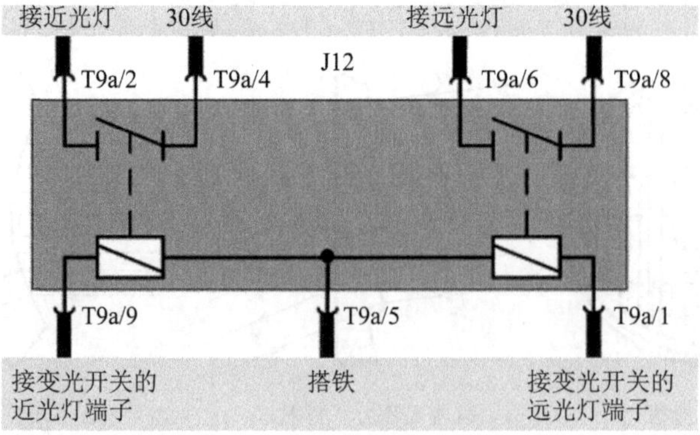

图 3-1-13　捷达轿车大灯继电器

三、前照灯控制电路原理

前照灯控制电路如图 3-1-14 所示，主要由点火开关、灯光开关、变光开关、远近光灯、保险丝、大灯继电器组成。控制原理如下：

(1) 当点火开关 D 处于 ON 位置时，其“30”端子与“X”端子接通，来自 30 号电源正极线的电送至灯光开关 E1 的“X”端子，将 E1 打到前照灯挡位，此时 E1 的“1”端子与“4”端子导通，电被送至变光开关 E4 的“3”端子。

① 近光灯：当变光开关 E4 置于端子“3”和“2”端子接通时（如图 3-1-14 中的状态），电通过 E4 到达 J12 大灯继电器“9”端子，电流流过继电器右侧的电磁线圈后从“5”端子流出至搭铁。此时，继电器右侧的电磁线圈通电，右侧触点开关闭合，来自 30 号线的电流从继电器的“4”端子流入、从“2”端子流出，电流分别经保险丝 S1、S2 流入左、右近光灯 L1b、L2b，然后搭铁。

② 远光灯：当变光开关 E4 置于端子“3”和“4”端子接通时，已经到达 E4 “3”端子的电流通过变光开关 E4 到达 J12 大灯继电器“1”端子，电流流过继电器左侧的电磁线圈后从“5”端子流出至搭铁。此时，继电器左侧的电磁线圈通电，左侧触点开关闭合，来自 30 号线的电流从继电器的“8”端子流入、从“6”端子流出，电流分别经保险丝 S11、S12 流入左、右远光灯 L1a、L2a，然后搭铁。

(2) 当遇到超车或者需要提醒对面的车辆时，向上拨动变光开关，瞬时打开远光灯，提醒对方车辆。超车灯电路不受点火开关和灯光组合开关的控制，直接由变光开关控制。超车灯电路控制原理如下：来自 30 号电源正极线的电被送至变光开关 E4 的“5”端子，当拨动变光开关 E4 时，E4 的“5”端子和“4”端子瞬时接通，电流通过变光开关 E4 到达 J12 大灯继电器“1”端子，此时远光灯电路接通，远光灯瞬时打开。此时，若松开变光开关，则开关复位，远光灯瞬时关闭。

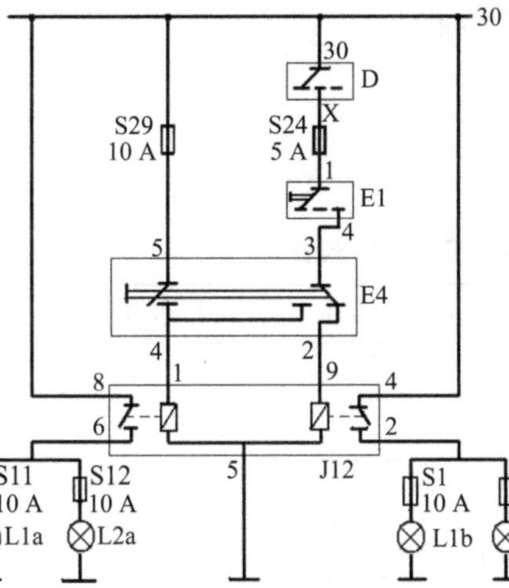

图 3-1-14　捷达轿车前照灯控制电路

四、前照灯的使用

1. 近光灯的使用

以下几种情况必须打开近光灯：在天黑没有路灯的地段开车以及在傍晚天色较暗或黎明曙光初现时开车；如果赶上大雾、下雪或大雨天气，视线受阻，即使是白天也必须打开近光灯；在一些虽有照明设备但亮度不够的路段行车时。

要注意的是，傍晚行车时可以通过看后视镜来判断是否打开近光灯。如果从后视镜中看后车已经开始模糊，就意味着应该打开近光灯了。

2. 远光灯的使用

只有在路上没有其他照明设备且对面没有车辆行驶的情况下才能使用远光灯，否则会严重干扰对方视线，甚至造成交通事故。一定要注意不要误将远光灯当近光灯使用。

以下几种情况必须立即将远光灯换成近光灯：一是对面有来车；二是离前面同方向的车距离较近；三是路上已经有足够的照明度；四是在过铁路交叉道口和回到交通繁忙的街道时。

遇到对面来车开远光灯时，我们可以这样做：一是不直视对方大灯，而是将视线移到车的右侧；二是放慢车速，适当鸣笛，难以行车时可靠边停车。

任务实施：前照灯不亮故障检修

一、各小组任务准备

请填写表 3-1-1。

表 3-1-1　任务准备列表

序号	准备事宜	具体内容
1	安全防护措施	
2	资料、工具、仪器	
3	物料	
4	零部件	

二、摘画前照灯电路图

（一）摘画步骤

（1）查看电路图，标注出与大灯控制系统有关的组成元件。

（2）仔细分析各元件之间的连接关系和对应针脚号。

（3）画出大灯及保险部分的电路草图。（采用反向画法，先从灯泡开始画）

（4）画出大灯开关和变光部分的草图。（标出各元件针脚号和线径颜色）

（5）使用直尺和铅笔，对照草图画出最终电路图。（标出各元件针脚号和导线电路代号）

（二）摘画维修电路手册上的前照灯控制基础电路图

30

15

X/75

31

三、制订故障排除计划

附：前照灯不亮故障诊断参考流程（见图 3-1-15）

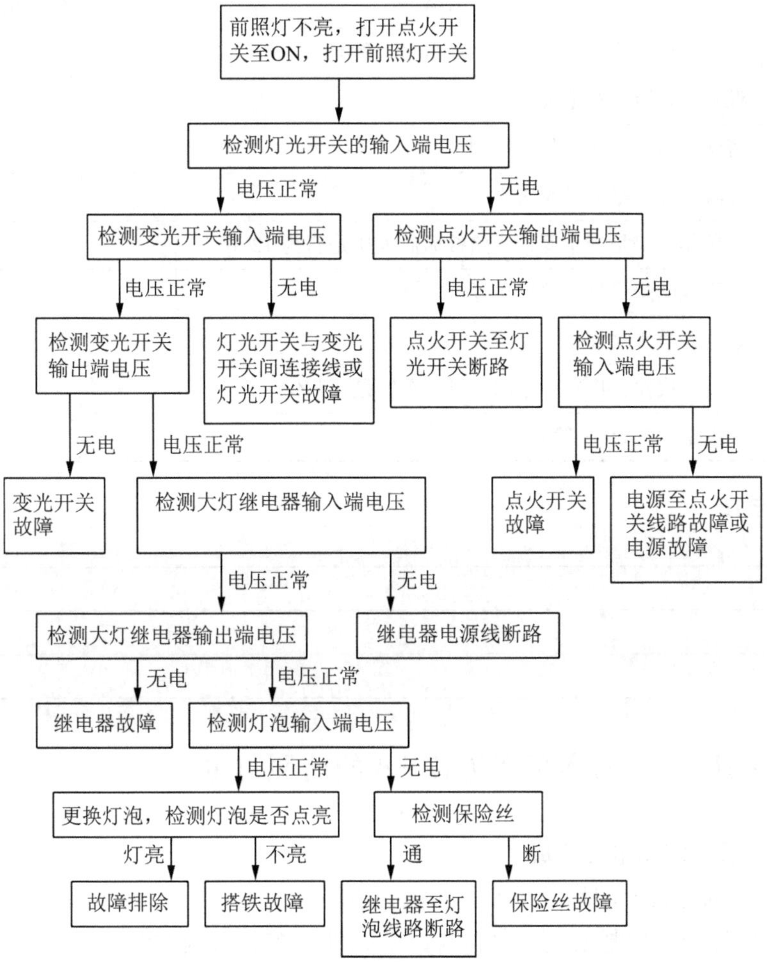

图 3-1-15　捷达轿车前照灯不亮故障诊断树

四、上车实施

____

____

____

____

五、检查

故障排除后各小组进行自检和互检，查看故障是否排除，更换的零部件是否符合规定要求，记录检查结果，填写表 3-1-2。

表 3-1-2　检查列表

序号	检查内容	检查结果
1	更换的灯泡是否灯丝完好，通电是否发亮	
2	保险丝是否为规定大小	
3	搭铁点与车身接触是否牢固	
4	保险和开关阻值是否为零	
5	插接器针脚是否牢固，线路接通后电压是否为 12 V	
6	各段线路阻值是否接近于零	
7	继电器是否完好	
8	工具、仪器、物料、零部件以及车辆是否归位	
9	现场是否符合 5S 管理要求	

六、总结

____

____

____

____

知识拓展一：国赛车型迈腾 B8 的前照灯电路

一、前照灯控制电路组成

迈腾 B8 前照灯照明均采用发光二极管模块照明方式，前照灯由车载电网控制单元 J519 集中控制，控制系统主要包含以下元件：车载电网控制单元 J519、灯光旋转开关模块 EX1、车灯变光开关、左右前照灯总成、转向柱电子装置控制单元 J527、网关 J533、组合仪表控制单元 J285。

二、前照灯控制电路工作原理

迈腾 B8 变光开关、转向灯开关与驾驶辅助系统操作按钮合为一体，通过内部连接线束直接与转向柱电子装置控制单元 J527 相连。

将车灯开关旋至近光灯位置时，灯光旋转模块接收到近光灯开启信号并通过开关 LIN 线发送至车载电网控制单元 J519，J519 控制所有近光灯点亮。

将车灯开关旋至近光灯位置，向下按下变光开关，开关内部远光灯控制触点接通，远光灯开关信号发送到转向柱电子装置控制单元 J527，J527 分析处理并将这个数据通过舒适数据 CAN 总线发送给车载电网控制单元 J519 和组合仪表控制单元 J285。

J519 收到远光灯开启信号之后，控制左前、右前远光灯点亮。组合仪表控制单元 J285 接收到远光灯开启信号后，控制仪表板上的远光指示灯点亮，提示驾驶员目前灯光所处的状态。

注意：2019 款迈腾 B8 远光灯、近光灯总成安装了一个 NTC 电阻，该电阻作为温度传感器，用以监控 LED 灯温度，一旦 LED 灯温度过高，相应地减少电流供应。

图 3-1-16 给出了迈腾 B8 的前照灯控制电路。

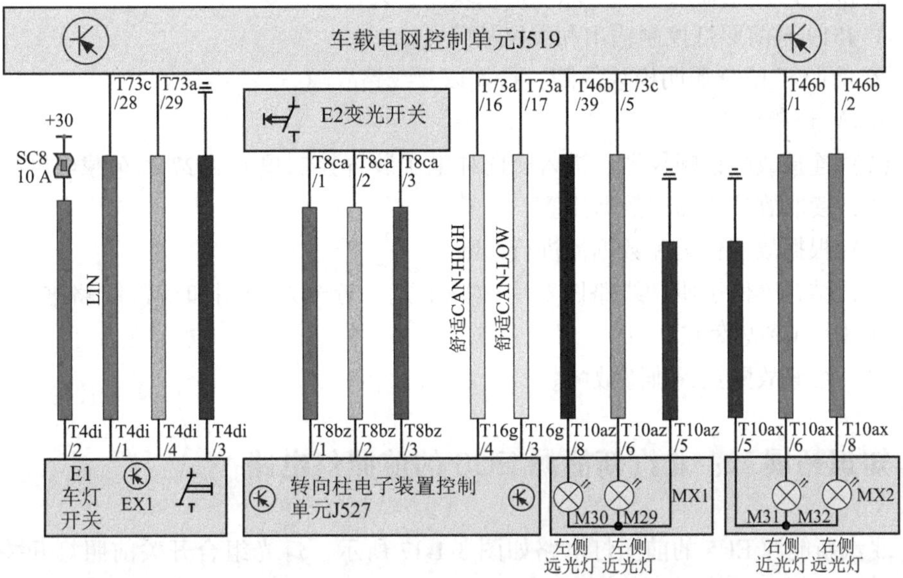

图 3-1-16　迈腾 B8 前照灯控制电路

三、前照灯电路故障诊断与检修

（一）故障现象观察分析

1. 近光灯

（1）将点火开关置于 ON 挡，观察仪表显示是否正常，示宽灯、前照灯是否异常亮起。

（2）旋转灯光开关至近光灯位置，观察仪表及前部左、右近光灯是否点亮。如果左、右近光灯全部显示异常，故障原因可能如下：

① 灯光旋转开关本身、供电及线路损坏。

② 车灯开关至车载电网控制单元 J519 线路损坏。

（3）观察仪表是否提示前照灯故障，如果仪表提示外部灯光故障，说明 J519 可以监测到开关信号但监测不到前照灯工作，故障原因如下：

① 车载电网控制单元 J519 近光灯控制输出故障。

② 前照灯 LED 照明模块故障、搭铁线路故障。

2. 远光灯

（1）向上拉动变光开关至超车挡，观察仪表上远光指示灯是否点亮；向下按下变光开关，观察仪表上远光指示灯是否点亮。否则，故障原因可能如下：

① 变光开关或超车开关以及线路故障。

② 转向柱电子装置控制单元 J527 电源、线路故障。

③ 仪表及仪表内部远光指示灯故障。

④ 舒适数据 CAN 总线故障。

（2）观察仪表是否提示前照灯故障，如果仪表提示前照灯故障，说明故障可能存在于 J519 的控制输出以及前照灯搭铁线路，具体原因如下：

① J519 至前照灯控制输出和线路故障。

② 前照灯 LED 照明模块故障、搭铁以及线路故障。

（二）诊断检修

（1）连接故障诊断仪器，进入转向柱电子装置控制单元 J527 和车载电网控制单元 J519，读取故障代码和数据流。

（2）根据故障代码和数据流进行诊断。

（3）结合维修手册、线路图对有故障的远、近光灯控制和搭铁线路进行电压、通断测量，找到故障点。

（4）维修故障点，排除故障。

知识拓展二：北汽新能源 EU5 的前照灯电路

北汽新能源 EU5 的前照灯电路如图 3-1-17 所示，灯光组合开关前照灯开关信号电路如图 3-1-18 所示。前照灯电路主要由灯光组合开关、车身控制模块 BCM、远近光灯、保险丝、继电器组成。控制原理：当灯光组合开关开到相应灯光位置时，开关信号传给车身控制模块 BCM，BCM 控制继电器接通，给前照灯供电。

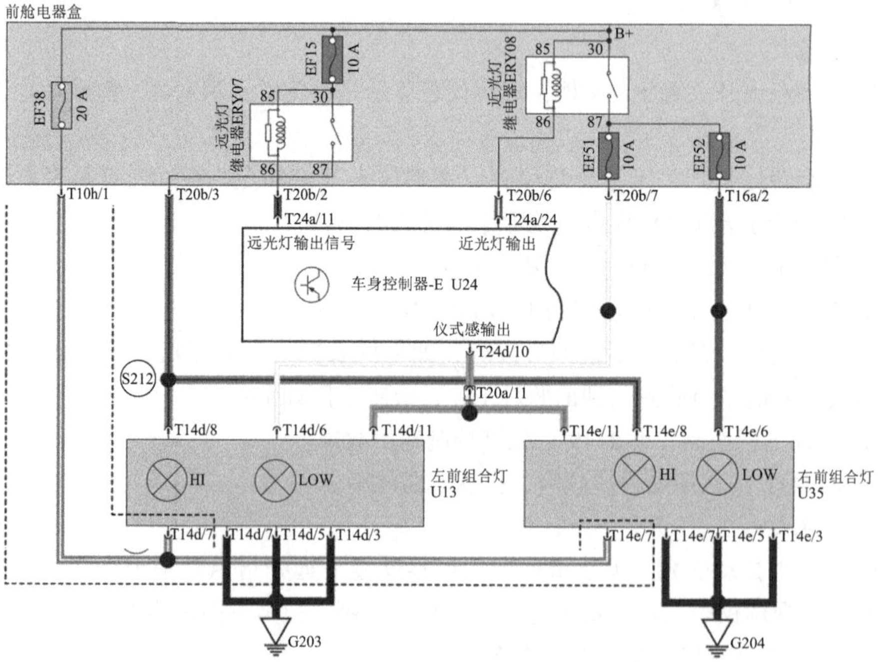

图 3-1-17　北汽新能源 EU5 的前照灯电路

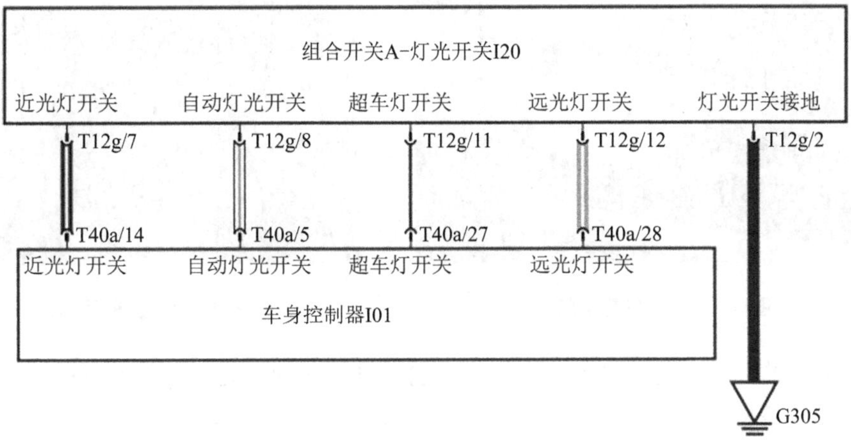

图 3-1-18 北汽新能源 EU5 灯光组合开关前照灯开关信号电路

任务二 雾灯故障检修

任务导入

众多车友纠结，雨雾天气时，应该开雾灯还是开双闪。依照相关法规的规定，开双闪或者雾灯都是可以的，但是还需要考虑哪一种的安全系数更高。首先，双闪作为应急的标志，在雾天的穿透力没有雾灯强，所以在使用效果上就打了折扣。其次，雾天开双闪可能会影响后车的判断，给行车带来很大的安全隐患。雨雾天气行车的正确做法是：保持合理的车速，打开前、后雾灯，视线不太好时还应该开启近光灯，但切记不可开启远光灯。有些驾驶员以为灯光越亮越安全，于是在大雾天气时打开远光灯，这种做法是相当危险的，容易导致对方车辆视线不清，从而引发交通事故。

知识准备：雾灯知识

一、雾灯的作用和分类

雾灯包括前雾灯、后雾灯，如图 3-2-1 和图 3-2-2 所示，主要在雾天或雨雪天等恶劣天气条件下路面能见度较差时使用。前雾灯的主要作用是在雨雾天气辅助照明，增强车辆前行的安全性；后雾灯的主要作用是对后方来车起到警示的作用，在雨雾天气提醒后方来车注意减速、保持车距，避免发生追尾事故。

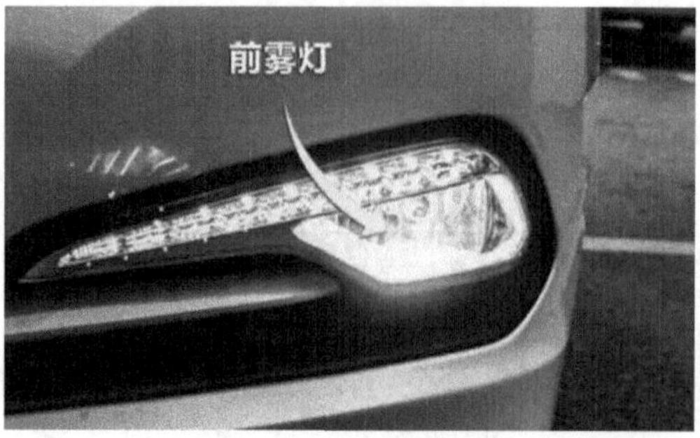

图 3-2-1　汽车前雾灯

图 3-2-2　汽车后雾灯

后雾灯的标志和前雾灯有一点区别，前雾灯标志的灯光线条是向下的，后雾灯标志的灯光线条是平行的。正确使用前、后雾灯能够有效预防事故的发生。在大雾天气，前、后雾灯通常是一起使用的。

一般来说，雾灯都安装在前照灯以下的位置（较靠近地面），因为一米以下的雾气会相对稀薄一些，雾灯的灯光可以穿透更远距离，发挥最大的作用，大大提升雨雾天气的行车安全性。另外，根据国家相关规定，前雾灯是选装的，后雾灯是必须配备的，因此有些车辆可能没有前雾灯，这属于正常现象。

二、雾灯开关

目前，绝大部分在售车型的雾灯开关都设置在方向盘左后方或左侧，并且有显眼的标识用于提示使用者。开启示宽灯之后，就可以开启雾灯了。但是有些车辆设置为近光灯开启之后才能开雾灯，其中，前雾灯是可以单独开启的，后雾灯只能与前雾灯同时开启，而无法单独开启。雾灯开关的样式主要有两种，分别是按键式和旋钮式。不同的汽车厂商均有各自惯用的雾灯开启方式。

1. 按键式雾灯开关

按键式雾灯开关（见图 3-2-3）在通用及福特等美系品牌车型上比较常见。这种开启方式的特点是操作方便，按动相应的按键可选择开启前雾灯或后雾灯。

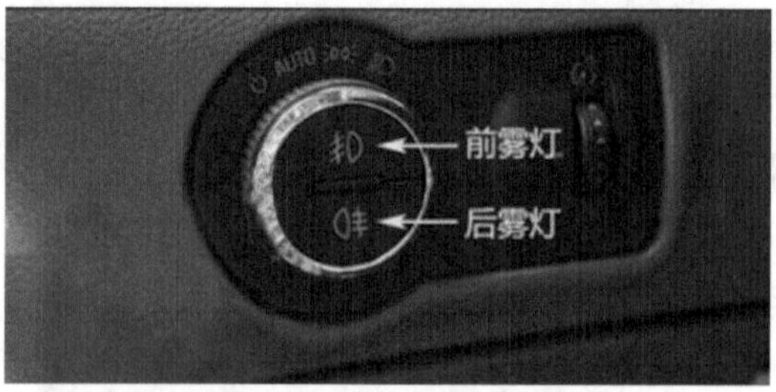

图 3-2-3　按键式雾灯开关

2. 旋钮式雾灯开关

旋钮式雾灯开关分为两种样式：一种是集成在左拨杆（转向灯拨杆）上的雾灯开关（见图 3-2-4），拧动拨杆中间部位的旋钮可选择开启前雾灯或后雾灯。常见于自主品牌及日系品牌车型。

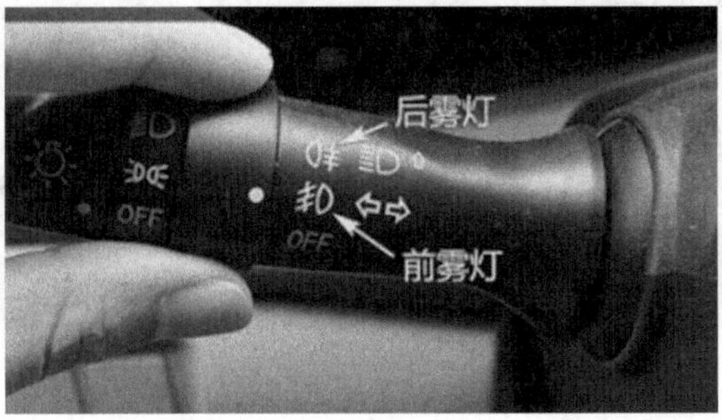

图 3-2-4　集成在拨杆上的旋钮式雾灯开关

另一种是以旋钮形式独立设置在中控台左侧区域的雾灯开关（见图 3-2-5），先将旋钮拧至任意灯光挡位，再拉动旋钮即可选择开启前、后雾灯。大众系车型就是这种雾灯开关的典型代表。

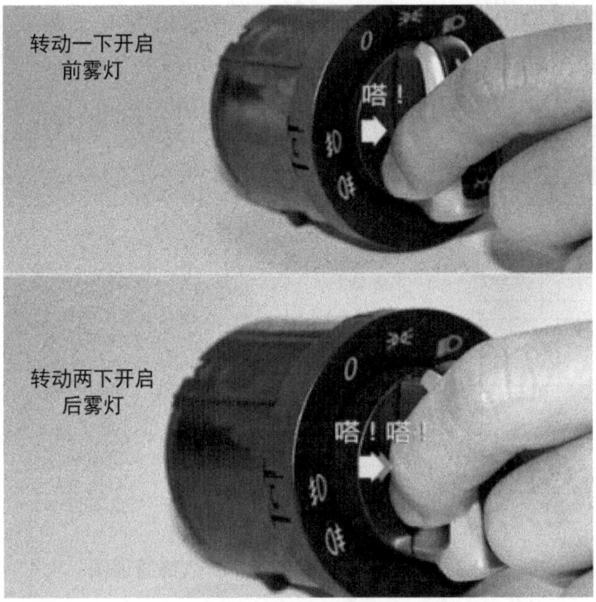

图 3-2-5　独立设置在中控台左侧区域的旋钮式雾灯开关

当雾灯开关打开时，会看到仪表盘上有雾灯指示灯亮起（见图 3-2-6），可以通过这一点来确认雾灯是否开启。如果误操作打开雾灯，可以根据这个提醒关闭雾灯，以免增加交通隐患。

图 3-2-6　仪表盘上的雾灯提示

三、雾灯控制电路原理

2010 款捷达轿车雾灯电源来自大容量用电设备电源线 X 或 75，电源线经过 S43 保险丝施加在雾灯开关“2”端子上，如图 3-2-7 所示。

（1）拔出雾灯开关至前雾灯位置，此时雾灯开关 E18 的“2”端子与“8”端子接通，电流通过 E18 流至左、右前雾灯 L22、L23，然后到搭铁，前雾灯点亮。

（2）继续拔出雾灯开关至后雾灯位置，此时雾灯开关 E18 的“2”端子与“8”端子仍然接通，前雾灯依然点亮。与此同时，雾灯开关 E18 的“2”端子与“9”端子接通，电流通过 E18 流至后雾灯 L24，然后到搭铁，后雾灯点亮。

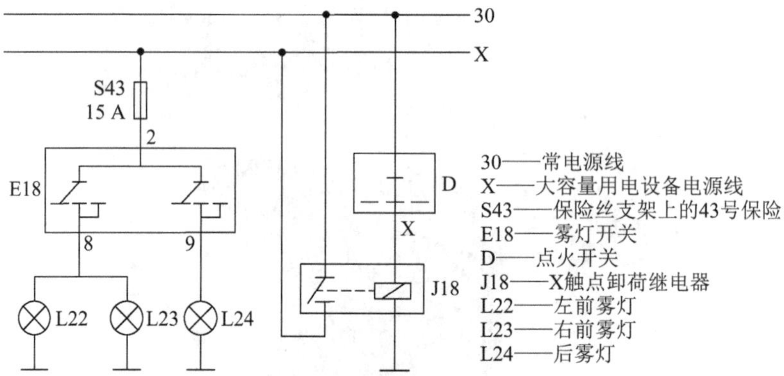

图 3-2-7　捷达轿车雾灯控制电路原理图

四、雾灯的使用

当遇到大雾和雨雪天气，视线不清时，必须打开前雾灯，白天也不能例外。除上述情况外，其他时间行车时不可打开雾灯。只有当可视距离小于 50 m 时才能使用后雾灯，因为无论是对于对面来车还是后车驾驶员，雾灯都容易干扰其视线。

许多国家的交通法规都明确规定：禁止车辆在能见度良好的情况下开启雾灯。

任务实施：雾灯故障检修

一、各小组任务准备

请填写表 3-2-1。

表 3-2-1　任务准备列表

序号	准备事宜	具体内容
1	安全防护措施	
2	资料、工具、仪器	
3	物料	
4	零部件	

二、摘画雾灯电路图

（一）摘画步骤

（1）查看电路图，标注出与雾灯控制电路有关的组成元件。

（2）仔细分析各元件之间的连接关系和对应针脚号。

（3）画出雾灯及保险部分的电路草图。（采用反向画法，先从雾灯开始画）

（4）画出雾灯开关部分的草图。（标出各元件针脚号和线径颜色）

（5）使用直尺和铅笔，对照草图画出最终电路图。（标出各元件针脚号和导线电路代号）

（二）摘画维修电路手册上的雾灯基础电路图

30 ______________________________

15 ______________________________

X/75 ______________________________

31 ______________________________

三、制订故障排除计划

附：雾灯不亮故障诊断流程（不止一种，仅供参考，见图 3-2-8）

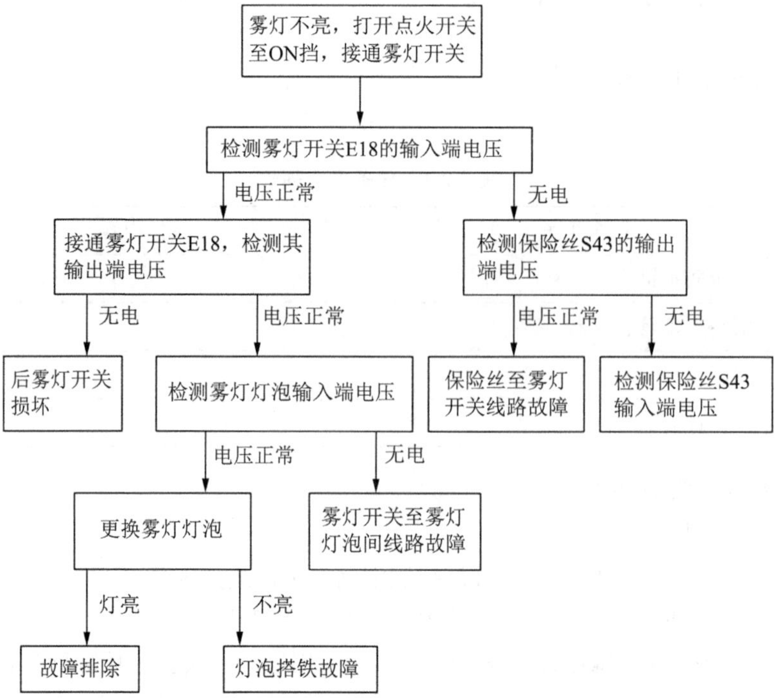

图 3-2-8　雾灯不亮故障诊断树

四、上车实施

五、检查

故障排除后各小组进行自检和互检，查看故障是否排除，更换的零部件是否符合规定要求，搭铁点是否牢固，工具、仪器、物料、零部件以及车辆是否归位，现场是否符合 5S 管理要求，记录检查结果，填写表 3-2-2。

表 3-2-2　检查列表

序号	检查内容	检查结果
1	更换的灯泡是否灯丝完好，通电是否发亮	
2	保险丝是否为规定大小	
3	搭铁点与车身接触是否牢固	
4	继电器是否完好	

续表

序号	检查内容	检查结果
5	插接器针脚是否牢固，线路接通后电压是否为 12 V	
6	各段线路阻值是否接近于零	
7	继电器是否完好	
8	工具、仪器、物料、零部件以及车辆是否归位	
9	现场是否符合 5S 管理要求	

六、总结

____

____

____

____

知识拓展一：国赛车型迈腾 B8 的雾灯电路

一、迈腾 B8 雾灯电路组成

迈腾 B8 雾灯由车载电网控制单元 J519 集中控制，控制系统主要包含以下元件：车载电网控制单元 J519、灯光旋转开关模块 EX1、前雾灯开关、后雾灯开关、左前雾灯、右前雾灯、后雾灯、网关 J533、组合仪表控制单元 J285。

二、迈腾 B8 雾灯电路工作原理

将车灯开关旋至示宽灯或近光灯位置时，灯光旋转模块接收到示宽灯或近光灯开启信号，并将接收到的模拟电压信号转换为数字信号，通过开关 LIN 线发送至车载电网控制单元 J519，J519 控制所有示宽灯或近光灯点亮。

按压前（后）雾灯开关，灯光旋转模块接收到前（后）雾灯开启信号，将接收到的信号处理后，通过开关 LIN 线发送至车载电网控制单元 J519，J519 控制左右前（后）雾灯点亮。组合仪表控制单元 J285 接收到此信号后，控制仪表板上的后雾灯指示灯点亮，提示驾驶员雾灯开启。

迈腾 B8 前雾灯采用卤素灯，一般安装在前保险杠上，由反光镜、配光镜、灯泡、遮光罩和垂直灯光调节装置及外壳组成；后雾灯则采用 LED 模块照明方式。

迈腾 B8 雾灯具体控制电路如图 3-2-9 所示。

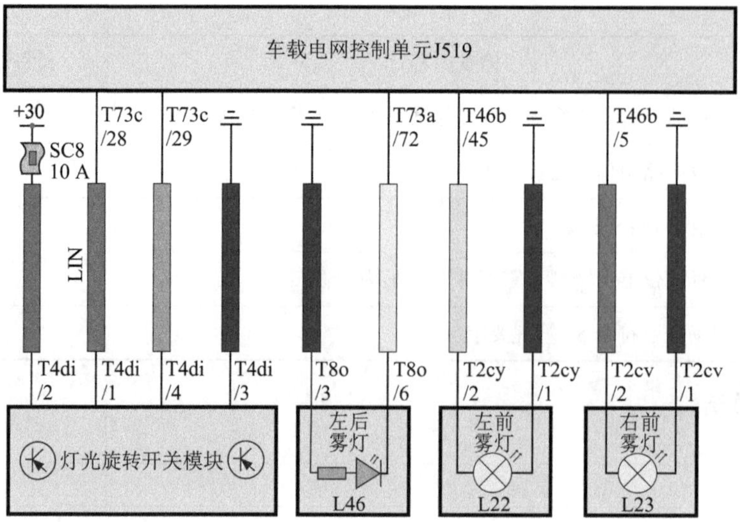

图 3-2-9 迈腾 B8 雾灯控制电路

三、雾灯电路故障诊断与维修

（一）故障现象观察分析

（1）将点火开关置于 ON 挡，观察仪表显示是否正常。

（2）旋转灯光开关至示宽灯位置，开启前雾灯开关，观察前雾灯开关灯是否亮起。如果前雾灯开关灯异常，可能是前雾灯开关自身及线路故障。

（3）观察仪表是否提示雾灯故障（见图 3-2-10）。

如果仪表提示雾灯故障，说明 J519 可以监测到开关信号但监测不到雾灯工作，故障可能存在于 J519 的控制输出以及雾灯搭铁线路：

① J519 至雾灯控制输出和线路故障。

② 雾灯 LED 故障、搭铁以及线路故障。

（4）观察左前、右前雾灯是否点亮。

① 如果前雾灯全部不亮，说明可能存在以下故障：前雾灯开关电源、自身以及线路异常；J519 电源及线路故障；J519 至前雾灯控制输出故障；前雾灯灯泡故障、搭铁线路故障。

② 如果只是一侧前雾灯不亮，说明可能存在以下故障：J519 某前雾灯控制输出及线路故障；前部一侧雾灯灯泡故障、搭铁线路故障。

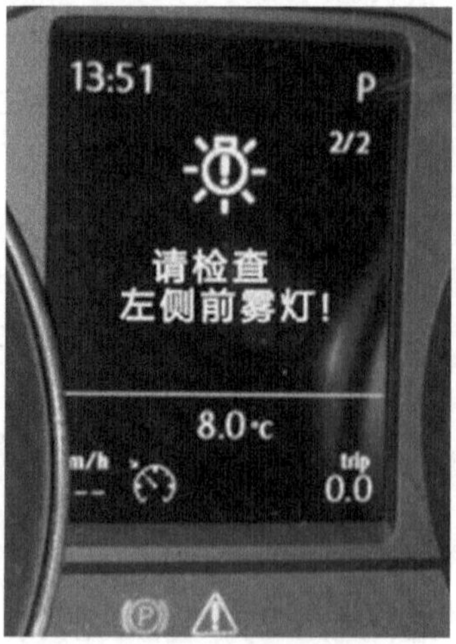

图 3-2-10 仪表提示雾灯故障

（5）开启后雾灯开关，观察后雾灯开关以及仪表盘上后雾灯开启指示灯是否亮起。如果指示灯异常，可能存在以下故障：

① 后雾灯开关电源、自身以及线路异常。

② 后雾灯开关信号至 J519 线路故障。

注意：如为前两项故障，点火开关在 ON 挡时即出现灯光应急模式，即示宽灯和近光灯同时亮。

③ 指示灯及其线路故障。

④ 舒适数据 CAN 总线故障。

（6）观察后雾灯是否点亮。如果左后雾灯不亮，可能存在以下故障：

① J519 左后雾灯控制输出及线路故障。

② 后雾灯 LED 故障、搭铁线路故障。

（二）诊断检修

（1）连接故障诊断仪器，进入车载电网控制单元 J519，读取故障代码和数据流。

（2）根据故障代码和数据流进行诊断。

（3）结合维修手册、线路图对雾灯控制和搭铁线路进行电压通断测量，找到故障点。

（4）维修故障点，排除故障。

知识拓展二：北汽新能源 EU5 的雾灯电路

北汽新能源 EU5 雾灯控制电路如图 3-2-11 所示，主要由灯光组合开关、车身控制模块 BCM、雾光灯、保险丝、继电器组成。控制原理如下：

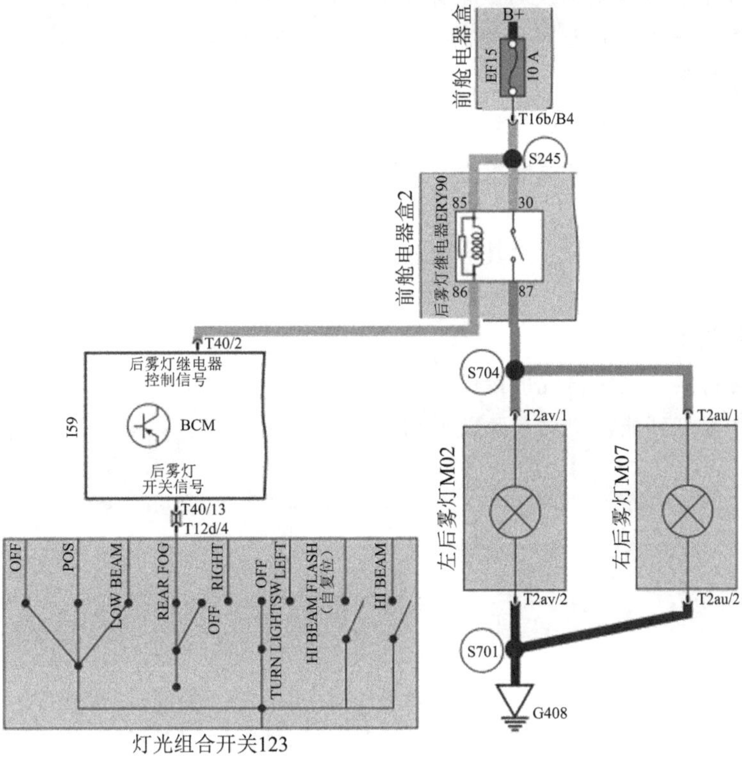

图 3-2-11　北汽新能源 EU5 雾灯控制电路

当灯光组合开关开到相应灯光位置时，开关信号被传给车身控制模块 BCM，BCM 控制继电器接通并给后雾灯供电。

思考与练习

一、选择题

1. 前照灯的近光灯丝位于（　　）。

A. 焦点上方　　B. 焦点处　　C. 焦点下方　　D. 焦点前

2. 下列关于汽车照明系统的叙述不正确的是（　　）。

A. 前照灯的光源是灯泡

B. 充气灯泡采用钨丝作灯丝，灯泡内充以氩和氮的混合惰性气体

C. 反射镜可使光线向较宽的路面散射

D. 配光镜也称散光玻璃，由透明玻璃压制而成，是透镜和棱镜的组合体

3. 下列关于某车单侧前照灯近光灯不亮故障检修的操作不正确的是（　　）。

A. 检查灯光开关大灯位是否接触良好

B. 检查相应保险丝是否损坏

C. 用万用表检测供电及搭铁电路是否良好

D. 观察该侧灯泡灯丝是否烧断

二、判断题

1. 汽车会车时应采用远光灯，无对面来车时采用近光灯。（　　）

2. 前照灯应使驾驶员能看清车前 100 m 或更远距离以外路面上的任何障碍物。（　　）

3. 在调整光束位置时，对具有双丝灯的前照灯，应该以调整近光光束为主。（　　）

三、简答题

1. 总结前照灯可能出现的故障及原因。

2. 总结雾灯可能出现的故障及原因。

项目四

电源系统检修

本项目主要学习汽车电源系统（蓄电池）及发电机的结构、工作原理和维护保养等内容，熟悉电源系统常见故障，掌握检修流程。

知识目标

掌握蓄电池的组成、原理及蓄电池的维护与检查方法；
熟悉蓄电池的充电方法；
掌握发电机的作用、组成和工作原理；
掌握发电机的拆装和检修；
了解充电电路的电路控制原理；
了解蓄电池和发电机常见故障。

技能目标

能够正确为蓄电池充电；
能够正确拆装和检修发电机；
能够摘画充电电路；
学会检修充电电路常见故障；
能够使用测量工具对蓄电池和发电机进行检测，并根据测量结果制订相应的维修计划。

素质目标

培养民族自信心和社会责任感；
培养严谨扎实的工作作风；
培养不断学习、与时俱进的思想意识。

任务一 蓄电池检修

任务导入

某客户拨打紧急求助电话，称其汽车突然出现无法启动，希望4S店维修人员能够进行现场救援。经前台接待人员操作了解，该车辆经常在市区短途行驶。打开机舱盖检查蓄电池，发现其观察孔为黑色，初步判断为蓄电池故障，需要进一步检修。

铅酸蓄电池在汽车电化储能系统中处于垄断地位。全球约75%的铅资源被用于铅酸蓄电池的制造，其中起动、照明及点火用电池市场占据了全球铅酸蓄电池市场约75%的份额。目前，我国铅酸蓄电池技术已与国际先进水平接轨，产品品质可同外资企业进行竞争。

知识准备一：蓄电池认知

一、蓄电池的功用

蓄电池极板材料由铅和铅的氧化物构成，其电解液为硫酸水溶液，故也称为铅酸蓄电池，属于一种可逆直流电源。它靠内部的化学反应将化学能转变为电能给用电设备供电，也能在被充电时将电能转变为化学能储存起来。具体功用有以下几点：

（1）发动机起动时，向起动机和点火系统供电，在短时间（5~10 s）内，给汽车起动机提供足够大的电流，满足发动机起动的需要。汽油机起动电流为200~600 A，部分柴油机起动电流达1000 A。

（2）发电机不发电或电压较低时，蓄电池向用电设备供电。

（3）发电机超载时，蓄电池协助发电机供电。

（4）发电机端电压高于蓄电池电动势时，蓄电池将发电机的电能转变为化学能储存起来。

（5）蓄电池相当于一个较大的电容器，可吸收电路中出现的瞬时过电压，稳定汽车上的电源电压，以保护电子元件不被损坏。

二、蓄电池的安装位置

蓄电池在汽车上的安装位置根据汽车制造厂车型结构设计而定，一般轿车安装在发动机舱内，也有的安装在后备箱内或座椅下面；货车安装在车架中前部的左侧或右侧；客车多安装在车厢底部。不论是哪种车型，蓄电池都用特制的金属框和防震垫固定。

三、蓄电池的结构与类型

汽车用蓄电池按其结构特点的不同，可分为普通型、干荷电型、胶体型和免维护型蓄电池。

汽车上使用的蓄电池通常为 12 V，大型客车、货车的车载用电器通常为 24 V，其电源是由两块 12 V 的蓄电池串联而成的。铅酸蓄电池为汽车常用的蓄电池，12 V 的蓄电池由六个单格蓄电池串联而成，每个单格蓄电池的电压是 2 V，充满电时为 2.4 V。

（一）普通型蓄电池

普通型蓄电池也称为干封蓄电池，启用时需加电解液再经初充电后方能使用，主要由极板、隔板、壳体、电解液、极桩和联条等组成，如图 4-1-1 所示。

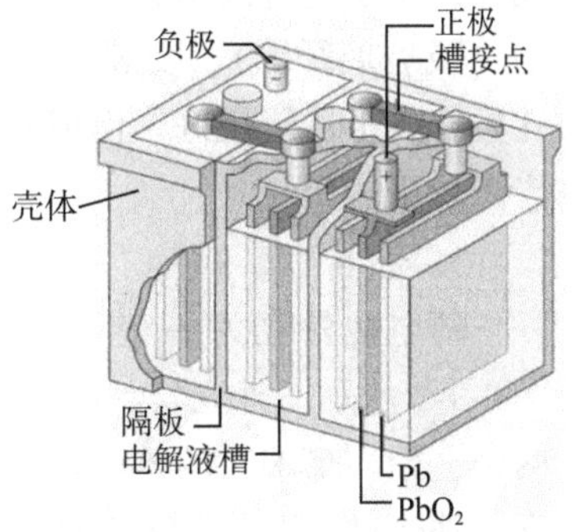

图 4-1-1　普通型蓄电池内部结构

1. 极板与极板组

蓄电池的极板是蓄电池的核心部分，分为正极板和负极板，均由栅架和涂在栅架上的活性物质构成，正、负极板的外形相同，如图 4-1-2 所示。蓄电池充、放电的化学反应主要依靠极板上的活性物质与电解液进行。正极板上的活性物质是棕色的二氧化铅（PbO_2），负极板上的活性物质是海绵状青灰色纯铅（Pb）。正极板的厚度一般为 2.2 mm，负极板的厚度一般为 1.8 mm。为了使电解液能顺利渗入极板内部，极板的活性物质应具有多孔性。极板的活性物质与电解液反应，完成蓄电池的充放电化学过程，即接受输入的电能和向外释放电能。

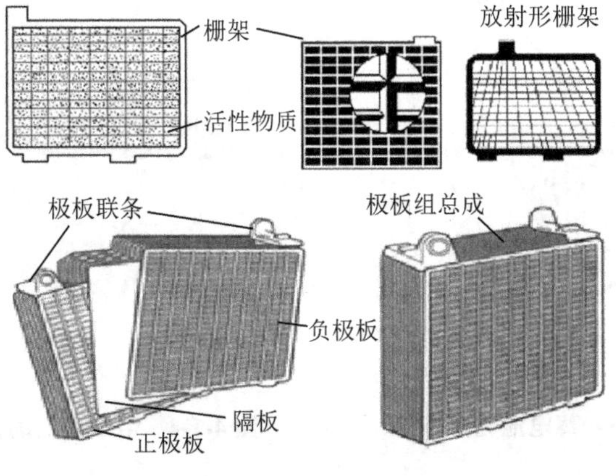

图 4-1-2　极板组构成

将正、负极板各一片浸入电解液内，可获得约 2.1 V 的电动势。为了增大蓄电池的容量，在单格电池中，将多片正、负极板分别并联，用横板焊接组成正、负极板组。横板上连有电桩，各片极板间留有间隙。安装时将正、负极板组交错装插在一起，中间插入隔板，形成单格电池的极板组。在一个单格内，负极板总是比正极板多一片，因为正极板活性物质比较疏松，且正极板处的化学反应比负极板处剧烈，反应前后的物质体积变化较大，所以正极板被夹在负极板之间，可以使正极板两侧放电均匀，避免正极板两侧因活性物质体积变化不一致出现极板拱曲和活性物质脱落。

2. 隔板

隔板安装在正、负极板之间，如图 4-1-2 所示。其作用是使正、负极板尽量靠近而又不至于接触短路，以缩小蓄电池的体积，防止极板变形及活性物质脱落。

隔板多采用微孔塑料、橡胶、纸质及玻璃纤维等材料制成。隔板材料既要具有多孔性，便于电解液渗透，还要具有耐酸、绝缘、抗氧化等性能。隔板通常一面带有沟槽（或玻璃纤维），安装时，应将带沟槽的一面朝向正极板，并使沟槽竖直放置。微孔橡胶隔板性能最好，但成本较高；微孔塑料隔板孔径小、孔率高、成本低，因此被广泛采用。

3. 壳体

蓄电池外壳为一整体式结构的容器，极板、隔板和电解液均装入外壳内，如图 4-1-3 所示。外壳材料应耐酸、耐热、耐寒、耐震，通常有硬质橡胶和聚丙烯塑料两种，聚丙烯塑料的外壳轻，透明美观且综合性能好，现已取代传统的硬质橡胶外壳。外壳被间壁分为 3 个或 6 个互不相通的单格，底部制有凸起的肋条支撑极板组，肋条之间的空间用来盛放极板脱落的活性物质，以防极板短路。上盖与外壳间用封口胶密封，封口胶能保证在 65 ℃时不溢流，−30 ℃时不产生裂纹。每单格上盖中间有加液孔，可以用来加注电解液、蒸馏水，检查电解液液面高度和电解液的相对密度，以及检查充电状况等。加液孔上平时拧装了一个螺塞（又称加液孔盖，见图 4-1-4），螺塞上有一个通气小孔，蓄电池使用时应保持小孔畅通以使化学反应中产生的气体随时逸出。

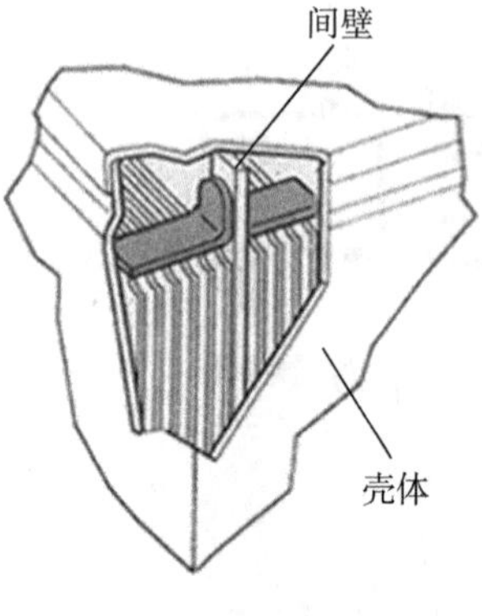

图 4-1-3　蓄电池壳体

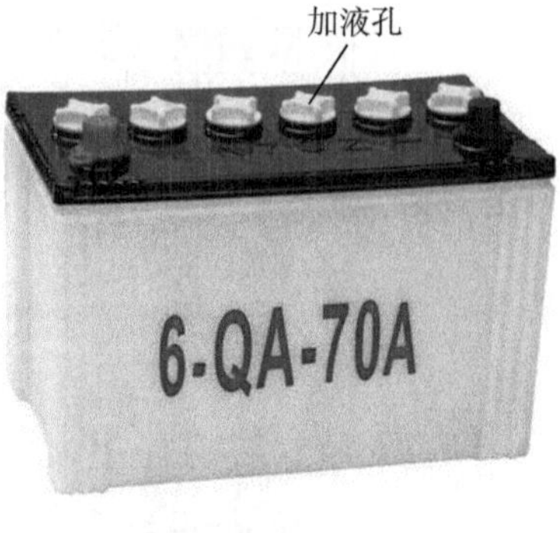

图 4-1-4　带加液孔的蓄电池壳体

4. 电解液

铅酸蓄电池的电解液由密度为 1.84 g/cm^{3}的纯硫酸和蒸馏水配制而成，密度一般在 1.24~1.31 g/cm^3，使用时根据当地最低气温或制造厂的要求进行选择，如表 4-1-1 所示。

电解液密度和纯度对蓄电池的性能和使用寿命都有影响。电解液密度小，冬季易结冰；电解液密度大，可以减少结冰的危险并提高蓄电池的容量。但密度过大，不仅会导致电解液黏度增加，流动性变差，从而降低蓄电池的容量，还会因腐蚀性增强而缩短极板和隔板的使用寿命。工业用硫酸和普通水中含有铁、铜等导电杂质，不能直接加入蓄电池中，否则会造成蓄电池自行放电或损坏极板。

表 4-1-1　不同地区最低气温条件下铅酸蓄电池全充电 25 ℃时电解液的相对密度

使用地区最低气温/℃	相对密度/（$g\cdot cm^{-3}$）	
	冬季	夏季
<-40	1.31	1.27
-40～-30	1.29	1.26
-30～-20	1.28	1.25
0～20	1.27	1.24

电解液使用注意事项如下：

（1）电解液的纯度是影响蓄电池的性能和使用寿命的重要因素，因此要用参考标准《工业硫酸》（GB/T 534—2024）和《分析实验室用水规格和试验方法》（GB/T 6682—2008）来配置专用硫酸和蒸馏水。

（2）在现代汽车维修实践中，电解液一般由蓄电池厂家直接随蓄电池供给，汽车维修过程中极少自行配制。

5. 极桩

普通蓄电池首尾两极板组的横板上焊有极桩，极桩有锥台型、L 型和侧孔型等形式，如图 4-1-5 所示。为便于识别，在极桩的上方或旁边标有“+”（或 P）、“-”（或 N）标记，或者在正极桩上涂红色油漆。通常，正极桩比较粗，负极桩比较细。

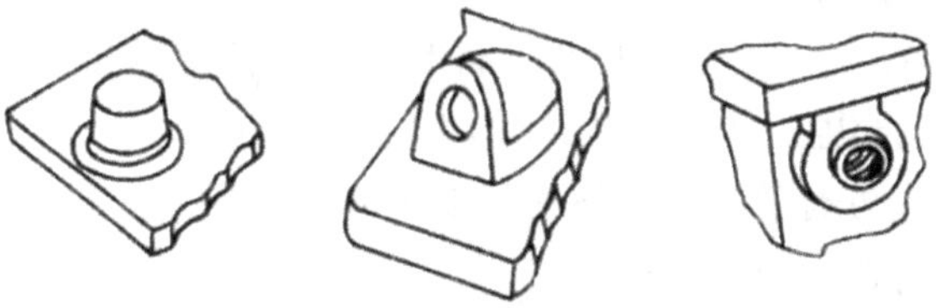

图 4-1-5　蓄电池极桩形式

6. 联条

联条的作用是将各单格电池串联起来。传统蓄电池的联条是外露式的，联条用铅锑合金铸造。由于外露式联条耗材多、电阻较大，目前已逐渐被穿壁式联条取代，如图 4-1-6 所示。

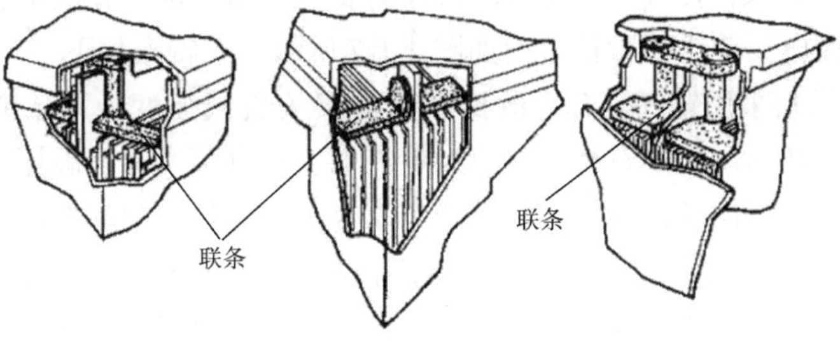

图 4-1-6　蓄电池内单个电池穿壁式联条

（二）干荷电型蓄电池

干荷电型蓄电池与普通型蓄电池的区别在于其极板组在干燥状态下能够长期保存制造过程中所得到的电荷，在规定的保存期内（两年），只要灌入相对密度符合规定的电解液，调整液面高度至规定值，搁置 30 min，无须充电即可使用。

与普通型铅蓄电池的制造工艺不同，干荷电型铅蓄电池负极板上的活性物质是海绵状铅，其因表面积大易被氧化，所以要在负极板的铅膏中通常加入松香、油酸、硬脂酸等防氧化剂，并且在化成过程会进行一次深放电循环，使活性物质达到深化。化成过程中，电解液的相对密度不能过高，一般为 1.01~1.08 g/cm^3。化成后的负极板应先用清水清洗，再放入防氧化剂（硼酸、水盐酸混合液）中进行浸渍处理，使负极板表面产生一层保护膜，并采用特殊干燥工艺（干燥罐中充入惰性气体）进行干燥。正极板的活性物质 PbO_2 比较稳定，其电荷可以较长时间保持。对于贮存期超过两年的干荷电型铅蓄电池，因极板会发生部分氧化，使用前需以规定的补充充电电流进行充电，充电时长控制在 5~10 h，充电完成后再投入使用。

（三）胶体型蓄电池

胶体型蓄电池的电解质是由经过净化的硅酸钠溶液和硫酸水溶液混合后，凝结成浓稠的胶状物质形成的，故又称胶体型蓄电池为胶体电解质铅蓄电池。胶体型蓄电池的电解质呈胶体状，不会流动，无溅出，使用中只需加蒸馏水，无须调整电解液相对密度，所以使用、维护、保管和转运都比较安全、方便。

胶体型蓄电池的特点如下：

（1）自放电极小，20 ℃环境下可长期带电存放长达两年，存放期是普通型蓄电池的 4 倍，无须补充充电，可立即投入使用。

（2）失水率低，可有效缓解电解液早期干涸。

（3）超长使用寿命，节省费用。

（4）深放电循环性能优良，可有效提高系统可靠性。

（5）过放电后恢复性能好，即使过放电至 0 V，仍能良好恢复。

（6）适用多种环境，可在-40~60 ℃温度范围内使用。

（四）免维护型蓄电池

免维护型蓄电池壳体是整体式的，在汽车合理使用条件下，只需保持电池表面清洁，无须其他维护工作。如短途车可行驶 80000 km，长途车可行驶 40000~48000 km，3~4 年不必加蒸馏水，接线柱腐蚀较轻或没有腐蚀，蓄电池自行放电少，在车上或贮存时无须补充充电。免维护型蓄电池如图 4-1-7 所示，其特点如下：

（1）栅架材料采用铅钙合金，既提高了栅架的机械强度，又减少了蓄电池的耗水量和自放电，从而避免了自行放电、过量充电、水分蒸发和热破坏等故障。免维护型蓄电池能经受深度循环，并保持一定的电流容量和较强的起动性能。

（2）采用袋式微孔聚氯乙烯隔板，将正极板装在隔板袋内，既可避免正极板上的活性物质脱落，又能防止极板短路。因此，壳体底部不需要凸起的肋条，降低了极板组的高度，增大了极板上方的容积，使电解液贮存量增多。

(3) 蓄电池内部安装有电解液密度计，可自动显示蓄电池的存电状态和电解液液面的高低。电解液密度计内部装有能反光的绿色塑料小球，随小球浮升的高度变化，从玻璃观察孔中可以看到指示器代表不同状态的颜色，显示蓄电池的存电情况及液面高度。当电解液密度高于 1. 265 g/cm^{3}或蓄电池充电到额定容量的 65%以上时，小球会浮起来，指示器为绿色；当电量低于额定容量的65%时小球下沉，指示器变为黑色，表示蓄电池需要充电；当电解液密度低于极限值时，指示器变为白色或黄色，说明蓄电池有故障。

(4) 采用新型安全通气装置和气体收集器，在孔盖内部设置了一个氧化铝过滤器，既可以阻止水蒸气和硫酸气体通过，又可以使氢气和氧气顺利逸出。通气塞中装有催化剂钯，可促使氢、氧离子重新结合成水回到蓄电池中。

图 4-1-7　免维护型蓄电池

四、蓄电池的工作原理

蓄电池将化学能转化为电能而向外供电的过程，称为放电过程；蓄电池与外界直流电源相连而将电能转化为化学能储存起来的过程，称为充电过程。

蓄电池极板上的活性物质和电解液之间发生的电化学反应是可逆的，所以蓄电池是一个可逆电源。铅酸蓄电池充、放电时总的电化学反应方程式为

$$\overbrace{\underset{\text{(正极)}}{PbO_2} + 2H_2SO_4 + \underset{\text{(负极)}}{Pb}}^{\text{充电状态}} \underset{\text{充电}}{\overset{\text{放电}}{\rightleftharpoons}} \overbrace{\underset{\text{(正极)}}{PbSO_4} + 2H_2O + \underset{\text{(负极)}}{PbSO_4}}^{\text{放电状态}}$$

图 4-1-8 所示为铅酸蓄电池的工作原理。

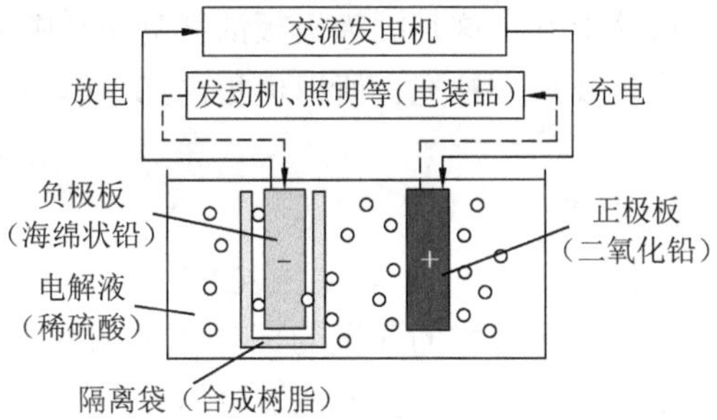

图 4-1-8　铅酸蓄电池的工作原理

（一）蓄电池放电

蓄电池放电时，正极板上的 PbO_2 和负极板上的 Pb 转变为 $PbSO_4$，沉附在正、负极板上，极板上的活性物质减少；电解液中的 H_2SO_4 不断减少，水不断增多，电解液密度减小；蓄电池电压降低，内阻增大，容量减小；蓄电池内部的化学能转化为电能给用电设备供电。

蓄电池放电结束的特征：单格电池端电压下降到放电终止电压 1.75 V，电解液相对密度下降到最小许可值（约为 1.1 g/cm^3）。

（二）蓄电池充电

蓄电池充电时，极板上的 $PbSO_4$ 分别恢复成原来的 PbO_2 和 Pb，极板上的活性物质增多；电解液中的 H_2SO_4 不断增多，水不断减少，电解液密度增大；蓄电池电压升高，内阻减小，容量增大。

蓄电池充电结束的标志：

（1）电解液中有大量气泡冒出，呈沸腾状态；

（2）电解液的密度和蓄电池的端电压上升到规定值，且在 2~3 h 内保持不变。

如果蓄电池经常过度充电，就会出现鼓包、壳体胀裂的现象，因此应避免长时间过充电。由于充放电过程中蓄电池端电压发生变化，所以在使用过程中可以通过测量蓄电池端电压来判断充放电程度。

五、蓄电池的充放电特性

（一）蓄电池的充电持性

蓄电池的充电持性是指在恒流充电过程中，电解液相对密度（$\rho_{25\,℃}$）、静电动势（E_j）、蓄电池的端电压（U_c）随充电时间的变化规律。

1. 电解液相对密度及静电动势的变化规律

充电过程中，电解液相对密度在 1.11~1.27 g/cm^3 的范围内呈直线规律上升。这是因为采用恒流充电模式，所以充电机在有效充电范围内，单位时间向蓄电池输入的电量相等，导致单位时间内电解液中的水转变为硫酸的量也基本相等。同时，静电动势在 1.95~2.1 V 范围内呈直线规律上升。

2. 蓄电池端电压的变化规律

在整个充电过程中，端电压 U_c 的变化可以划分为四个阶段。

（1）第一阶段：充电初期。

充电初期，端电压快速上升。这是因为极板活性物质孔隙内部的水迅速转变为硫酸，孔隙外部的水还未来得及渗入补充，所以极板内部电解液相对密度快速升高，导致端电压迅速升高。

（2）第二阶段：充电中期。

端电压平稳上升至单格电压 2.4 V。随着充电的进行，新生成的硫酸不断向周围扩散，当充电至极板孔隙中生成硫酸的速度与向外扩散的速度基本处于平衡状态时，极板孔内、外的电解液密度同步升高，蓄电池端电压的上升速度比较稳定。

(3) 第三阶段：充电末期。

蓄电池内开始出现气泡，端电压达 2.4 V 后，充电已接近终了，极板上的活性物质 $PbSO_4$ 已基本上转变为 PbO_2 和 Pb。继续充电，一部分充电电流使尚未转变的 $PbSO_4$ 继续转变为 PbO_2 和 Pb，另一部分电流则用于电解水并产生氢气和氧气，气体以气泡形式放出，形成沸腾现象。由于水被电解，产生氢气和氧气而放出，在此过程中，带正电的氢离子和负极板上的电子结合比较缓慢，来不及立即变成氢气逸出，于是负极板周围便积存了大量的带正电的氢离子，使得电解液与负极板之间产生约为 0.33 V 的附加电位差（也称浮电），这个附加电位差使蓄电池的端电压由 2.4 V 迅速上升至 2.7 V。

(4) 第四阶段：过充电期。

此时端电压不再上升，蓄电池内产生大量气泡，出现沸腾现象。为了保证蓄电池充分充电，往往需要进行 2~3 h 的过充电。过充电时，由于剧烈地放出气泡会在极板内部造成压力，使活性物质脱落，极板过早损坏，因此应尽量避免长时间过充电。

蓄电池充足电的特征：蓄电池内产生大量气泡，电解液呈沸腾状态；端电压和电解液相对密度升至最大值，且 2~3 h 内不再增加。

(二) 蓄电池的放电特性

蓄电池的放电特性是指在恒流放电过程中，电解液相对密度（$\rho_{25\,℃}$）、静电动势（E_j）、蓄电池的端电压（U_f）随放电时间的变化规律。

1. 电解液相对密度及静电动势的变化规律

电解液相对密度及静电动势均随放电时间的延长呈直线下降，电解液相对密度的值介于 1.11~1.27 g/cm^3 之间，静电动势的值介于 1.95~2.1 V 之间。这是因为在恒流放电过程中，单位时间内消耗硫酸的量相等。

由于蓄电池在恒流放电过程中，电解液相对密度和蓄电池容量都与放电时间呈线性关系，因此可以通过检测电解液相对密度的变化来判断蓄电池的放电程度。

2. 蓄电池端电压的变化规律

在整个放电过程中，端电压 U_f 的变化可以划分为三个阶段。

(1) 第一阶段：放电初期。

端电压由 2.1 V 迅速下降到 2.0 V 左右。这是因为放电开始时，极板孔隙内的活性物质与硫酸反应生成水，硫酸迅速减少，而外部的硫酸还来不及向孔隙内渗透，故该处的电解液密度迅速下降，端电压也迅速下降。

(2) 第二阶段：放电中期。

端电压由 2.0 V 按直线规律缓慢下降至 1.85 V 左右。这是由于经第一阶段后，单位时间内极板孔隙内部硫酸消耗的速度与外部的硫酸向极板孔隙内渗透补充的速度相等，处于平衡状态的缘故。

(3) 第三阶段：放电末期。

端电压从 1.85 V 迅速下降到 1.75 V。其原因是极板表面已形成大量硫酸铅，硫酸铅的体积比二氧化铅和海绵状纯铅的体积大，因此会堵塞孔隙，使电解液的渗透能力下降，导致单位时间内极板孔隙内硫酸的消耗量大于渗入量，孔隙内电解液密度迅速下降，端电压也迅速下降。此时应停止放电，否则端电压将在短时间内急剧下降到零，导致电池过度放电，蓄电池产生硫化故障，使用寿命变短。停止放电后，外部的电解液向孔隙内渗透，达到平衡时，蓄电池的端电压可上升到 1.95 V 左右。

蓄电池放电结束的特征：单格电池端电压下降到放电终止电压、电解液相对密度下降至最小许可值（约为 1.1 g/cm^3）。

放电终止电压与放电电流的大小有关。放电电流越大，连续放电的时间就越短，允许的放电终止电压也越低。不同放电电流的放电终止电压如表 4-1-2 所示。

表 4-1-2　放电电流与放电终止电压的关系

放电电流/A	0.05Q_e	0.1Q_e	0.25Q_e	1Q_e	3Q_e
连续放电时间/h	20	10	3	0.5	0.092
单格电池放电终止电压/V	1.75	1.70	1.75	1.55	1.5

注：Q_e 为标准规定的额定容量。

六、蓄电池的容量及其影响因素

（一）蓄电池的容量

蓄电池的容量是指在放电允许范围内蓄电池输出的电量。计算公式如下：

$$容量=放电电流\times放电时间$$

蓄电池的容量与放电电流大小及电解液的温度有关，因此标称容量是在一定的放电电流、一定的终止电压和一定的电解液温度下取得的，通常有两种，即额定容量和起动容量。

1. 额定容量

额定容量是指完全充足电的蓄电池在电解液平均温度 25 ℃的情况下，以 20 h 率放电电流（相当于额定容量的 1/20）连续放电至单格蓄电池 1.75 V 时输出的电量。

2. 起动容量

（1）常温起动容量：指电解液温度为 30 ℃时，以 5 min 率放电电流（3 倍的额定容量电流）连续放电至规定的终止电压（6 V 蓄电池为 4.5 V，12 V 蓄电池为 9 V）时，所输出的电量，其放电持续时间应在 5 min 以上。

（2）低温起动容量：电解液温度为−18 ℃时，以 3 倍额定容量的电流连续放电至规定终止电压（12 V 蓄电池为 6 V，6 V 蓄电池为 3 V）所放出的电量，其放电持续时间应在 2.5 min 以上。

（二）容量的计算

蓄电池容量是指电池存储电量的大小。电池容量的单位是毫安时（mA · h），在衡量大容量电池如铅蓄电池时，为了方便起见，一般用安时（A · h）来表示，1 A · h = 1000 mA · h。

蓄电池容量一般以A·h（安培小时）计算或以CELL（单位极板）的功率计算（W/CELL）。

（1）以A·h（安培小时）进行计算时，是以20 h为标准。例如，7 A·h蓄电池是指连续放电电流为0.35 A，放电连续20 h。

（2）以W（消耗功率）/CELL（单位极板）进行计算时，是以15 min为标准。例如，1221W蓄电池为12 V（6 CELL），每CELL供电21 W时，可供电15 min。

假定蓄电池的额定容量是1300 mA·h，如果以0.1 C（C为电池容量）即130 mA的电流对电池放电，那么该电池可以持续工作10 h；如果放电电流为1300 mA，那么工作时间就只有1 h左右（实际工作时间因电池实际容量的不同而略有不同）。这是理想状态下的分析，用电设备实际工作时的电流不可能始终为一恒定数值，因而蓄电池能对某个设备供电的时间只能是个大概值，这个值也只能通过实际操作经验来估计。

（三）蓄电池容量的影响因素

1. 极板

（1）极板越薄，活性物质的多孔性越好，电解液的渗透就越容易，活性物质的利用率越高。在外壳不变的前提下，采用薄型极板可以增加极板片数，从而增大蓄电池容量。

（2）极板面积越大，同时参与化学反应的活性物质就越多，输出容量就越大。

（3）缩短同性极板的中心距，可减小蓄电池内阻。因此在保证具有足够电解液的前提下，应尽可能缩短同性极板中心距，从而增大蓄电池容量。

2. 放电电流

放电电流越大，蓄电池的输出容量越小。放电电流越大，极板活性物质与电解液的反应越迅速，一方面，在极板表面迅速生成颗粒较大的硫酸铅，使极板孔隙堵塞；另一方面，单位时间内消耗的硫酸较多，所以在放电后期，极板孔隙内的硫酸得不到及时补充，孔隙内电解液密度迅速降低，端电压迅速降低，许多活性物质还没有来得及参加反应，放电就被迫终止了，因此蓄电池输出容量变小。

由于放电电流过大直接影响蓄电池的容量，因此汽车上规定每次使用起动机的时间不应超过5 s，再次起动时间应间隔10~15 s，以便使电解液充分渗透，使更多的活性物质参与反应。否则会导致蓄电池容量减小，使用寿命缩短。

3. 电解液温度

电解液温度降低时，其黏度增大，流动性和渗透能力减弱。一方面，电解液不能及时渗透到极板孔隙内部；另一方面，电解液使蓄电池内阻增大，内部压降增大。两者共同作用使蓄电池端电压迅速降低，导致其容量减小。冬季起动车辆时，蓄电池的端电压会大幅度降低，往往导致点火失败、起动困难，因此北方冬季应注意对蓄电池进行保温。

电解液温度升高时，分子运动速度加快，电解液渗透能力增强，电解液电阻减小，化学反应可持续较长时间，电池容量增大。但若电解液温度超过40 ℃，将造成极板拱曲变形，活性物质脱落，诱发电池自放电等故障。

因此，蓄电池电解液温度不宜过高。

4. 电解液相对密度

在一定范围内，适当提高电解液相对密度可以提高蓄电池的端电压和输出容量。但电解液密度过大，将使其黏度增大，离子扩散速度降低，内阻增大，自行放电速度加快，腐蚀加剧，导致放电时的容量下降，寿命缩短。当电解液的相对密度过低时，电解液中离子数量过少，也会使蓄电池的实际放电容量减小。

一般情况下，采用密度偏低的电解液有利于提高放电电流和容量，同时也能延长蓄电池的使用寿命。铅酸蓄电池的电解液密度应根据车辆所在地区的气候条件进行选择；冬季在不结冰的条件下，应尽可能使用密度稍低的电解液。

七、蓄电池的型号

按国产蓄电池型号国家标准《铅酸蓄电池名称、型号编制与命名方法》（JB/T 2599—2012）的规定，蓄电池型号由三部分组成：

第一部分为串联的单体蓄电池数；第二部分为蓄电池用途、结构特征代号；第三部分为标准规定的额定容量。例如，6 个单体蓄电池串联的额定容量为 100 A · h 的干式荷电起动型蓄电池的型号命名为 6-QA-100，其各部分含义如下。

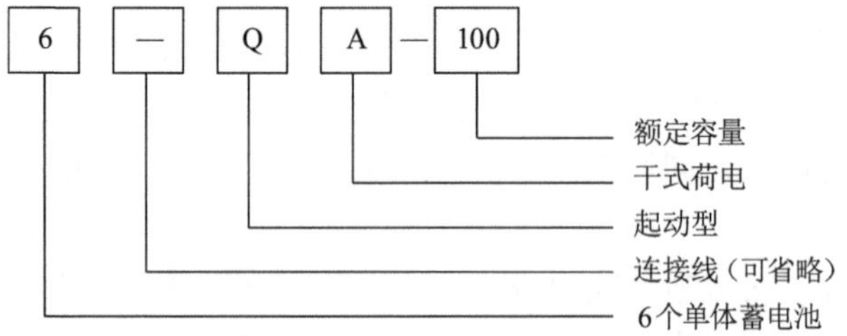

蓄电池型号组成各部分应按如下规则编制：① 串联的单体蓄电池数，是指在一只整体蓄电池槽或一个组装箱内所包括的串联蓄电池数目（单体蓄电池数目为 1 时，可省略）；② 蓄电池用途、结构特征代号应符合 JB/T 2599—2012 附录 A 的规定；③ 额定容量以阿拉伯数字表示，其单位为安培小时（A · h），在型号中单位可省略；④ 当需要标志蓄电池所需适应的特殊使用环境时，应按照有关标准及规程的要求，在蓄电池型号末尾和有关技术文件上作明显标志；⑤ 蓄电池型号末尾允许标志临时型号；⑥ 标准中未提及的新型蓄电池，允许制造商按上述规则自行编制型号；⑦ 对于出口的蓄电池或来样加工的蓄电池型号的编制，允许按有关协议或合同进行型号编制。

任务实施一：蓄电池的认识

一、各小组任务准备

请填写表 4-1-3。

表 4-1-3　任务准备列表

序号	准备事宜	具体内容
1	安全防护措施	
2	资料、工具、仪器	
3	物料	
4	零部件	

二、制订实施计划

请填写表 4-1-4。

表 4-1-4　计划列表

序号	步骤	工具	操作人员	注意事项
1	铺好三件套			
2	准备工具			
3				
4				
5				

三、上车实施

请填写表 4-1-5。

表 4-1-5　实施列表

<table>
<tr><th>序号</th><th>检查项目</th><th>标准</th><th>检查结果</th><th>处理办法</th><th>备注</th></tr>
<tr><td rowspan="3">1</td><td rowspan="3">蓄电池观察孔颜色</td><td>绿色</td><td rowspan="3"></td><td rowspan="3"></td><td rowspan="3"></td></tr>
<tr><td>黑色</td></tr>
<tr><td>白色</td></tr>
<tr><td>2</td><td>蓄电池壳体</td><td></td><td></td><td></td><td></td></tr>
<tr><td>3</td><td>接线柱（正极）</td><td></td><td></td><td></td><td></td></tr>
<tr><td>4</td><td>接线柱（负极）</td><td></td><td></td><td></td><td></td></tr>
<tr><td>5</td><td>蓄电池型号</td><td></td><td></td><td></td><td></td></tr>
<tr><td>6</td><td>静态电压</td><td></td><td></td><td></td><td></td></tr>
</table>

四、检查

上车实施后各小组进行自检和互检，查看操作是否正确，工具、仪器、物料、零部件以及车辆是否归位，现场是否符合 5S 管理要求，记录检查结果，填写表 4-1-6。

表 4-1-6 检查列表

序号	检查内容	检查结果
1	工具使用是否正确	
2	万用表测静态电压操作是否正确	
3	静态电压检测数据是否正确	
4	工作场地是否整洁	
5	分工合作是否明确	

五、总结

____

____

____

____

知识准备二：蓄电池检修

一、蓄电池的使用与维护

（一）蓄电池的正确使用

蓄电池正确使用的要求如下：

（1）不要连续使用起动机，每次起动时间不得超过 5 s，如果一次未能起动，应停顿 15 s 以上再作第二次起动，连续三次起动不成功者，应查明原因，排除故障后再起动发动机。

（2）严寒地区在冬季应对蓄电池采取保温措施。

（3）安装和搬运蓄电池时，应轻搬轻放，不可敲打或在地上拖拽。

（4）蓄电池在车上应固定牢靠，以防行车时震动和移位。

（二）蓄电池的维护

（1）经常清除蓄电池表面的灰尘污物，当电解液溅到蓄电池表面时，应用抹布蘸 10%浓度的苏打水或其他碱水擦净。

（2）接线极桩和电线夹头上出现氧化物时也可用竹片刮去或用砂纸擦拭，但不要用力太大，否则会磨损接线极桩。

（3）经常疏通加液孔盖上的通气孔。

（4）放完电的蓄电池在 24 h 内应及时充电。

（5）常用车辆的蓄电池放电程度冬季达 25%、夏季达 50%时，即应进行补充充电，必要时每三个月进行一次补充充电。

（6）拆卸蓄电池电缆时，应先拆下蓄电池负极，再拆下蓄电池正极；安装蓄电池电缆时，应先安装蓄电池正极，再安装蓄电池负极，以免拆卸和安装过程中造成蓄电池短路。拆卸时，若发现蓄电池接线柱螺栓锈蚀难以取出，切莫用锤或钳敲打，以免接线极桩断裂和极板活性物质脱落。可用热水冲洗后，拧开螺栓，用夹头拉器将夹头取下。

二、蓄电池的检查

（一）蓄电池外观检查

蓄电池在使用过程中由于维护和使用不当常出现一些外部故障。常见的有外壳裂纹、封口胶开裂、联条烧断、极桩螺栓和极桩腐蚀、蓄电池爆裂等。

1. 外壳裂纹

检查时可根据蓄电池电解液液面高度以及蓄电池底部的潮湿情况来判断外壳是否有裂纹。外壳的裂纹一般在上口四角处。裂纹轻者可修补，重者应更换。

2. 封口胶开裂

若封口胶轻微开裂，可将裂缝清洁干燥后用喷灯将裂纹烤热熔封；若封口胶开裂严重，可将封口胶清除干净，重新封口。

3. 联条烧断

联条烧断后，对于外装联条式蓄电池，可重新浇制联条；对于穿壁跨接式蓄电池，可报废处理。

4. 极桩螺栓和极桩腐蚀

蓄电池的极桩螺栓或极桩易腐蚀产生污物，从而造成连接导线接触不良。极桩螺栓或极桩被腐蚀时，可先用竹片将污物刮去，用抹布蘸10%的碱溶液擦去残余的污物和酸液，再用清水清洗干净，最后在极桩及接线端表面涂凡士林加以保护；严重腐蚀时，应更换极桩螺栓或极桩。

5. 蓄电池爆裂

蓄电池在充电过程中，电解液中的水分解为氢气和氧气。由于氢气可以燃烧，氧气可以助燃，如果气体不能及时逸出，稍遇火花就会引起蓄电池爆炸。爆裂的蓄电池应作报废处理。

（二）蓄电池开路电压检查

开路电压是指蓄电池处于不充电也不放电的静止状态时，正、负极桩之间的电位差，其大小取决于电解液的相对密度和温度。通过检测开路电压，可快速确定蓄电池的状况。

如果蓄电池刚充过电或车辆刚行驶过，应接通前照灯远光30 s，以消除表面浮电现象。然后熄灭前照灯，切断所有负载。用万用表测量蓄电池的开路电压，若12 V标称电压的蓄电池开路电压小于12 V，说明蓄电池过放电；若为12.2~12.5 V，说明部分放电；若高于12.5 V，说明蓄电池存电充足。蓄电池的开路电压与充电程度的关系见表4-1-7。

表 4-1-7　蓄电池的开路电压与充电程度的关系

开路电压/V	11.7	12.0	12.2	12.4	12.6 或更高
充电程度	0	25%	50%	75%	100%

（三）蓄电池静态电流检查

车辆关闭点火开关后，因电路短路，某些用电器无法停止工作，始终消耗蓄电池中的电量，从而导致下次启动时蓄电池亏电。遇到此类故障时，应及时检查并排除故障，防止因线路短路导致车辆起火。

用万用表检查车辆静态电流的步骤：

（1）关闭车辆所有用电器，关闭点火开关 15 min 以上；拔下蓄电池负极连接线。

（2）将万用表打到 20 A 电流挡，黑表笔连接蓄电池负极，红表笔连接断开的蓄电池负极连接线，万用表读数应在 0.02～0.05 A 之间，否则说明车辆有断路或有未停止工作的用电器。

除了用万用表检查车辆静态电流外，亦可用钳形电流表钳住负极电缆进行检查。

（四）蓄电池电解液液面高度检查

一般汽车每行驶 1000 km 或冬季行驶 10～15 天、夏季行驶 5～6 天，应检查电解液液面高度，电解液液面应高出极板 10～15 mm。电解液液面过低时，极板上部与空气接触而被强烈氧化（主要是负极板），从而造成极板硫化；电解液液面过高时，电解液容易外溢，腐蚀极桩和连接件，从而造成短路。

电解液液面高度检测方法如下：

1. 液面高度指示线法

电解液液位必须处于蓄电池外壳上所标识的上、下两条刻线之间。如图 4-1-9 所示，此种蓄电池壳体上有 4～6 个加注孔，在正面或背面有两道刻度线，光线良好时可以看出内部电解液的量，其液面在两条刻度线之间为正常，高于上线或低于下线均为异常。若高于上刻度线，可将多出部分抽出来；若低于下刻度线，应补充电解液。（请注意：如果光线暗，千万不可使用打火机照明！）

(a) 正面　　(b) 背面

图 4-1-9　蓄电池电解液液位

2. 玻璃管测量法

用玻璃管测量液面高度如图 4-1-10 所示，步骤如下：

（1）打开加液孔盖。

（2）将内径 3~5 mm 的玻璃管伸入单格电池中，并与极板的上平面垂直接触，用食指堵住玻璃管上端口，利用其真空度将玻璃管提出液面。注意玻璃管不得离开蓄电池加液孔上方。

（3）测量玻璃管内的液面高度，此高度即高出极板的电解液液面高度。其值一般为 10~15 mm。

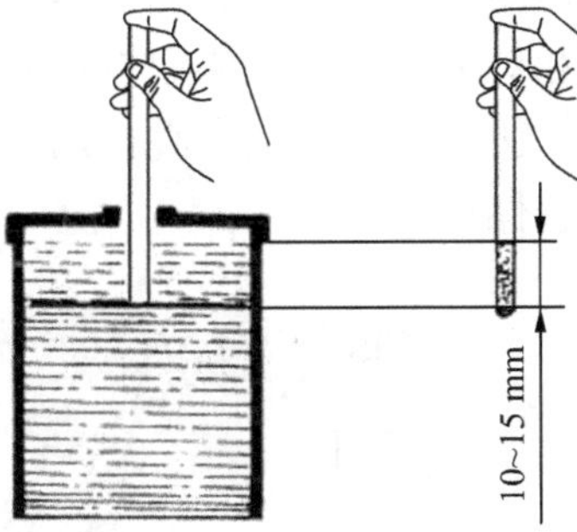

图 4-1-10　玻璃管测量液面高度

若电解液不足，应及时添加蒸馏水，使其达到规定液位。若液面降低确为溅出所致，应补加相应相对密度的电解液并充电调整。

（五）蓄电池放电程度检查

1. 观察法

有观察孔的蓄电池，其检查方法如图 4-1-11 所示。

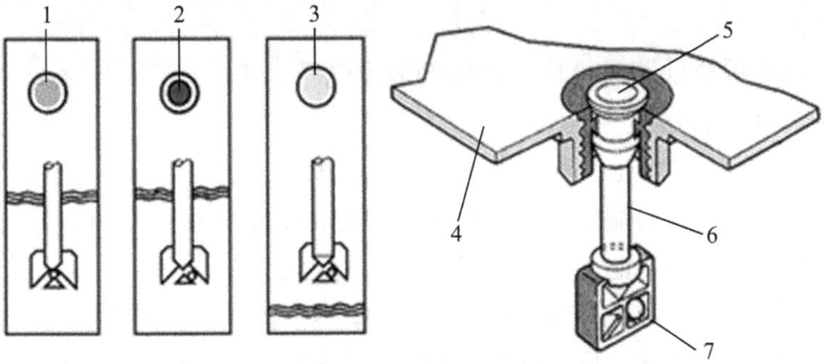

1—绿色表示电量正常；2—黑色表示电量小或者没有电；
3—白色（或者浅黄色）表示蓄电池有故障；4—蓄电池盖；
5—观察孔；6—光学的荷电状况指示器；7—绿色小球。

图 4-1-11　蓄电池观察孔

2. 参数测量法（一种即可）

（1）冰点检测仪检测蓄电池电解液密度。

冰点检测仪的结构组成及内部刻度如图 4-1-12 所示，利用它来检测蓄电池电解液密度的步骤如下：

① 将检测棱镜对准光亮方向，调节目镜视度环，直到标线清晰。

② 调整基准：测定前，首先使标准液（纯净水）、仪器及待测液体基于同一温度。然后掀开盖板，取 2~3 滴标准液滴于检测棱镜上，并用手轻轻按压平盖板，通过目镜看到一条蓝白分界线。旋转螺丝使目镜视场中的蓝白分界线与基准线重合。

③ 测量：用柔软的绒布擦净棱镜表面及盖板，掀开盖板，取 2~3 滴被测溶液滴于检测棱镜上，盖上盖板轻轻按压平，确保没有气泡，然后通过目镜读取蓝白分界线的相对刻度，即被测液体的测量值。

④ 测量完毕后，直接用潮湿的绒布擦净棱镜表面及盖板上的附着物，干燥后，妥善保存。

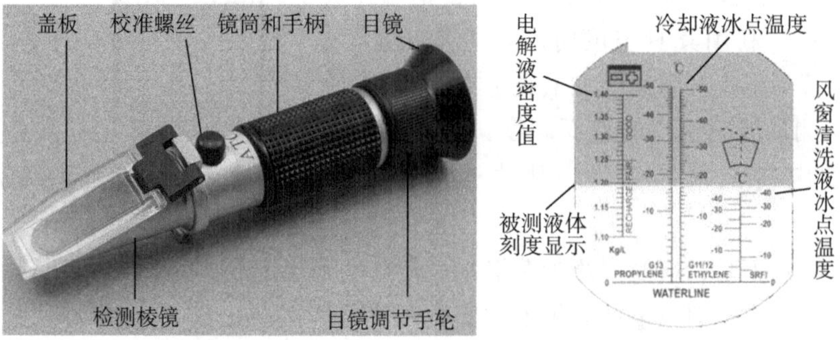

(a) 结构组成　　(b) 内部刻度

图 4-1-12　冰点检测仪的结构组成及内部刻度

注意：在测量电解液时，注意不要将其洒在皮肤和眼睛上，以防烧伤；测量后仔细擦净仪器。

（2）用高率放电计测量单格蓄电池的放电电压。

① 联条外接式蓄电池。

对于联条外接式蓄电池，由于其单格电池的极桩外露，因此可使用高率放电计测量蓄电池在强电放电时的端电压，以确定蓄电池的放电程度。它可以较准确地测量蓄电池的单格电压，判断电池起动性能及确定放电程度。

测量时，将放电计两叉脚分别用力压在单格电池的正、负两极上，保持 5 s，迅速读数并随即移开放电计。放电计的读数即大负荷放电情况下蓄电池所能保持的端电压。单格蓄电池的放电程度如表 4-1-8 所示。

表 4-1-8　使用高率放电计检查单格蓄电池的放电程度

放电程度	充足电	25%	50%	75%	100%
高率放电计指示电压/V	1.7~1.8	1.6~1.7	1.5~1.6	1.4~1.5	1.3~1.4

技术状况良好的蓄电池单格电池电压应在 1.5 V 以上，且在 5 s 内保持稳定。如果 5 s 内电压迅速下降，或某一单格电池的电压比其他单格电池电压低 0.1 V 以上，表示该单格电池有故障，需维修或更换。

② 穿壁式塑料外壳蓄电池。

对于单格极桩不外露的穿壁式塑料外壳蓄电池，可用高率放电计测量放电电压。整体式高率放电计主要由一块 3 V 的电压表和一个定值电阻组成。

用整体式高率放电计测量时，应将两叉脚分别紧密接触蓄电池的正、负极桩，保持 3~5 s。对于 12 V 标称电压的蓄电池，若测量电压能稳定在 10.6~11.6 V，说明电池存电充足；若电压能保持在 9.6 V 以上，说明蓄电池性能良好，但存电不足；若电压迅速下降并低于 9.6 V，说明蓄电池已有故障。

高率放电计还可以用来判断蓄电池的极性。左指示灯亮，表明带表头电极为正，手柄电极为负；右指示灯亮，表明手柄电极为正，带表头电极为负。

三、蓄电池的充电

无论是起动用的新蓄电池和修复后的蓄电池，还是装在车上使用的蓄电池，或是存放的蓄电池，都须对其进行初充电。充电是一项重要的工作，它与蓄电池容量的发挥及其使用寿命的长短有着极大的关系，所以要掌握一定的充电知识，包括充电方法、充电种类及一些常用的充电设备。

(一) 蓄电池的充电方法

蓄电池常见的充电方法有三种，即定流充电、定压充电和快速脉冲充电。

1. 定流充电

在充电过程中，保持充电电流恒定不变，随着蓄电池电动势的升高同步升高充电电压的充电方法，称为定流充电。

蓄电池定流充电一般在充电机上进行，目前应用比较多的充电机是硅整流充电机 (见图 4-1-13) 和晶闸管充电机。

采用定流充电法可以同时对多个蓄电池进行充电，各蓄电池之间采用串联连接，连接方法如图 4-1-14 所示。充电电流要按照蓄电池的容量确定，如果被充电蓄电池的容量不同，应先按照小容量蓄电池选择充电电流，待小容量蓄电池充足电后，将其摘除，再按余下最小蓄电池容量重新选择充电电流，继续充电。

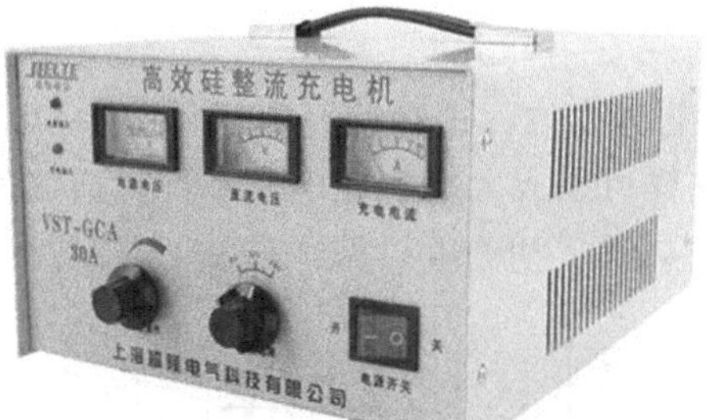

图 4-1-13　高效硅整流充电机

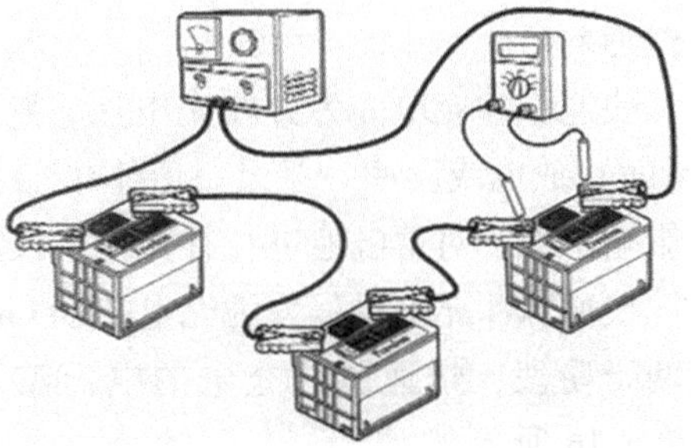

图 4-1-14　定流充电连接方法

充电过程分为两个阶段：第一阶段以规定的充电电流进行充电，当单格电池的电压升至 2.4 V 时，将充电电流减小一半，开始第二阶段充电，直到电解液的相对密度达到规定值且保持 2~3 h 不变，并有气泡冒出。

定流充电的优点是具有较好的适用性，可任意选择和调整充电电流，适应各种不同条件下的蓄电池的充电；缺点是充电时间长。

2. 定压充电

蓄电池在充电过程中，加在蓄电池两端的充电电压保持恒定不变的充电方法，称为定压充电。汽车上的发电机对蓄电池的充电即定压充电。

采用定压充电法可以同时对多个蓄电池进行充电，各蓄电池组之间采用并联连接，但要求每组蓄电池端电压相同。定压充电连接方法如图 4-1-15 所示。

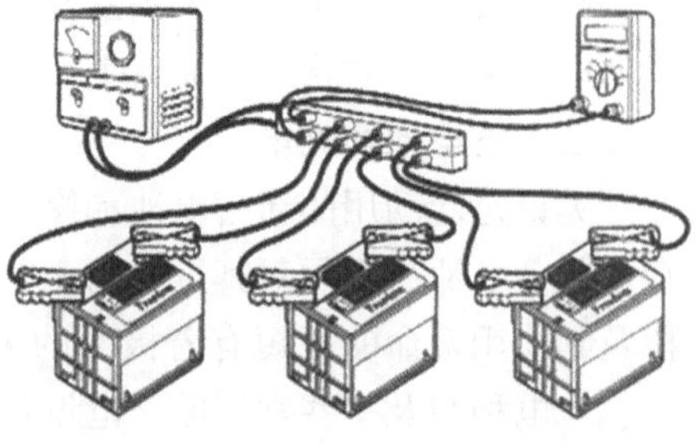

图 4-1-15　定压充电连接方法

采用定压充电法，充电电压一般按每格 2.5 V 选择，如蓄电池组的额定端电压为 12 V，则充电电压应选为 15 V，过大的充电电压会使蓄电池温度过高，造成活性物质脱落。充电开始时，充电电流很大，随着蓄电池电动势的不断升高，充电电流逐渐减小。充电结束时，充电电流减小至零。

定压充电的优点是充电效率高，在充电开始的 4~5 h 内即可获得 90%~95%的容量，可大大缩短充电时间；特别适合对不同容量的蓄电池进行充电，操作方便且不会发生过充电。缺点是不能调整充电电流，不能确保蓄电池完全充足电，也不能用于蓄电池的初充电和去硫化充电。

3. 快速脉冲充电

采用自动控制电路对蓄电池进行正、反向脉冲充电的充电方法，称为脉冲充电。

采用常规的充电法充电时，完成一次初充电需 60~70 h，补充充电需 20 h 左右，由于充电时间太长，给使用者带来很多不便。利用加大充电电流或提高充电电压的方法充电，虽然会缩短充电时间，但会产生大量气泡，造成极板活性物质脱落，缩短蓄电池的寿命。

快速脉冲充电亦为分段充电法，整个充电过程为：正脉冲充电→停充→负脉冲（瞬间）放电或反冲→停充→正脉冲充电。这样可以大大提高充电效率，且造成的不良影响不大。对蓄电池进行补充充电仅需 0.5~1 h，初充电只需 4~5 h。

快速脉冲充电过程分为充电初期和脉冲期两个阶段，快速脉冲充电的电流波形如图 4-1-16 所示。

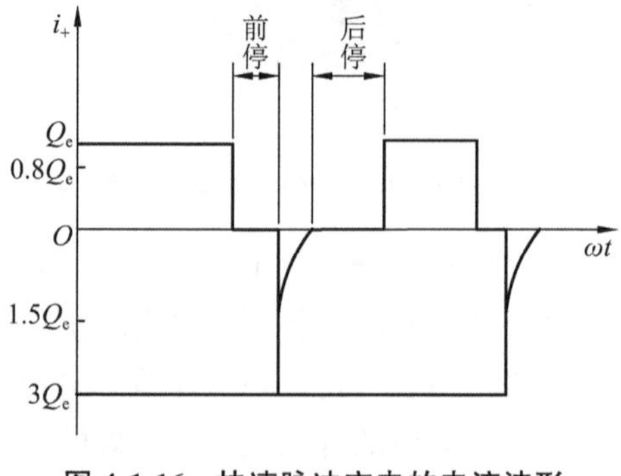

图 4-1-16　快速脉冲充电的电流波形

（1）充电初期。

采用大电流（$0.8Q_e \sim Q_e$）进行定流充电，自充电开始至单格电池电压上升到 2.4 V 左右且电解液冒出气泡，使蓄电池在较短的时间内获得 60%左右的额定容量，然后进入脉冲期。

（2）脉冲期。

先停止充电 25~40 ms，接着反向放电（反充电）150~1000 μs，脉冲深度（即反向放电的电流大小）为 $1.5Q_e \sim 3Q_e$，再停止充电 25 ms，然后正向充电一段时间。这一过程由充电机自动控制，往复循环进行，直至蓄电池充足电。

需要注意的是，有些蓄电池不能进行快速脉冲充电，具体如下：

① 未经使用的新蓄电池。

② 液面高度不正确的蓄电池。

③ 各单格电池电解液密度不均匀，且单格电压差大于 0.2 V 的蓄电池。

④ 电解液浑浊、极板硫化的蓄电池。

⑤ 充电时电解液温度超过 50 ℃的蓄电池。

因而在选用快速脉冲充电前，应先检查电解液的相对密度，并根据其充电状态时的密度值计算蓄电池的剩余容量，以确定充电时间，并将充电设备上的定时器调到相应时间。多数快速充电机设备装有温度传感器，将传感器插入蓄电池的加液孔中，当电解液温度超过 50 ℃时设备会自动停充。已知电解液相对密度时，可查表 4-1-9 确定快速充电时间。

表 4-1-9　快速充电时间与电解液相对密度的关系

电解液相对密度/($g \cdot cm^{-3}$)	剩余容量 Q_e	补充充电时间/min
全充电相对密度 1.26	100%	0
>1.225	>75%	小电流充电，建议 3~5 min
1.200~1.225	50%	15
1.175~1.200	50%	30
1.150~1.175	50%	45
<1.150	<25%	60

注：小电流充电时间需结合设备参数微调，上表为参考值。

（二）蓄电池的充电种类

蓄电池的充电种类包括初充电、补充充电和去硫化充电。

1. 初充电

（1）定义：新蓄电池或修复后的蓄电池在使用之前的首次充电，称为初充电。初充电一般采用定流充电，其目的主要是还原普通极板在存放期间被氧化的活性物质。初充电不彻底会导致蓄电池永久性充电不足，致使蓄电池容量减小、寿命缩短。

（2）初充电操作方法（以定流充电法为例）：按照厂家要求，并结合当地气候条件选择一定相对密度的电解液，电解液温度不超过 30 ℃，加注后静置 6~8 h，让电解液充分浸渍极板，其间电解液液面有所下降，应补充电解液使之高出极板 15 mm；等电解液温度低于 30 ℃时，将充电机的正极接到蓄电池的正极，充电机的负极接到蓄电池的负极，准备充电（此时一定要拧紧加液孔盖）。蓄电池的充电电流规范如表 4-1-10 所示。

表 4-1-10　蓄电池的充电电流规范

蓄电池型号	额定容量/(A·h)	初充电				补充充电			
		第一阶段		第二阶段		第一阶段		第二阶段	
		电流/A	时间/h	电流/A	时间/h	电流/A	时间/h	电流/A	时间/h
3-Q-75	75	5		3		7.5		4	
3-Q-90	90	6		3		9.0		5	
3-Q-105	105	7		4		1.05		5	
3-Q-120	120	8		4		1.20		6	
6-Q-60	60	4	25~35	2	20~30	6.0	10~11	3	3~5
6-Q-75	75	5		3		7.5		4	
6-Q-90	90	6		3		9.0		4	
6-Q-105	105	7		4		1.05		5	
6-Q-120	120	8		4		1.20		6	

由于新蓄电池在贮存时有部分极板硫化，充电时易过热，所以初充电的电流选用得较小，充电分为两个阶段进行：第一阶段的充电电流大小约为蓄电池额定容量的1/15，充电至电解液冒气泡，此时电池端电压达2.4 V；第二阶段的充电电流大小约为蓄电池额定容量的1/30，继续充电直到电解液冒气泡，其相对密度和电池端电压连续3 h不变。整个充电时间约60 h。

充电过程中，要保证电解液的液面高度达规定值，经常测量电解液温度，电解液温度上升到40 ℃时，应将电流减半，如其温度继续上升到45 ℃，应立即停止充电，并采用风冷的办法实行人工降温，待冷却至35 ℃以下再充电。充电过程中，若减小充电电流，应适当延长充电时间。

2. 补充充电

（1）定义：补充充电是指在使用中的蓄电池无故障的前提下，为保持或恢复其额定容量而进行的常规保养性充电。

（2）补充充电的条件：电解液相对密度降至1.20 g/cm^{3}以下；单格电池电压降至1.7 V以下；冬季放电超过25%，夏季放电超过50%；起动无力，灯光暗淡，喇叭音量较小；贮存近一个月的蓄电池。由于汽车上使用的蓄电池利用的是定压充电，不可能使蓄电池充足电，因此为防止极板硫化，一般2~3个月进行一次补充充电。

（3）补充充电操作方法。

补充充电也要按表4-1-10中规定的电流值充电，充电分两个阶段进行：第一阶段的充电电流大小约为蓄电池额定容量的1/10，充到单格电池电压为2.3~2.4 V；第二阶段的充电电流大小约为额定容量的1/20，充到单格电池电压为2.5~2.7 V，电解液相对密度恢复到规定值，并且2~3 h内基本保持不变。电解液内产生大量气泡呈沸腾状态时，说明电池已经充足电，补充充电时间通常为13~16 h。

3. 去硫化充电

（1）定义：去硫化充电是指消除铅蓄电池极板轻度硫化的排除故障性充电。

（2）电池硫化的特点：蓄电池长期充电不足，或者放电后长时间未充电，极板上就会逐渐生成一层白色的粗晶粒硫酸铅，该晶粒在正常充电时不能转化为活性物质，这种现象称为硫酸铅硬化，简称硫化。硫化电池使用时有明显的特点：充足电的蓄电池，当接上负载后，在放电电流并不大的情况下，一会儿电就放完了；充足电的蓄电池搁置较短时间，就没电了。蓄电池极板硫化后，极板表面有较厚的白霜，硫化严重时，打开加液孔盖即可看到。放电时，容量明显降低，端电压迅速下降；充电时，电压上升快，温度异常升高，电解液过早出现沸腾；电解液相对密度偏低。

（3）蓄电池去硫化充电操作方法。

硫化严重的蓄电池只能作报废处理，硫化程度较轻的，可以用去硫化充电的方法加以消除。具体方法如下：

① 先倒出容器内原有的电解液，用蒸馏水反复冲洗数次，然后加注蒸馏水，使液面高出极板上沿 15 mm。

② 接通充电电路，将电流调整到初充电的第二阶段的电流值（约为蓄电池额定容量的 1/30）进行充电，随时测量电解液相对密度。电解液相对密度上升到 1.15 g/cm^3 时，倒出电解液，换加蒸馏水再进行充电，直至电解液密度不再增加。

③ 以 10 h 率放电，当单格电池的电压下降到 1.7 V 时停止放电，倒出全部电解液，换加蒸馏水，再以补充充电的电流循环进行充电，直至硫化基本消除，停止充电并倒出蓄电池内的全部电解液。

④ 重新加入配制密度合适的电解液，用补充充电的方法进行充电，充足电后即可投入使用。

（三）蓄电池充电的注意事项

（1）严格遵守充电规范。

（2）配制和注入电解液时，要严格遵守安全操作规程和器皿的使用规则。

（3）充电时应先连接导线，再接通充电机的交流电源。充电机的正极连接蓄电池的正极，充电机的负极连接蓄电池的负极。导线连接必须可靠，防止产生火花。停止充电时，应先切断充电机交流电源，再断开导线。

（4）充电时要打开蓄电池加液孔盖，使产生的氢气、氧气顺利逸出，并保持充电场所通风良好，以免发生事故。

（5）充电室内要安装通风设备，严禁用明火取暖，充电机和蓄电池应在各分室放置。

（四）蓄电池的一般充电步骤

（1）关闭用电设备。

（2）先断开电池负极线，再断开电池正极线。

（3）将充电机的正、负极分别接到蓄电池的正、负极上。

（4）接通充电机电源：充电机开关有 12 V 与 24 V 可选，应选取 12 V 挡位。

（5）按照电池的容量调整充电电流：充电挡选取慢充2挡（1、2、3挡位为慢充挡，4、5、6挡位为快充挡，0挡为初始挡位）。

（6）充电结束后充电机自动断电，关闭充电机开关，将充电挡选取为0挡，断开电池正、负极线束，并将线束盘好。

（7）取下充电机电源线，将充电机归位。

四、配制电解液

1. 蓄电池电解液用硫酸与蒸馏水的选择

配制电解液的硫酸必须用纯净的化学硫酸，不得用工业硫酸代替；蒸馏水不能用自来水代替，因为自来水中含有各种杂质和金属离子，易引起自放电和极板损坏。

2. 选择电解液的相对密度

电解液相对密度随温度变化而变化。各厂生产的蓄电池由于极板结构、成分和工艺不同，所需电解液的相对密度也不同。在使用过程中，必须按表4-1-11规定的电解液配制成分的比例来配制电解液。

表4-1-11　电解液配制成分的比例

电解液相对密度/（$g \cdot cm^{-3}$）	硫酸与蒸馏水的体积比	硫酸与蒸馏水的质量比	电解液相对密度/（$g \cdot cm^{-3}$）	硫酸与蒸馏水的体积比	硫酸与蒸馏水的质量比
1.20	1∶4.33	1∶2.36	1.26	1∶3.05	1∶1.60
1.21	1∶4.07	1∶2.22	1.27	1∶2.80	1∶1.57
1.22	1∶3.84	1∶2.09	1.28	1∶2.75	1∶1.49
1.23	1∶3.60	1∶1.97	1.29	1∶2.60	1∶1.41
1.24	1∶3.40	1∶1.86	1.30	1∶2.47	1∶1.34
1.25	1∶3.22	1∶1.76	1.40	1∶1.60	1∶1.02

3. 配制电解液的注意事项

（1）配制前，操作人员必须穿戴防护眼镜、橡胶手套、塑料围裙、高筒胶鞋等劳保用品，以防烧伤。

（2）准备耐酸、耐腐蚀的玻璃、陶瓷、硬橡胶或铅质容器，容器、搅拌棒、温度计、密度计等用具均应保持清洁。

备好清水及5%的氢氧化铵或10%的碳酸钠溶液，若酸液溅到操作人员的皮肤或衣服上造成腐蚀，可迅速用上述溶液擦洗，再用清水冲洗。

（3）安装有通风换气设备的工作场所应开启通风设备，如没有通风设备，应在通风良好、宽敞的工作间进行操作，且操作人员应站在上风处。

（4）配制时须先将蒸馏水放入容器，然后将硫酸分2~3次贴容器边缘缓慢地加入水中，并不断地用玻璃棒搅拌，严禁将蒸馏水倒入浓硫酸中，以免发生爆溅，伤害人体和腐蚀设备。

（5）待配制的电解液冷却至环境温度后，进行一次相对密度的测量与调整。用密度计测量电解液密度值ρ，用温度计测量温度值t，根据$\rho_{25\,℃}=\rho_t+0.00075\ (t-25)$可计算出 25 ℃时的密度值。

如果计算出的 25 ℃时的密度值小于需要配制的电解液密度，应在电解液中加入预先配备的相对密度为 1.400 g/cm^{3}的稀硫酸溶液重新测定密度值，计算并换算成标准温度时的密度值，直到相对密度达到规定值。

一般情况下，如果按照表 4-1-11 的配方比例配制电解液，结果通常不会高出所要求的密度值。

选择电解液密度时，还要考虑蓄电池的工作环境温度。若其工作在寒冷温度下，电解液密度应高一点；若其工作在炎热的气温下，电解液密度可低一点。电解液密度选择可参照表 4-1-1。

五、蓄电池的常见故障及原因

1. 极板硫化

极板硫化是指极板表面逐渐生成白色粗大晶粒硫酸铅，这种晶粒较硬，很难溶于电解液，充电时也不易与电解液发生还原反应，从而减少了活性物质。此外，粗大晶粒硫酸铅易堵塞极板孔隙，使电解液渗入困难，并增大了电池内阻，使极板中参加反应的活性物质减少，造成蓄电池容量降低。

引起极板硫化的原因如下：

（1）蓄电池长期处于完全放电或半放电状态，受温度波动影响，极板上一部分硫酸铅溶入电解液。当温度降低时，溶于电解液的硫酸铅重新析出并产生再结晶，形成粗大的晶粒沉积在极板上。

（2）蓄电池液面降低，使极板上缘外露与空气接触氧化，此氧化部分在机械颠簸中与电解液接触也会产生粗晶粒硫酸铅，从而使极板上部硫化。

（3）电解液的比重过大、放电电流过大且气温过高时，化学反应加剧，产生的硫酸铅很快沉积在极板上，也促使极板硫化。为防止极板硫化，应保持蓄电池时常处于充足电的状态，电解液应淹没极板上缘，并根据地区和季节的不同正确地选择电解液相对密度。

2. 自行放电

充足电的蓄电池放置不用，逐渐失去电量的现象，称为自行放电。自行放电是不可避免的，在正常情况下，每天放电率不应超过 0.35%~0.5%。

自行放电的主要原因如下：

（1）极板或电解液中含有杂质，杂质与极板间或不同杂质间产生了电位差，形成一个局部电池并通过电解液构成回路，产生局部电流，从而使蓄电池放电。

（2）隔板破裂，导致正、负极板短路。

（3）蓄电池外壳表面有电解液或水，在极桩间成为导体，导致蓄电池放电。

（4）活性物质脱落过多，并沉积在电池底部，使极板短路造成放电。

为减少蓄电池自行放电，除蓄电池制造材料应当尽量纯净之外，在使用过程中还必须经常保持外壳表面和极桩清洁，所加注的电解液必须为化学纯净硫酸和蒸馏水。

3. 极板活性物质脱落

蓄电池在正常使用和充、放电过程中，极板活性物质的体积不断地膨胀和收缩，从而引起活性物质缓慢脱落，如果使用不当，活性物质会迅速大量脱落而造成极板短路。造成极板活性物质脱落的主要原因是充电时电流过大或温度过高、经常过充电等。放电时，若电流过大（如接入起动机时间过长），可使极板拱曲（极板活性物质参加化学反应的程度不一致，造成极板各处体积变化不一致所致），也会引起活性物质脱落。

4. 壳体裂纹或封口胶破裂

裂纹将使电解液漏出，液位降低。如内部间壁有细微裂缝，两单格电池相通，使电压下降。造成裂纹的主要原因有电池座螺钉旋得过紧、敲打过猛、通气孔堵塞导致气体不能放出、单格电池压力过大、冬季冻裂以及行车中震动过于剧烈等。

六、蓄电池的储存

1. 湿储法

湿储法是指将蓄电池充足电，电解液相对密度充至1.285 g/cm^3，液面为正常高度，蜡封通气孔，置室内暗处存放。使用过的蓄电池若存放时间少于半年，可用湿储法。

2. 干储法

对于新蓄电池，可将其放置在阴凉干燥的架子上储存；对于用过的蓄电池，先将其充足电，再放电至1.75 V，倒出电解液，加蒸馏水浸泡3 h并倒出，再加蒸馏水清洗至没有酸液，清空电池内液体，旋紧加液孔盖，蜡封通气孔，置室内暗处存放。

任务实施二：蓄电池的检查和保养

一、各小组任务准备

请填写表4-1-12。

表4-1-12 任务准备列表

序号	准备事宜	具体内容
1	安全防护措施	
2	资料、工具、仪器	
3	物料	
4	零部件	

二、制订计划

请填写表 4-1-13。

表 4-1-13　计划列表

序号	步骤	工具	操作人员	注意事项
1				
2				
3				
4				

三、实施

请填写表 4-1-14。

表 4-1-14　实施列表

序号	工作内容	注意事项
1	断开蓄电池负极并清洁极柱	
2	用测量仪器测量蓄电池电量	
3	给蓄电池充电	
4	测量蓄电池静态电流	

四、检查

实施后各小组进行自检和互检，记录检查结果，填写表 4-1-15。

表 4-1-15　检查列表

序号	检查内容	检查结果
1	蓄电池测试仪使用是否正确	
2	蓄电池充电机使用是否正确	
3	工具仪器是否归位	
4	工作场地是否整洁	

五、总结

任务二 发电机故障检修

任务导入

我们都知道，发电机是汽车行驶过程中的主要电源，那你知道中国的第一台发电机是谁主持设计制造的吗？他就是中国电机之父——钟兆琳。钟兆琳（1901—1990），号琅书，是中国电机工程专家、电机工程教育家。1927 年，钟兆琳放弃了美国的优厚待遇，怀抱赤诚报国之心，回国担任了交通大学电机科教授。20 世纪 30 年代，钟兆琳指导并参与研制出我国第一台交流发电机和电动机，创办了我国第一家电机制造厂。他还成功设计了分列芯式电流互感器频率表、同步指示器等仪器仪表。他为中国的电机事业服务 60 余年，无论是在上海交大，还是在西迁后的西安交大，钟兆琳先生始终将教书育人视为自己的天职，培养了一代又一代电机学、电机工程和信息工程方面的杰出人才。由于钟兆琳先生学术、实践双双出众，因而被誉为“中国电机之父”。可以说，是钟教授的赤诚爱国之心和敢为人先的创新精神，使得我国电机工业得到了真正的发展。

钟兆琳先生虽已辞世，但他高尚的人格、强烈的爱国心、信守承诺的品质和无私奉献的精神深深地感染着每一个人；他身上体现出来的老一辈知识分子的崇高民族气节，凛凛傲骨、光明磊落、淡泊人生、正气凛然的高贵品质，治学严谨、诲人不倦、正直坦率、艰苦朴素的优良作风，都值得我们后辈学习。钟先生几十年如一日执着于教育事业，一生实事求是、追求真理、坚持讲真话的大无畏精神，在当今社会更是弥足珍贵，更让人敬佩不已。钟兆琳是我国不可多得的一流教育家，他为中国的电机事业奋斗了一生，为民族电机制造业的开创和发展以及我国电机工程人才的培养作出了巨大贡献。

知识准备一：发电机信息

一、汽车的电源

发电机和蓄电池是汽车上的两个电源。由于汽车蓄电池储存的电能是有限的，不能满足汽车频繁起动或长途行驶的需要，所以汽车上还装有发电机。

发电机是汽车用电设备的主要电源，安装在发动机前方的发电机支架上，由曲轴通过发电机皮带带动运转。在发动机正常运转时，发电机向所有用电设备（起动机除外）供电，同时给蓄电池充电；蓄电池作为备用电源，用于发动机不工作时起动发动机或发电机过载时协助发电机供电。

目前，国内轿车以整体式交流发电机为主，如图 4-2-1 所示。整体式交流发电机与普通交流发电机的区别是它将电压调节器集成在发电机内部。

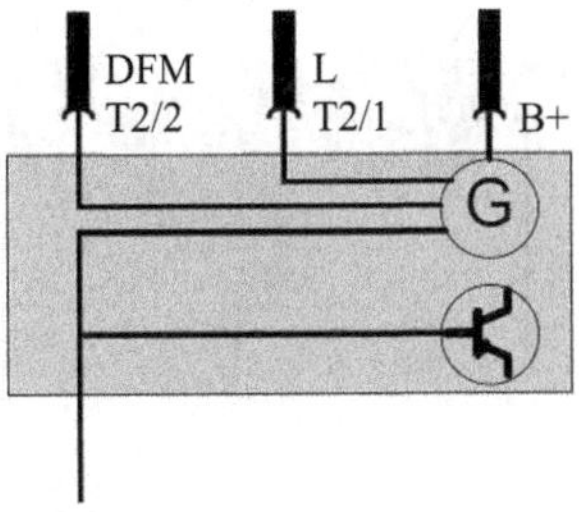

图 4-2-1　汽车用硅整流三相交流发电机及其电路符号

二、交流发电机的类型、结构与型号

（一）交流发电机的类型

交流发电机的类型多种多样：如电压调节器置于发电机内，则称整体式交流发电机；按整流二极管的个数不同，有六管、八管、九管、十一管交流发电机；柴油机配用的发电机常带有真空泵，称带泵交流发电机；按磁极材料不同，又有励磁式和永磁式交流发电机；按磁极绕组搭铁方式不同，又分为内搭铁式和外搭铁式发电机；按有无电刷，可分为有刷和无刷交流发电机；等等。汽车用发电机又称硅整流发电机。交流发电机的类型如表 4-2-1 所示。

表 4-2-1　交流发电机的类型

基本类型	结构特点
普通交流发电机	三相交流发电机；6 只交流二极管组成全波整流器；外置式电压调节器
整体式交流发电机	三相交流发电机；带中性点输出；6 只交流二极管组成全波整流器，或增加 2 只中性点二极管，或增加 3 只磁场二极管；内装式电压调节器
无刷交流发电机	无电刷、无滑环
永磁式交流发电机	采用永磁材料转子磁极
带泵交流发电机	带真空制动助力泵的交流发电机

（二）交流发电机的结构

1. 普通交流发电机

目前，所有车辆均采用交流发电机，它一般安装在发动机的前端。普通交流发电机由转子、定子、整流器、电刷、前后端盖、风扇、皮带轮及轴承等组成，如图 4-2-2 所示。

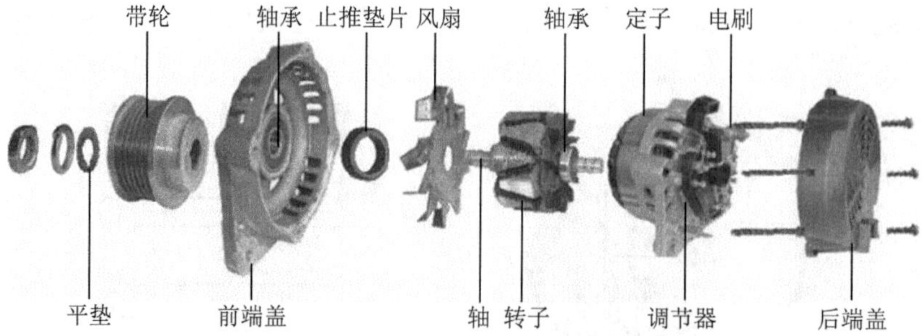

图 4-2-2　交流发电机的结构组成

（1）转子。

转子的作用是产生旋转磁场，它主要由转子轴、励磁绕组、爪极、铁芯和集电环组成，如图 4-2-3 所示。

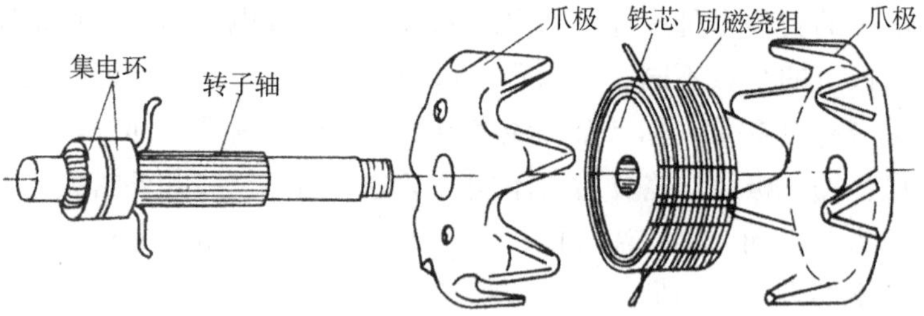

图 4-2-3　转子结构组成

转子轴上压装着 2 块爪极，每块爪极各有 6 个鸟嘴形磁极，爪极空腔内装有励磁绕组（转子线圈）和铁芯。

集电环由彼此绝缘的两个铜环组成，压装在转子轴的一端并与转子轴绝缘，两个集电环分别与励磁绕组的两端相连，两个电刷靠弹簧弹力与两个集电环紧密接触。

当两个电刷与直流电源接通时，励磁绕组中便有电流通过，并产生轴向磁通，使一块爪极磁化为 N 极，另一块爪极磁化为 S 极，从而形成 6 对相互交错的磁极对并沿圆周方向均匀分布。磁极对数可为 4 对、5 对和 6 对，我国设计的交流发电机的磁极对数多为 6 对，爪极凸缘呈鸟嘴形，当发电机工作时，可在定子铁芯内部形成近似正弦变化的交变磁场，如图 4-2-4 所示。

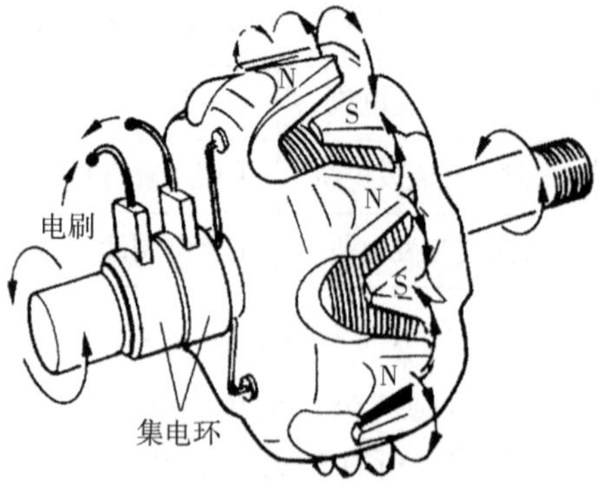

图 4-2-4　转子产生的磁场

（2）定子。

定子总成由定子铁芯和定子绕组组成。定子铁芯由一组相互绝缘且内圆带有嵌线槽的环状硅钢片叠制而成，定子槽内嵌有三相对称绕组。定子绕组的连接方式，如图 4-2-5 所示。

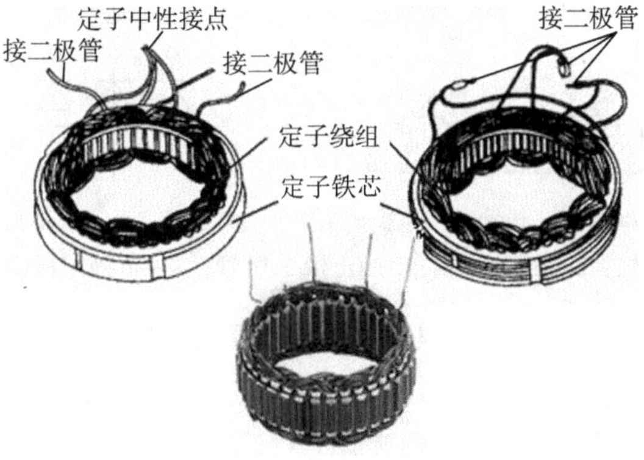

图 4-2-5　定子绕组的连接方式

三相对称绕组的连接方法有星形接法（又称 Y 形接法）和三角形接法（又称△接法）两种，如图 4-2-6 所示。星形接法是将三相绕组的三个末端接在一起，将三相绕组的首端作为交流发电机的交流输出端。三角形接法是将一相绕组的首端和另一相绕组的末端依次连接，因而有三个接点，这三个接点即交流发电机的交流输出端。我国汽车用交流发电机大多采用星形接法，美国通用汽车公司等的交流发电机通常采用三角形接法。

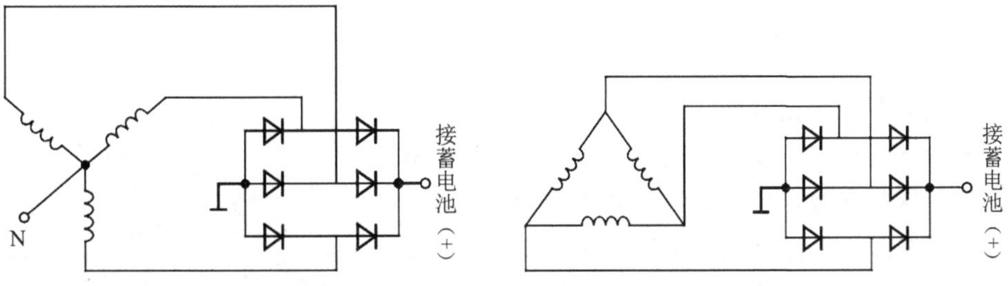

(a) 星形接法的定子绕组　　(b) 三角形接法的定子绕组

图 4-2-6　定子三相对称绕组与整流器的连接方式

（3）整流器。

整流器的作用是将定子绕组产生的三相交流电转变为直流电输出，它主要由整流二极管（见图 4-2-7）和整流板（见图 4-2-8）组成。整流二极管有正极二极管和负极二极管之分。中心引线为正极、外壳为负极的二极管，称为正极二极管，管壳底部有红色标记；中心引线为负极、外壳为正极的二极管，称为负极二极管，管壳底部有黑色标记，如图 4-2-9 所示。整流板用于安装整流二极管，一般交流发电机的整流器有两块整流板。安装正极二极管的整流板称为正整流板；安装负极二极管的整流板称为负整流板。

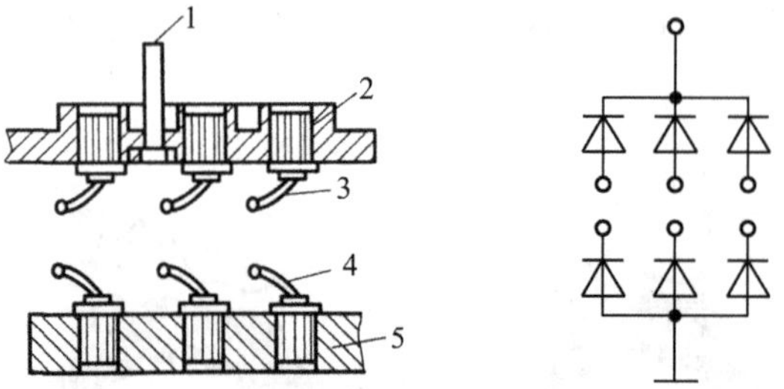

(a) 整流二极管安装示意图　　(b) 整流二极管原理示意图

1—“+”接线柱；2—正整流板；3—正极二极管；4—负极二极管；5—负整流板。

图 4-2-7　整流二极管的安装

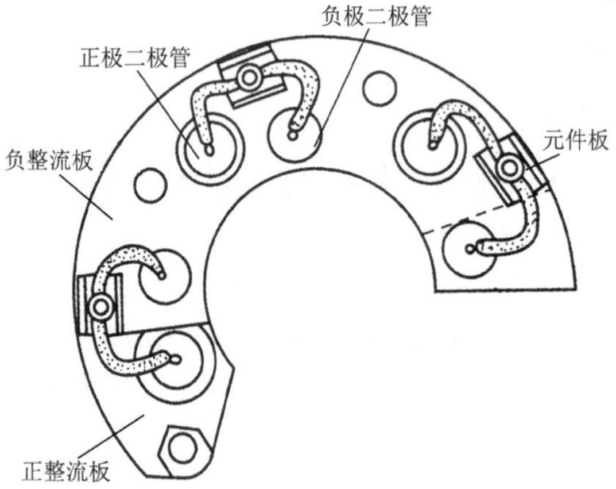

图 4-2-8　整流板总成

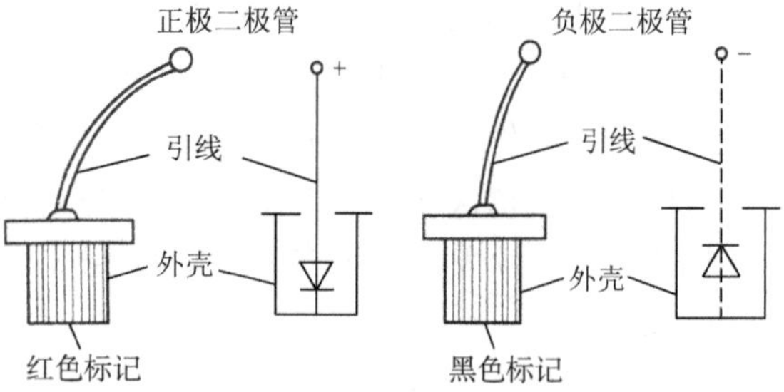

图 4-2-9　二极管的外形及符号

图 4-2-10　后端盖上的硅整流器

硅整流器一般由散热板和 6 只硅二极管组成，硅二极管通常直接压装在散热板上或发电机后端盖上。其中压装在散热板上的 3 只硅二极管为正极二极管，引线端一般涂有红色标记；压装在后端盖上的二极管为负极二极管，引线端一般涂有黑色标记。新型的交流发电机将 6 只交流二极管分别压装在不同的散热板上。

为便于散热，散热板通常用铝合金制成，与后端盖之间用绝缘材料垫片隔开，并固定在后端盖上（见图 4-2-10），用螺栓引至后端盖外部作为发电机的电源输出端，后端盖上铸有标记“B”或“+”“A”“电枢”。

（4）端盖与电刷总成。

前、后端盖（见图 4-2-11 和图 4-2-12）均由铝合金压铸或用砂模铸造而成，因为铝合金为非导磁材料，可减少漏磁，且具有轻便、散热性能良好等优点。有时为了提高轴承孔的机械强度，增加耐磨性，在发电机端盖的轴承座内镶有钢套。

图 4-2-11　铝合金制成的发电机前端盖

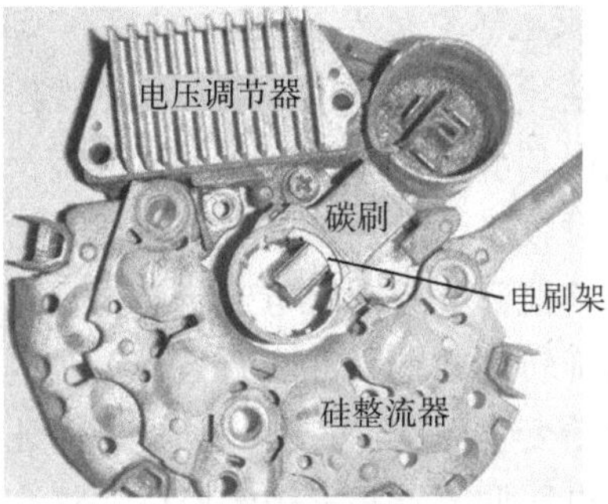

图 4-2-12　铝合金制成的发电机后端盖

后端盖上装有电刷架，如图 4-2-12 所示，它用酚醛塑料或玻璃纤维增强尼龙制成。两个电刷分别装在电刷架的孔内，借弹簧压力与滑环保持接触。

两个电刷中有一个与壳体相连，称为搭铁电刷；另一个与壳体绝缘，称为绝缘电刷。绝缘电刷的引线接到发电机的磁场接线柱“F”或“F_1”上。搭铁电刷的搭铁方式有两种，一种是引线用螺钉直接固定在后端盖上标记为“-”或“E”的接线柱上，此方式称为内搭铁；另一种是搭铁电刷引线与后端盖绝缘，固定在后端盖上标记为“F_2”的接线柱上，这种搭铁方式称为外搭铁。图 4-2-13 给出了交流发电机的这两种搭铁形式。

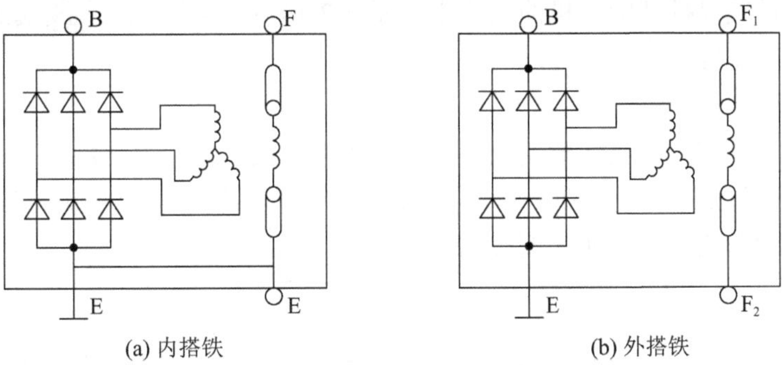

图 4-2-13　交流发电机的搭铁形式

2. 无刷交流发电机

普通硅整流发电机因具有滑环和电刷，长期使用时，由于滑环与电刷的磨损、接触不良、烧蚀等问题，会造成励磁不稳定或不发电等故障。而无刷交流发电机的转子上没有磁极绕组，也就没有滑环和电刷，结构简单，因此提升了发电机的工作可靠性，延长了发电机的使用寿命，且便于维修保养。

无刷交流发电机有多种形式，如爪极式无刷交流发电机、感应子式无刷交流发电机和具有励磁绕组的无刷交流发电机。爪极式无刷交流发电机的磁极绕组不装在转子上，而是装在后端盖上，磁极绕组不随转子转动，励磁电流可以直接从发电机壳体上引入，因此省去滑环和电刷。

3. 永磁式交流发电机

永磁式交流发电机是用永久磁铁作为转子磁极，旋转时产生旋转磁场，它不仅去掉了电刷和滑环，而且不需要磁极绕组和爪极。这种发电机的特点是体积相对较小，质量相对较轻，而且没有磁损耗，结构简单，故障少，使用寿命长。这种发电机除转子外，其他部分的结构与普通交流发电机相同。由于其转子采用永磁结构，工作时所产生的旋转磁通是不可调的，所以在定子绕组中产生的三相交流感应电动势将随发电机转速的变化而变化。因此，为了保证该发电机在不同转速下输出电压的稳定性，所以采用电压调节器和三相半控桥式整流电路。

4. 带真空泵式硅整流发电机

带真空泵式硅整流发电机是把发电机的轴与真空泵的轴连成一个整体的一种发电机。真空泵为叶片转子式，真空泵的吸气口通过软管连接汽车液压制动系统的真空助力器，作用是吸出真空筒内空气使其变为真空；发电机转动时，因真空泵叶片空间变化，空气由进气吸口送到排气吸口，将与进气口连通的真空助力器的真空筒抽成真空。真空泵的润滑是由泵盖的给油口供给的，来自发动机润滑系的一部分润滑油进入泵内，循环到各个运动部件，最后随空气从排气口排到发动机油底壳中。图 4-2-14 所示为带泵交流发电机的外型。

图 4-2-14　带泵交流发电机外型

（三）国产交流发电机的型号

中华人民共和国行业标准《汽车电气设备基本技术条件》（QC/T 413—2002）和《汽车用交流发电机技术条件》（QC/T 729—2005）（并非国家强制标准而是行业标准）规定，汽车交流发电机的型号如下：

1　2　3　4　5

［产品代号］+［电压等级代号］+［电流等级代号］+［设计序号］+［变型代号］

第一部分为产品代号，交流发电机的产品代号有 JF 基础交流发电机（需外接调节器）、JFZ 整体式交流发电机（Z-内置电压调节器）、JFB 带泵交流发电机（B-真空/机油泵）、JFW 无刷交流发电机四种。

注：现代厂商常用自定义代号（如 ZFZ、BOSCH 等），但核心特征仍兼容以上缩写。

第二部分为电压等级代号，用一位阿拉伯数字表示。1 代表 12 V（乘用车、轻型商用车等）；2 代表 24 V（重型卡车、工程机械等）；6 代表 6 V（已淘汰，仅存于 1950 年以前的老式车辆）。

第三部分为电流等级代号，用一位阿拉伯数字表示，其含义参照相关标准。

第四部分为设计序号，按产品的先后顺序，用阿拉伯数字表示。如用两位数字表示产品迭代顺序，则 13=第 13 代设计。

第五部分为变型代号。如 Y 表示整体式/内置调节器，J 表示带真空/机油泵，W 表示无刷结构等。

解读具体型号（尤其是厂家自定义前缀和功率等级代号对应的精确电流值）必须查阅该发电机生产厂家提供的产品目录、规格书或维修手册。不同厂家的命名规则在细节上会有差异。

三、交流发电机的工作原理与特性

（一）交流发电机的基本工作原理

1. 发电原理

根据电磁感应定律，闭合电路的一部分导体在磁场中做切割磁感线的运动时，导体中就会产生电流。发电机的转子绕组通电时产生一个旋转磁场，旋转磁场与定子线圈之间有相对运动，定子线圈切割磁感线，于是在定子线圈中产生交变电动势，如图 4-2-15 所示。感应电动势的大小与磁通量的变化率成正比。

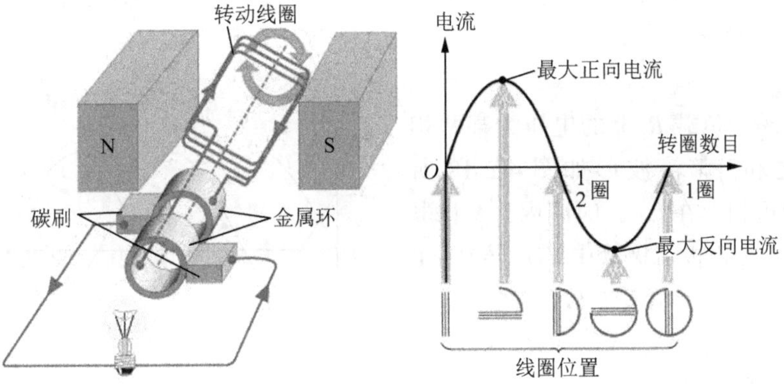

图 4-2-15　交流发电机发电原理示意图

硅整流发电机工作原理如图 4-2-16 所示，当外加直流电压作用在磁极绕组两端点“F”和“E（-）”接线柱之间时，磁极绕组中便有电流通过，从而产生磁场。转子由发动机带动旋转时，磁极绕组所产生的磁场也随之转动，形成旋转磁场，固定不动的定子绕组与旋转磁场之间有相对运动，从而在三相绕组中产生频率相同、幅值相等、相位相差 120°的三相正弦交流电动势。

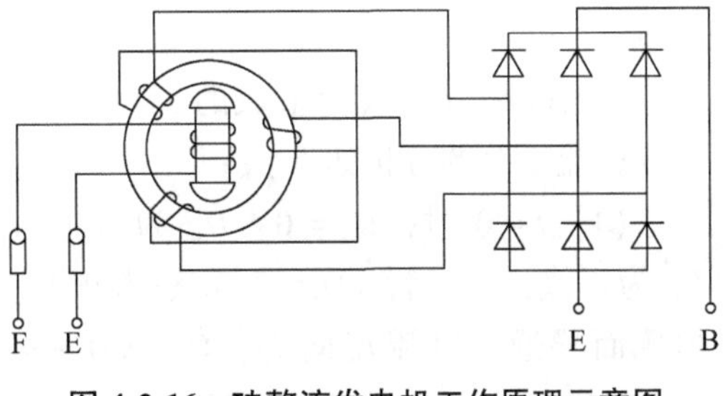

图 4-2-16　硅整流发电机工作原理示意图

2. 整流原理

发电机根据整流器二极管的数量通常可分为六管交流发电机、八管交流发电机、九管交流发电机和十一管交流发电机。下面以六管整流器为例介绍整流原理。

交流发电机定子绕组产生的交流电，通过硅整流二极管组成的整流电路，可转变为直流电。因为二极管具有单向导电性，当二极管加上正向电压时，二极管导通，呈现低阻状态；当二极管加上反向电压时，二极管截止，呈现高阻状态，从而把交流电转变成直流电。

图 4-2-17 所示为六管整流器的整流原理。星形连接的三相定子绕组连接到正极二极管和负极二极管之间，3 个正极二极管（VD_1、VD_3 和 VD_5）的正极分别接在发电机三相绕组的首端，负极连接在一起，任一瞬间只有电压最大的二极管导通；3 个负极二极管（VD_2、VD_4 和 VD_6）的正极连接在一起，其负极分别接在发电机三相绕组的首端，任一瞬间只有电压最小的二极管导通。也就是说，在任一瞬间整流电路中只有 2 个二极管同时导通，正极、负极二极管各一个。

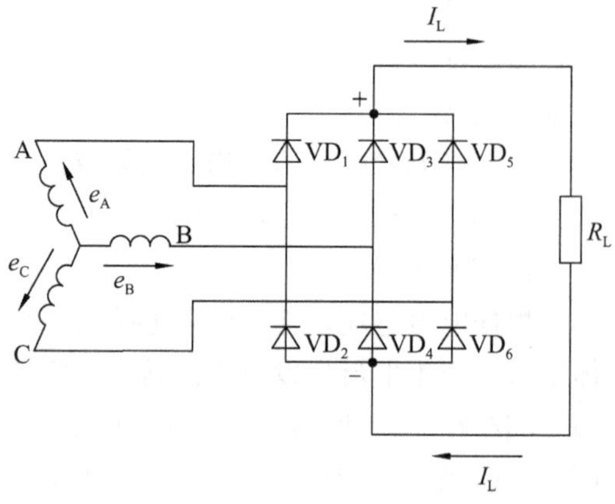

图 4-2-17　六管整流器整流原理

任一瞬间负载 R_L 上的电压为某两相电动势之和，整流波形如图 4-2-18 所示。由图可知，在 $t_1 \sim t_2$ 时间内，A 相电压最高，3 个正极二极管中 VD_1 导通，B 相电压最低，3 个负极二极管中 VD_4 导通，电流流向为：A→VD_1→R_L→VD_4→B→A，整流器输出到负载的电压为 A 相、B 相电压之和。依此类推，在负载上便可获得一个比较平稳的直流脉动电压。

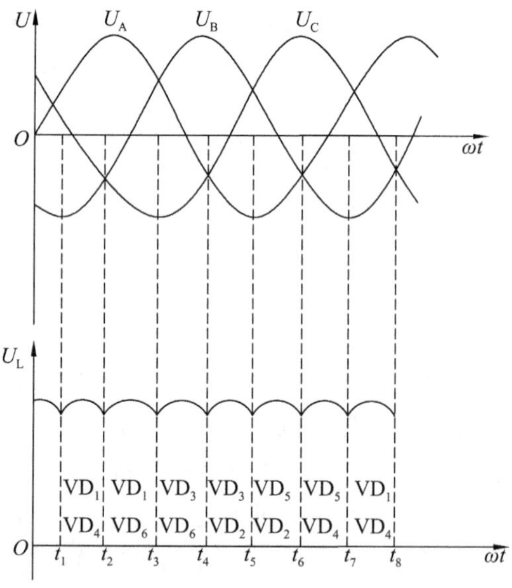

图 4-2-18　整流波形

6 只硅整流二极管组成的三相全波桥式整流电路的分析如下：

（1）$t=0$ 时，$U_A=0$，U_B 为负值，U_C 为正值，二极管 VD_5、VD_4 获得正向电压而导通，电流流向为：C→VD_5→R_L→VD_4→B→C，形成电流回路。

（2）$t_1 \sim t_2$ 时间内，A 相电压最高，B 相电压最低，VD_1、VD_4 管获得正向电压而导通，A、B 相之间的线电压加在负载 R_L 上，形成电流回路。

（3）$t_2 \sim t_3$ 时间内，A 相电压最高，C 相电压最低，VD_1、VD_6 管获得正向电压而导通，A、C 相之间的线电压加在负载 R_L 上，形成电流回路。

（4）$t_3 \sim t_4$ 时间内，B 相电压最高，C 相电压最低，VD_3、VD_6 管获得正向电压而导通，B、C 相之间的线电压加在负载 R_L 上，形成电流回路。

依此循环导通，每一时刻都有 1 只正极二级管和 1 只负极二级管同时导通，在负载两端可得到一个平稳的直流脉动电压。

3. 励磁方式

将电流引入励磁绕组使之产生磁场，称为励磁。除了永磁式交流发电机不需要励磁以外，其他形式的交流发电机都需要励磁，否则发电机将不能发电。

交流发电机有他励和自励两种励磁方式。

（1）他励。

在发电机转速较低时（发动机未达到怠速），其自身不能发电，而是通过蓄电池供给发电机励磁绕组电流，使励磁绕组产生磁场来发电，这种由蓄电池供给磁场电流发电的方式称为他励发电。

（2）自励。

随着转速加快（一般在发动机达到怠速时），发电机定子绕组的电动势逐渐升高并能使整流器二极管导通，当发电机的输出电压大于蓄电池电压时，发电机就能对外供电了。此时发电机就可以自身发电供给励磁绕组，这种自身供给磁场电流发电的方式称为自励发电。

交流发电机励磁过程是先他励后自励。当发动机达到正常怠速时，发电机的输出电压一般高出蓄电池电压 1~2 V 以便对蓄电池进行充电，此时由发电机自励发电。

交流发电机的励磁电路如图 4-2-19 所示。

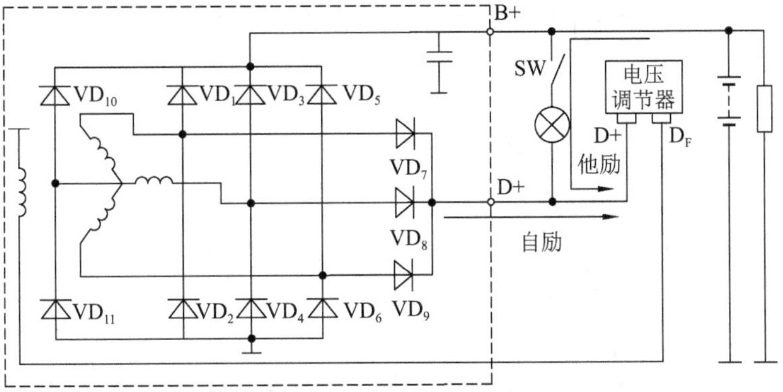

图 4-2-19 交流发电机的励磁电路

（二）交流发电机的特性

交流发电机的工作特性是指发电机经整流后输出的直流电压 U、直流电流 I 和转速 n 之间的关系，包括空载特性、输出特性和外特性。

1. 空载特性

当发电机空载运行时，发电机端电压 U 和转速 n 之间的关系为：当负载电流 $I=0$ 时，$U=f(n)$ 的函数关系称为发电机的空载特性，如图 4-2-20 所示。从空载特性曲线可以看出，随着转速加快，发电机端电压上升较快，当由他励方式转入自励方式时，发电机能向蓄电池补充充电。空载特性可以用来判断发电机低速充电性能的好坏。

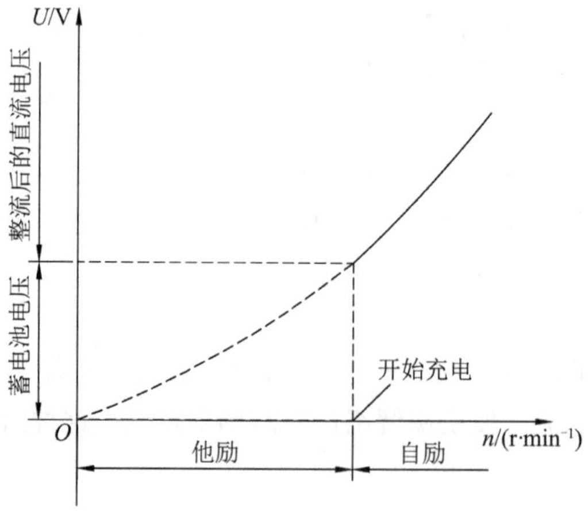

图 4-2-20　交流发电机的空载特性

2. 输出特性

输出特性又叫负载特性或输出电流特性，它是指发电机向负载供电时，在保持发电机输出电压恒定（对于 12 V 标称电压的发电机，规定保持额定电压 14 V；对于 24 V 标称电压的发电机，规定保持额定电压 28 V）的情况下，发电机的输出电流 I 与转速 n 的关系，即 $I=f(n)$ 函数关系。交流发电机的输出特性曲线如图 4-2-21 所示。

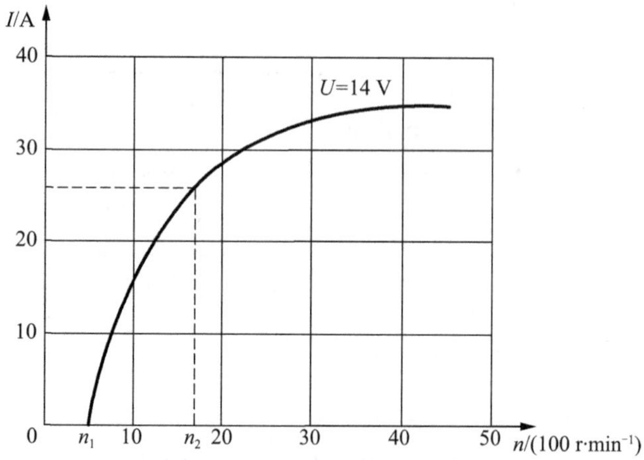

图 4-2-21　交流发电机的输出特性

（1）当发电机的转速很低时，未达到空载转速 n_1，其端电压低于额定电压，此时发电机不能向外供电，只能由蓄电池供电；当转速达到空载转速 n_1 时，电压达到额定值；当转速高于空载转速 n_1 时，发电机才有能力在额定电压下向外供电。空载转速 n_1 通常作为选择发电机与发动机传动比的依据。

（2）当发电机转速超过 n_1 时，发电机输出电流 I 将随着转速 n 的增大而增大；当转速等于额定转速 n_2 时，发电机输出额定功率（即额定电流与额定电压之积），故转速 n_2 又称为满载转速。转速 n_2 是判断发电机性能的重要指标。

说明：空载转速和满载转速是交流发电机的主要性能指标。在使用时，定期测量这两个数据并将其与规定值相比较，就可判断发电机性能是否良好。

（3）当发电机转速达到一定值后，发电机的输出电流几乎不再继续增加，这说明硅整流发电机具有限制最大输出电流的作用。这是由于随着定子绕组中感应电动势的增加，定子绕组的阻抗也随转速增大而增加；同时定子电流增加，电枢反应的增强也使感应电动势下降。故硅整流发电机无须设置限流器。

3. 外特性

当发电机转速 n 一定时，发电机端电压 U 与输出电流 I 之间的变化规律，称为发电机外特性，即 $U=f(I)$ 的函数关系。外特性曲线如图 4-2-22 所示。

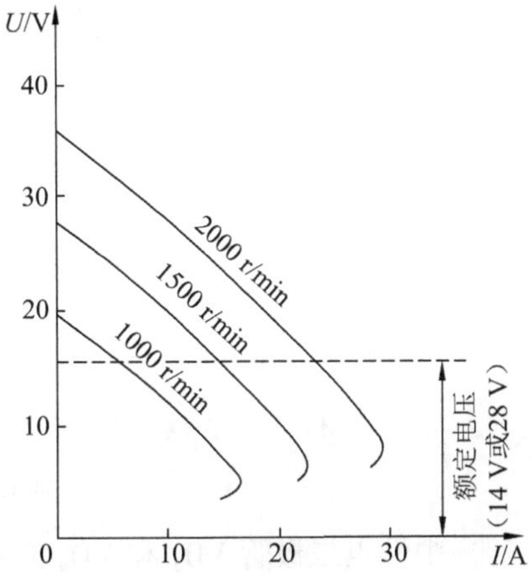

图 4-2-22 交流发电机的外特性曲线

从外特性曲线可以看出，随着负载即输出电流的增加，发电机的端电压快速下降。当发电机高速运转时，如果突然失去负载，端电压就会急剧升高，这时发电机和调节器中的电子元件都有被击穿的危险。

另外，当输出电流增大到一定值时，如负载再增加，其输出电流不仅不会增加，反而会与端电压一起下降，即在外特性曲线上存在一个转折点。因此，当发电机短路时，其短路电流是很小的，这也说明交流发电机具有限制电流的功能。一般交流发电机工作在该转折点之前。

总之，发电机的转速越高，端电压就越高，输出的电流也就越大。转速对端电压影响较大，但当转速保持恒定，而输出电流增加时（即负载增加），发电机端电压有较大幅度的下降，因此，要使发电机输出电压稳定，就必须配备电压调节器。

四、多管交流发电机的工作原理

（一）六管与八管交流发电机

1. 中性点抽头

在星形接法的交流发电机中，将三相绕组的中性点用导线引出，称为中性点抽头，其接线柱的标记为“N”，输出电压用 U_N 表示。由于 U_N 是通过三个搭铁的负极二极管整流后得到的直流电压，即三相半波整流电压，所以其大小为 $U_N=\frac{1}{2}U_{out}$，该电压一般用来控制各种用途的继电器，如磁场继电器、充电指示灯继电器等。

2. 中性点整流输出

在星形接法的交流发电机中，中性点 N（见图 4-2-23）不仅具有直流电压（等于发电机直流输出电压的一半），而且包含交流电压成分。中性点瞬时电压为三相基波电压整流得到的直流分量和三次谐波交流分量的叠加，三次谐波交流分量与发电机转速有关，发电机转速越快，三次谐波交流分量的瞬时最高值越大，当发电机转速升高到一定程度时（超过 2000 r/min），交流分量的最高瞬时值就有可能超过发电机的直流输出电压（14 V），最低瞬时值则可能低于搭铁电压（0 V）。当交流分量处于高于发电机直流输出电压或低于 0 V 的情况时，便有可能对外输出电能。因此，可在中性点和发电机的“B+”端以及中性点与搭铁端“E”之间分别增加 1 只整流二极管，这两只二极管称为中性点二极管。

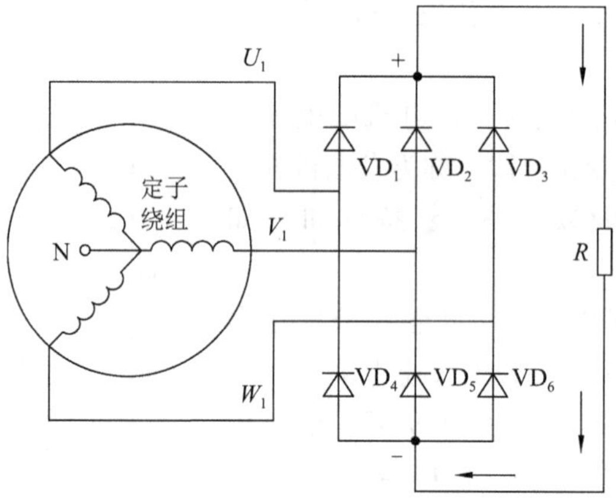

图 4-2-23　交流发电机中性点

中性点二极管 VD_7 和 VD_8 的连接如图 4-2-24 所示，其工作原理如下：

当中性点的瞬时电压高于发电机输出端 B 接线柱的输出电压 U_B 时，二极管 VD_7 导通，电流流向为：VD_7→负载→3 只负极二极管中的一只，再经某一相绕组形成回路。

当中性点的瞬时电压低于 0 V 时，二极管 VD_8 导通，电流则从某一相流出，经该相的正极二极管→负载→搭铁→VD_8，再回到中性点而形成回路。

中性点二极管可以进行辅助整流。当增加中性点二极管整流输出后，发电机在高速（超过 2000 r/min）时，其输出功率与额定功率相比，可增加 10%~15%。

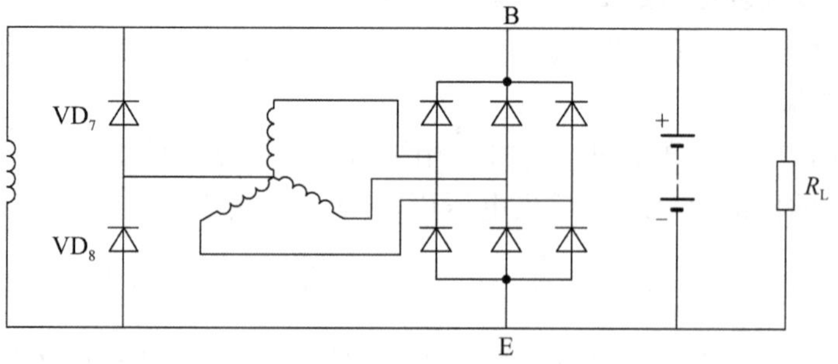

图 4-2-24　八管交流发电机工作原理

（二）九管交流发电机

为进一步提高发电机的电流输出，增加发电机的输出功率，在六管交流发电机的基础上增加了 3 只磁场二极管用于供给磁场电流，形成九管交流发电机，如图 4-2-25 所示。

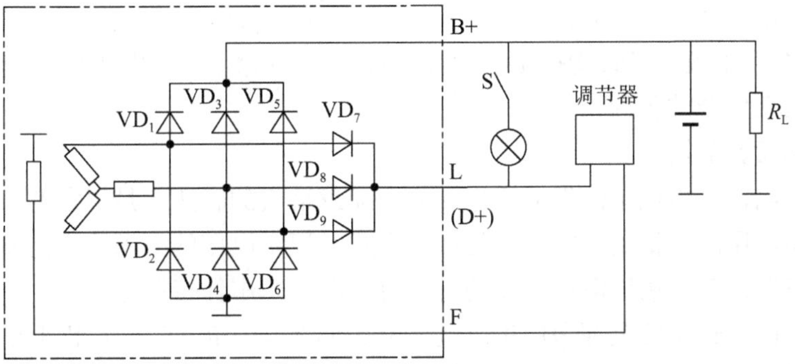

图 4-2-25　九管交流发电机工作原理

当发电机处于自励状态时，三相绕组的电流分两路输出，一路作为输出电流通过6 只二极管组成的三相全波桥式整流电路，通过接线端子“B+”对外输出；另一路通过3 只励磁二极管（正极二极管）和3 只整流负极二极管组成的励磁整流电路，作为励磁电流通过接线端子“D+”→电压调节器→磁极绕组→搭铁→3 只负极二极管中的一只，经某一相绕组构成回路，向磁极绕组提供励磁电流。

接线端子“D+”同时接充电指示灯。发动机起动时，点火开关闭合，发电机为他励方式工作，励磁电流经电池正极→点火开关 S→充电指示灯→电压调节器→磁极绕组→电池搭铁构成回路，充电指示灯亮；发动机正常运转时，接线端子“D+”输出 14 V 电压作用在指示灯的一侧，同时从“B+”输出的相等的电压作用在指示灯另一侧，因而充电指示灯熄灭。若发电机不工作或工作不良，而充电指示灯经电压调节器、磁极绕组形成闭合回路，充电指示灯亮，表明此时由电池供电，发电机存在故障。

（三）十一管交流发电机

十一管交流发电机由 6 个整流管、2 个中性点二极管和 3 只磁场二极管组成，兼具八管和九管交流发电机的优点，其工作原理如图 4-2-26 所示。

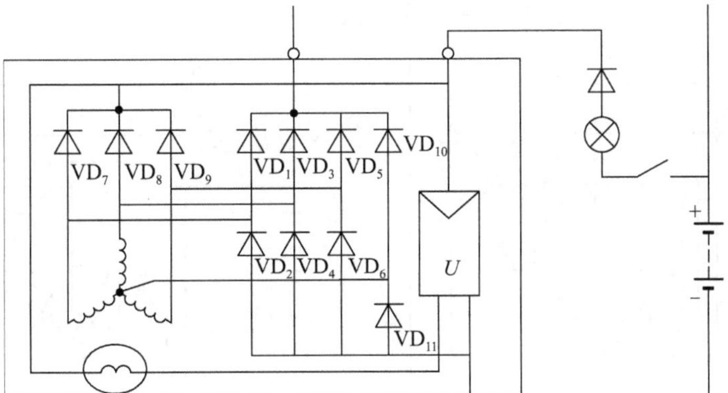

图 4-2-26　十一管交流发电机工作原理

VD_1、VD_2、VD_3、VD_4、VD_5、VD_6 6 只整流二极管组成全波桥式整流电路，

VD_{10}、VD_{11}组成中性点整流输出电路，VD_2、VD_4、VD_6 3 只负极二极管和 VD_7、VD_8、VD_9 3 只正极二极管构成励磁整流电路。十一管交流发电机广泛应用于一汽大众、上汽大众生产的各种轿车中。

五、电压调节器

由于发电机是由汽车的发动机拖动的，而发动机的转速不是恒定的，所以会造成发电机输出电压的不稳定。为了满足用电设备对恒定电压的需求，交流发电机必须配用电压调节器，使其输出电压在发动机所有工况下基本保持恒定。

目前，国内轿车已全部采用集成电路电压调节器（IC），它安装于整体式交流发电机的后端盖上，具有体积小、质量轻、灵敏度高、寿命长、无须维修等优点。

图 4-2-27 给出了集成电路电压调节器的工作原理，发电机转子线圈（即励磁绕组）的一端连接正极，另外一端通过集成电路电压调节器接地。当发电机输出电压超过调节电压预设值时，电压调节器断开接地，励磁绕组中的电流中断，发电机电压下降；当电压降到下限电压额定值时，电压调节器控制接地重新接通，励磁绕组中又有电流流过，电压再次逐渐升高。如此反复，发电机输出电压被控制在调节范围之内。

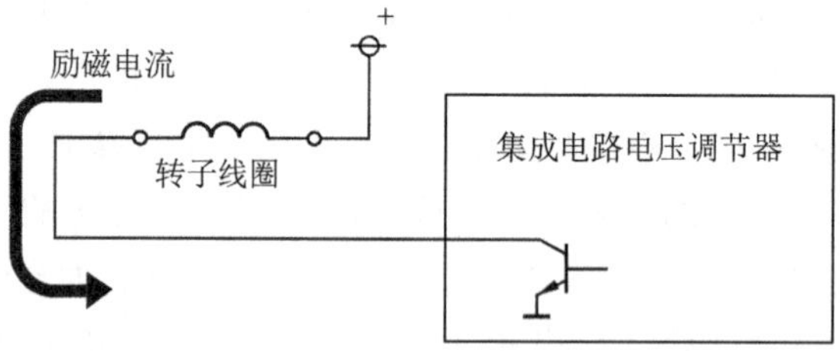

图 4-2-27　集成电路电压调节器工作原理

集成电路电压调节器可分为发电机感应型和蓄电池感应型两种，如图 4-2-28 所示。发电机感应型电压调节器通过检测发电机的内部电压来调节输出电压，它有 B、L 和 E 三个引线；蓄电池感应型电压调节器通过检测 S 端子来检测蓄电池电压，从而调节输出电压，它有 B、L、E 和 S 四个引线。

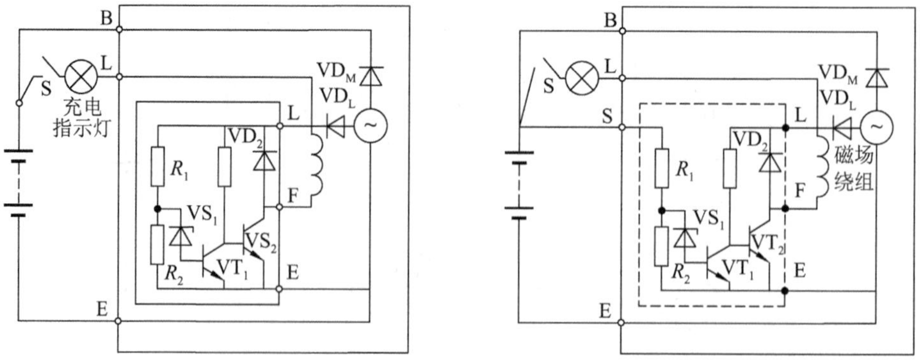

(a) 发电机感应型　　(b) 蓄电池感应型

图 4-2-28　集成电路电压调节器电路

知识准备二：发电机故障检修

一、发电机常见故障

（1）励磁绕组短路、断路、搭铁。

（2）定子绕组断路、搭铁。

（3）整流二极管短路、断路。

（4）电刷与集电环接触不良。

（5）调节器故障。

二、从车上拆卸发电机的步骤

（1）脱开蓄电池负极电缆线。

（2）取下发电机皮带，拆掉皮带张紧器。

（3）拆下发电机上的电缆线和插头连接器。

（4）拧松发电机固定螺栓，取下发电机。

三、发电机的分解与组装

1. 发电机的分解

（1）拆下发电机护罩内的电刷架或集成电路调节器。

（2）拆下后轴承盖及油封，旋下转子轴紧固螺母。

（3）拆下前、后端盖紧固螺钉，做好标记后，将前、后端盖分离。

（4）拆下皮带轮紧固螺母，取下皮带轮、风扇叶、半圆键、挡圈及垫片。

（5）拆下前端盖上轴承盖，取出轴承。

（6）拆下或焊开整流板与定子线圈的引线，取出定子总成。

（7）拆下后端盖上紧固整流板总成的螺栓，取下整流板。

2. 发电机的组装

发电机的组装按与分解相反的顺序进行。

四、发电机部件的检修

1. 转子的检修

（1）励磁绕组：用万用表 $R\times1$ 挡检测转子励磁绕组，如图 4-2-29 所示。12 V 发电机的阻值一般为 2～6 Ω，如果过低，表明励磁绕组短路；如果阻值为无穷大，表明励磁绕组断路。还应注意检查励磁绕组引线与集电环是否脱焊。

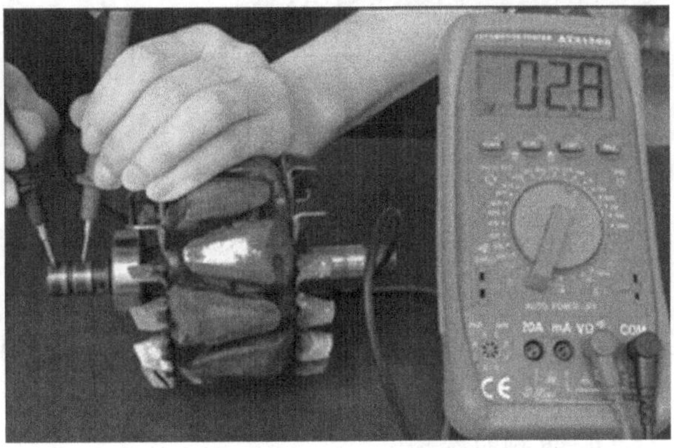

图 4-2-29　励磁绕组检测

（2）滑环：检查滑环是否出现烧蚀、严重磨损等，如图 4-2-30 所示。测量两个集电环与转子的电阻值应为无穷大，如果阻值为 0，表明搭铁故障，如图 4-2-31 所示。

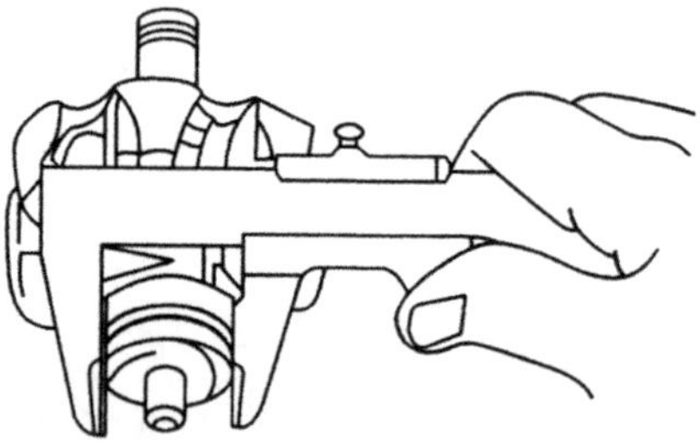

图 4-2-30　滑环磨损程度的检查

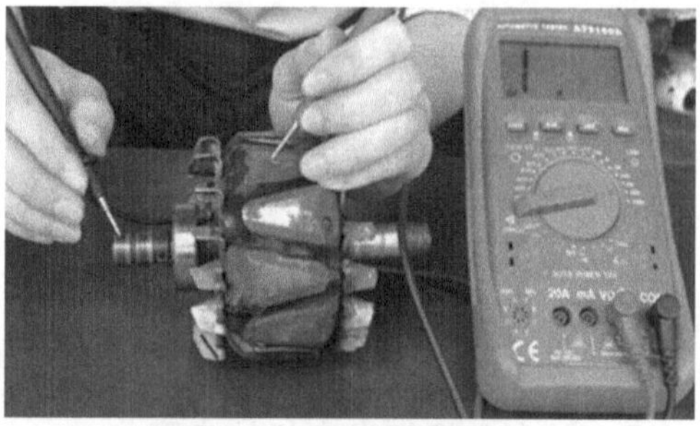

图 4-2-31　滑环搭铁检查

（3）转子轴：转子轴的径向圆跳动可用百分表来测量，如图 4-2-32 所示，其径向圆跳动不得超过 0.01 mm，否则应予以矫正。

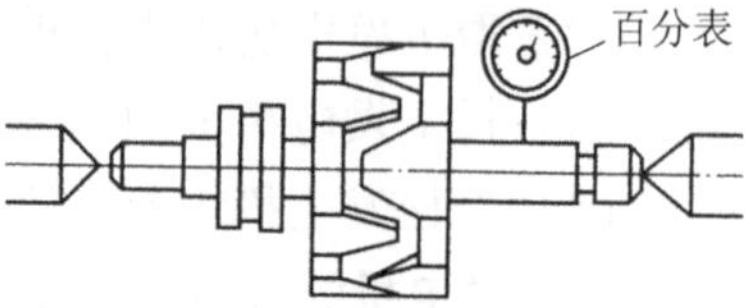

图 4-2-32　转子轴的径向圆跳动检查

2. 定子的检修

（1）断路检测：用万用表电阻 $R\times1$ 挡测量定子线圈 3 个连接端的电阻，其阻值应一致，且均小于 1 Ω，若阻值为无穷大，说明断路，如图 4-2-33 所示。

（2）搭铁检测：检测定子绕组与定子铁芯的电阻应为无穷大，否则说明搭铁故障，如图 4-2-34 所示。

由于定子绕组阻值很小，因此很难判断是否有短路故障。

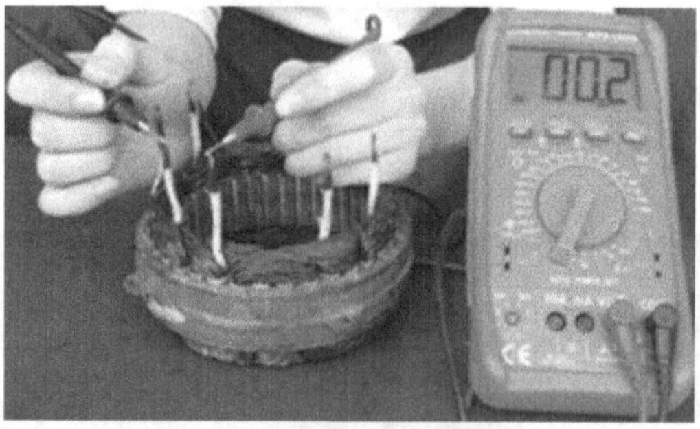

图 4-2-33　定子绕组断路检测

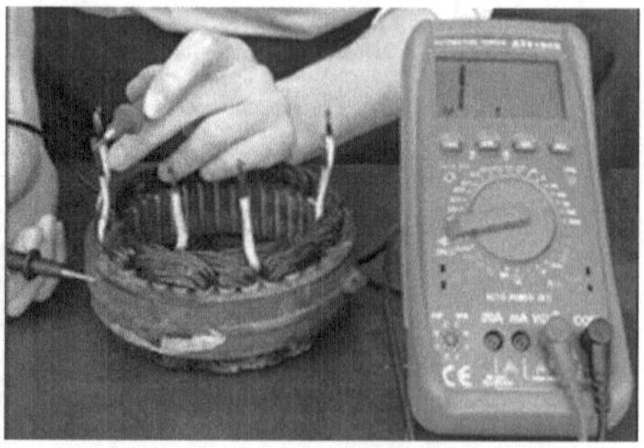

图 4-2-34　定子绕组搭铁检测

3. 整流器二极管的检修

用万用表电阻 $R\times1$ 挡检测二极管电阻，正常情况下，其正向电阻值为 8～10 Ω，反向电阻值为 10 kΩ 以上。

4. 电刷的检修

一般发电机的电刷长度不小于原长度（电刷左全新未使用时的长度）的三分之二，小于此极限时应更换电刷；电刷应活动自如，无卡滞现象；弹簧弹力应符合规定要求；电刷表面如果有油污，应用干布擦拭干净；电刷在电刷架内应滑动自如；如果弹簧折断、生锈或电刷架有裂纹，应更换电刷架。

5. 其他部件的检修

发电机壳体不可有裂纹；轴承内缺油时应更换轴承，不可在加油后继续使用；带轮槽内不可有毛刺，防止损伤传动带；带轮轴孔与轴的配合过盈量应为 0.01 ~ 0.04 mm，如果配合松旷，应进行加工修复；转子轴承的轴向和径向间隙要小于 0.2 mm，否则应更换转子轴承。

五、发电机工作状态的检测

1. 发电机空载试验

将发动机转速保持在 2000 r/min，标准电流为 10 A，标准电压为 13.9 ~ 15.1 V。若电压过高或过低，则检修电压调节器；若电流过大，则检查蓄电池，如图 4-2-35 所示。

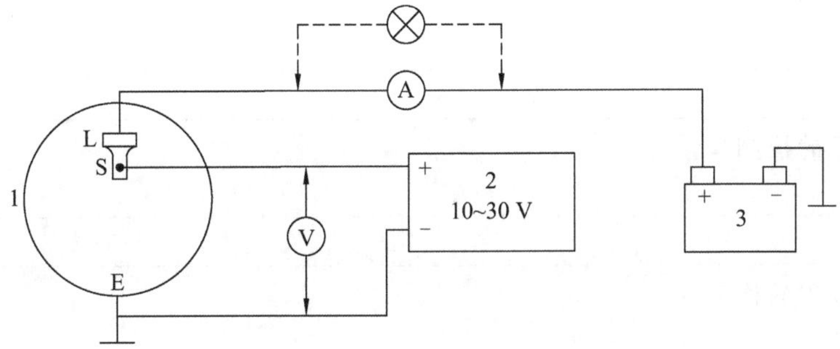

图 4-2-35　发电机空载试验原理电路

2. 发电机负载试验

保持发动机转速为 2000 r/min，打开远光灯、鼓风机等，标准电流为 30 A，标准电压为 13.9 ~ 15.1 V。若电压过高或过低，则检修电压调节器；若电流小于 30 A，则检修蓄电池或发电机。

任务实施：发电机故障检修

一、各小组任务准备

请填写表 4-2-2。

表 4-2-2　任务准备列表

序号	准备事宜	具体内容
1	安全防护措施	
2	资料、工具、仪器	
3	物料	
4	零部件	

二、记录故障现象

三、记录从发动机上拆卸发电机的顺序

四、拆检发电机，分析故障原因

（一）记录交流发电机分解顺序

（二）记录发电机各部分的检测内容

1. 转子的检测

2. 定子的检测

3. 二极管的检测

4. 电刷组件的检测

（三）记录交流发电机的组装顺序

五、记录发电机在发动机上的安装顺序

六、查看故障是否排除

任务三　充电系统电路检修

任务导入

客户反映车辆在行驶途中充电指示灯亮，该车首次出现这样的问题。4S 店接待人员试车验证故障后确认是充电系统故障，进一步检查发现是电压调节器故障，更换调节器之后车辆恢复正常。汽车电压调节器既可以防止电压过高或过低而损坏车载用电设备，还可以避免车载蓄电池过充电，是燃油汽车必不可少的配件。

知识准备：充电系统电路信息

一、充电系统的作用和组成

现代汽车的电子设备数量日益增多，充电系统的地位更加突出。各种电控系统能否正常工作，完全取决于汽车行驶时蓄电池的充电情况和所产生的电流大小。汽车上的蓄电池不具备长期给电气系统供电的能力，所以需要不断充电。

1. 充电系统的作用

充电系统的作用有两个：一是为蓄电池充电；二是在发电机工作时，给电器元件提供电能。

2. 充电系统的组成

汽车充电系统由蓄电池、发电机、电压调节器及充电状态指示装置组成。发电机作为汽车运行中的主电源，担负着向起动系统之外的所有用电设备供电和为蓄电池充电的任务。由于发电机是由发动机经传动带驱动旋转的，因此当发动机转速变化时，发电机输出电压也随之变化。为满足汽车用电设备用电及为蓄电池充电的要求，充电系统设有电压调节器，电压调节器通过调节发电机的励磁电流，保持发电机在转速和负荷变化时输出电压的稳定。充电状态指示装置用于指示充电系统的工作情况，指示蓄电池是处于充电状态还是处于放电状态。汽车仪表板上装有充电指示灯，它在发电机没有输出电能或者电能输出过低的情况下会被点亮。

当汽车发电机运转时，充电系统的工作情况由电流表或充电指示灯显示，如图 4-3-1 所示。充电系统各元件在车上的位置如图 4-3-2 所示。

图 4-3-1　充电指示灯

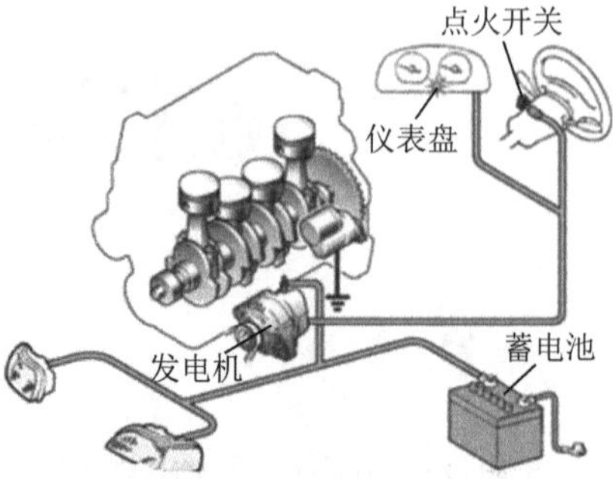

图 4-3-2　充电系统的元件位置

二、充电系统电路控制原理

图 4-3-3 所示为一款捷达轿车充电系统电路控制原理图。

发电机后端盖上的 B+连接在蓄电池正极柱上，后端盖上插接器的 L 端子连接组合仪表盘内的充电指示灯。当打开点火开关时，蓄电池的电流从正极出发流经充电指示灯，向发电机插接器 L 端子提供电源电压，为发电机励磁绕组供电，电流通过电压调节器电路搭铁形成回路。此时，发电机励磁绕组通电产生磁场，充电指示灯亮。当发动机开始运转时，发电机开始发电，发电机励磁线圈由开始时的蓄电池励磁改为发电机自励。此时，加载到充电指示灯两端的电压相同（都为蓄电池电压），充电指示灯熄灭，如果没有熄灭，说明充电系统电路存在故障，如图 4-3-4 所示。

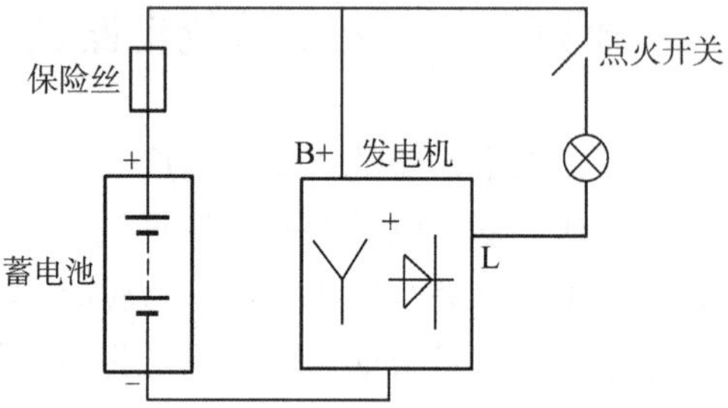

图 4-3-3　捷达轿车充电系统电路

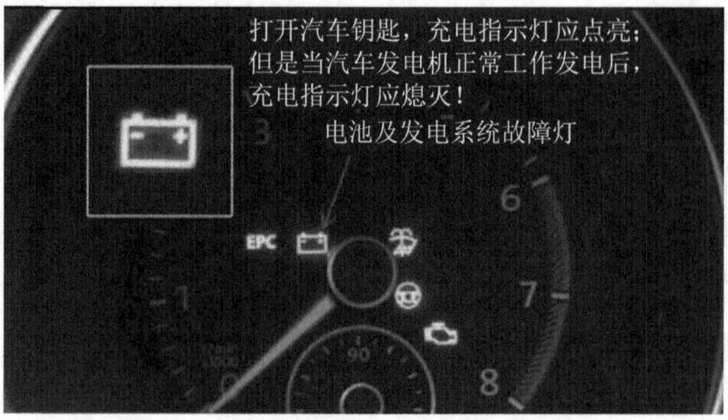

图 4-3-4　仪表盘上充电指示灯工作状态

当发动机启动后发电机输出的电压高于蓄电池电压时，发电机则通过 B+端子为蓄电池充电。

三、充电系统故障诊断

汽车在行驶中，如果充电指示灯亮起，说明发电机不发电了，此时发动机的正常运转是靠消耗蓄电池的电能来维持的。因此，当充电指示灯亮起时，必须立即停车，不能再继续行驶。否则继续行驶一段距离后，就会因蓄电池严重亏电而不得不停车，发动机也无法成功起动，只能通过给蓄电池充足电或者借用其他车辆的蓄电池来重新起动。

发电机不发电的原因一般有以下几点：

（1）发电机驱动皮带过松。这一故障一般会导致充电量减少，充电指示灯在晚上经常会出现闪烁现象，但在白天因为光线比较强，往往难以发现。固定好发电机，调整好皮带的松紧度后，故障会消失。

（2）充电系统线路故障。发电机的电源输出端线路出现断路或接触不良，也会导致充电指示灯亮起。

（3）发电机与电压调节器之间的连接线路接触不良。汽车上的充电系统由发电机和电压调节器组成，任何一个出现故障，充电系统都会不充电。

（4）发电机故障。如整流二极管短路、断路；磁极绕组断路、短路；定子绕组断路、搭铁；电刷在电刷架中卡住或者严重磨损（这个故障最为常见）。

（5）电压调节器故障。因为电压调节器大多由半导体元件组成，存在老化问题，所以对于一些老旧车辆，电压调节器的故障比较多。电压调节器的故障只能用代替法进行判断。

任务实施：充电系统电路故障检修

一、各小组任务准备

请填写表 4-3-1。

表 4-3-1　任务准备列表

序号	准备事宜	具体内容
1	安全防护措施	
2	资料、工具、仪器	
3	物料	
4	零部件	
5	其他	

二、摘画充电系统电路图，分析控制原理和故障原因

（一）摘画步骤

（1）查看电路图，标注出与充电控制系统有关的组成元件。

（2）仔细分析各元件之间的连接关系和对应针脚号。

（3）画出充电及保险部分的电路草图。（采用反向画法，先从充电指示灯开始画）

（4）画出控制开关部分的草图。（标出各元件针脚号和线径颜色）

（5）使用直尺和铅笔，对照草图画出最终电路图。（标出各元件针脚号和导线电路代号）

（二）摘画维修电路手册上的充电系统基础电路图

30

15

X/75

31

三、制订故障排除计划

请填写表4-3-2。

表 4-3-2 计划列表

序号	步骤	工具	操作人员	注意事项
1	铺好三件套			
2	打开机舱盖，简单清洁发动机舱			
3	检查蓄电池电压			
4				
5				
6				

四、上车实施

请填写表4-3-3。

表 4-3-3 实施列表

检查项目	检查标准	检查结果	处理意见
发动机启动前蓄电池电压是否为电源电压	电源电压	是□　否□	
发动机启动后蓄电池电压	在14.7 V左右	是□　否□	
保险丝及连接情况		好□　坏□	
插接器L端子到仪表板		好□　坏□	

五、检查

实施后各小组进行自检和互检，查看操作是否正确，工具、仪器、物料、零部件以及车辆是否归位，现场是否符合 5S 管理要求，记录检查结果，填写表 4-3-4。

表 4-3-4　检查列表

序号	检查内容	检查结果
1	工具使用是否正确	
2	启动发动机充电指示灯是否点亮	
3	故障是否排除	
4	保险是否为规定大小	
5	零部件、工具摆放是否到位	
6	工作场地是否整洁	

六、总结

____

____

____

____

知识拓展：国赛车型迈腾 B8 的电源管理

一、发电机管理

发电机外部的连接端子（见图 4-3-5）有 B+、L 和 DFM 三根线：

（1）发电机输出线 B+，直接与蓄电池正极相通。

（2）发电机励磁线 L，连接车载电网控制单元 J519。图 4-3-6 为车载电源负荷管理，J519 分析 L 端子电压信号后再通过 CAN 总线发送给组合仪表控制单元 J285，从而控制充电指示灯的点亮与熄灭，发电机的励磁电流由 J519 直接提供。

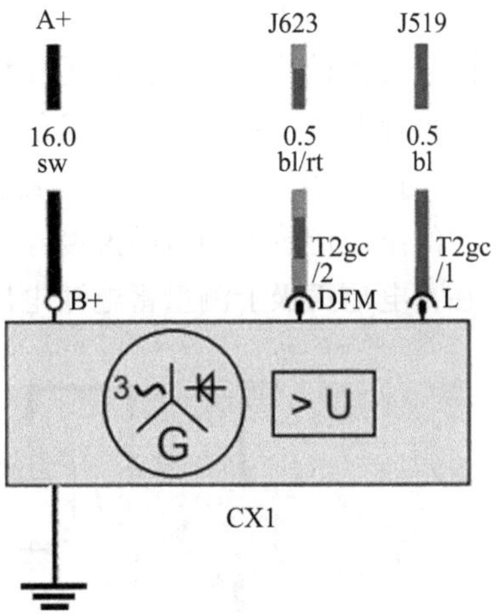

图 4-3-5　发电机连接端子

（3）DFM 线输出发电机的负荷信号（占空比信号），通向发动机控制单元，检修中通过读取发动机控制单元的数据流来读取发电机的负荷信号，通常以百分比表示。DFM 线主要是向发动机管理系统报告自己当前转速下的负荷，可以利用诊断仪通过 01-08-053 组数据流读取，正常发电机负荷在 46. 7%。发动机电子控制单元（ECU）会通过负荷数据来调整发动机扭矩和转速，若发电机报告负荷接近100%，则ECU会提高转速，以提高发电量，降低发电机相对负荷值。

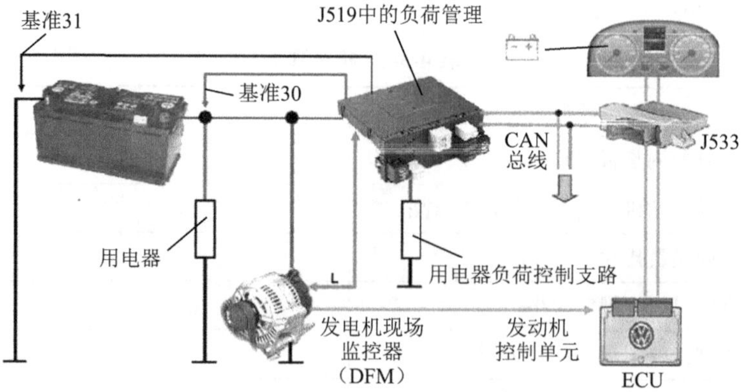

图 4-3-6　车载电源负荷管理

二、蓄电池管理

蓄电池监控装置控制单元（J367）也称为蓄电池传感器，安装在蓄电池负极上，用于识别蓄电池状态，测量的参数主要有蓄电池电流（充电和放电电流）、蓄电池电压和蓄电池温度，如图4-3-7和图4-3-8所示。J367的核心部分是一个CPU（中央处理器），该处理器用于测量蓄电池的电流、电压和温度，以及与网关J533的通信。J367将识别到的蓄电池状态信息通过LIN线传递给网关J533，由J533对蓄电池进行诊断，并管理发动机停转后用电设备的使用，以及在发动机运行中调节发电机充电电压和用电设备的负荷状态。

蓄电池电流在蓄电池负极处进行测量。流入蓄电池负极的总电流流经J367中的1个分流电阻，作用在分流电阻上的电压与电流成正比，中央处理器可以测量电压降，进而计算回流到蓄电池中的电流。该分流电阻必须非常小（mΩ级），以保证功率损耗及所产生的热量尽可能小。

J367中有一个温度传感器，由于J367直接固定在蓄电池负极上，所以可将J367中的温度传感器测得的温度经过处理后估算出蓄电池温度。电压测量装置是直接连接在蓄电池正极上测量蓄电池电压的。

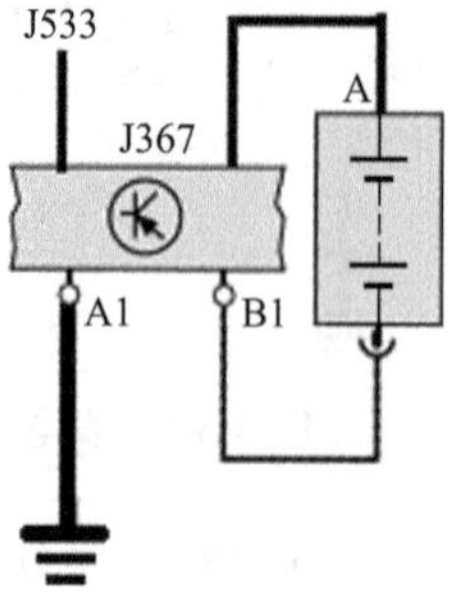

图 4-3-7　蓄电池传感器电路

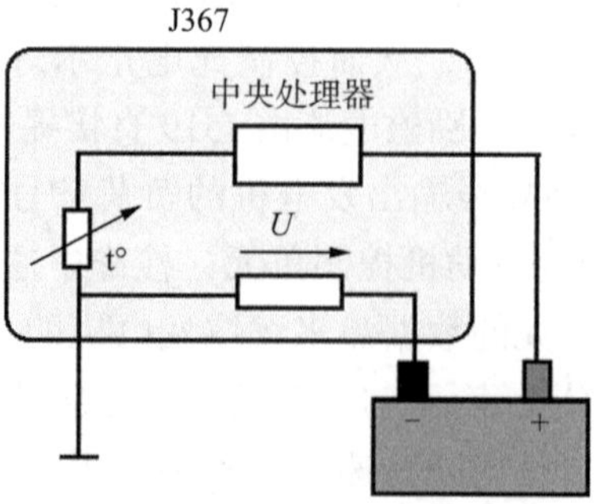

图 4-3-8　蓄电池传感器工作原理

思考与练习

一、选择题

1. 蓄电池在放电过程中，其电解液的密度（　　）。

A. 不断上升　　B. 不断下降　　C. 保持不变

2. 蓄电池电解液的相对密度一般为（　　）g/cm^3。

A. 1.24~1.28　　B. 1.15~1.20　　C. 1.35~1.40

3. 蓄电池极板上的活性物质在放电过程中都转变为（　　）。

A. 硫酸铅　　B. 二氧化铅　　C. 铅

4. 在讨论蓄电池结构时，甲的观点是12 V蓄电池由6个单格电池并联组成，乙的观点是12 V蓄电池由6个单格电池串联组成，你认为（　　）。

A. 甲正确　　B. 乙正确　　C. 甲、乙都正确　　D. 甲、乙都不对

二、判断题

1. 在单格蓄电池中，负极板总比正极板多1片。（　　）

2. 将蓄电池的正、负极板各一片插入电解液中，即可获得12 V的电动势。（　　）

3. 蓄电池主要包括极板、隔板、电解液和外壳等。（　　）

4. 蓄电池可以缓和电气系统中的冲击电压。（　　）

5. 蓄电池正极板上的活性物质是二氧化铅，负极板上的活性物质是海绵状纯铅。（　　）

三、简答题

案例思考：一辆福田载货汽车，启动后充电指示灯不熄灭，由于运输任务较多，驾驶员并未及时将车送修。在一个多星期的使用过程中，每次启动都很顺利，但仪表板上充电指示灯总不熄灭。

请针对这一故障现象，分析可能的原因。

项目五

起动系统检修

本项目主要任务是学习起动机的结构组成、工作原理，以及起动电路的控制原理；了解起动机的常见故障，掌握起动系统故障检修流程。

知识目标

掌握起动机的结构与工作原理；
掌握起动机的拆装步骤和检修内容；
了解起动机常见故障；
掌握起动系统故障检修流程。

技能目标

能够正确拆装起动机；
能够正确使用和维护起动机；
能够检修起动系统。

素质目标

具备良好的团队合作能力和组织协调能力，能与他人合作完成复杂的工作；
具备良好的心理素质和克服困难的能力，能进行一般危机处理；
具有较强的质量意识、安全意识、环保意识和客户意识；
具有较强的事业心和高度的责任感，能按时高效完成工作任务。

任务一　起动机故障检修

任务导入

客户反映自己的别克自动挡轿车停在小区内无法起动，经过维修人员检测，确认是起动机内部故障，拆解起动机发现其内部电枢绕组断开，这种情况通常是通电时间过长引起的。维修人员询问客户起动车辆的习惯，发现客户每次起动时间都较长，而且再次起动时间间隔很短，这直接导致起动机长时间大电流通电，电枢线圈过热烧断。因此，我们应该养成严谨细致的用车习惯，严格按照操作规范来执行。

知识准备一：起动机信息

一、起动机的作用

发动机的起动需要外力支持，起动机将蓄电池的电能转化为自身旋转的动能，通过启动齿轮与发动机飞轮啮合，驱动发动机飞轮旋转，实现发动机的起动。

起动机外壳由低碳钢卷制而成，或由铸铁铸造而成，如图 5-1-1 所示。起动机工作时间很短，所以一般采用滑动轴承。对于减速起动机，由于其电枢的转速很高，电枢轴承则采用滚动轴承。

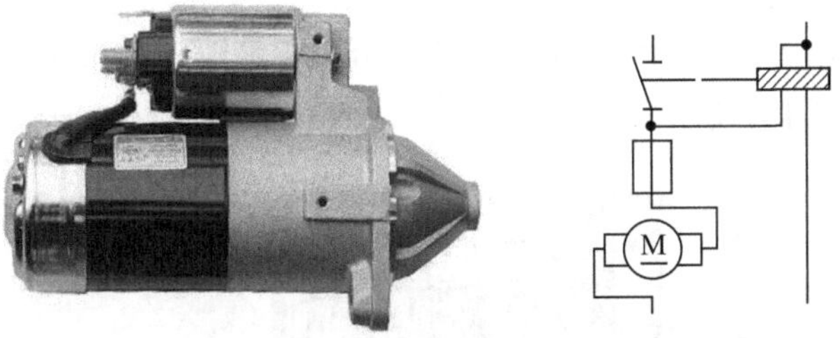

(a) 外型　　(b) 电路符号

图 5-1-1　起动机外型及其电路符号

二、直流电动机原理

直流电动机作为起动机的一部分，利用了通电导体在磁场中受力运动的原理，如图 5-1-2 所示。两片换向片分别与线圈的两端连接；两个电刷一端与两片换向片相接触，另一端分别接蓄电池的正极和负极，直流电源的电流通过电刷和换向片被引入可转动的电枢绕组。图 5-1-2a 中，根据左手定则判断，电流方向为 $a \rightarrow b \rightarrow c \rightarrow d$，电枢绕组的 ab 边受到向左的电磁力 F，电枢绕组的 cd 边受到向右的电磁力 F，形成了电

磁转矩 M。当线圈转过半周时，如图 5-1-2b 所示，换向器使得电枢绕组的电流方向改变，电流方向为 $d \to c \to b \to a$，电枢绕组的 ab 边受到向右的电磁力 F，电枢绕组的 cd 边受到向左的电磁力 F，电枢绕组因受力产生的电磁转矩 M 方向不变，电枢继续转动。这样，在电源连续对电动机供电时，其线圈就不停地沿同一方向转动。

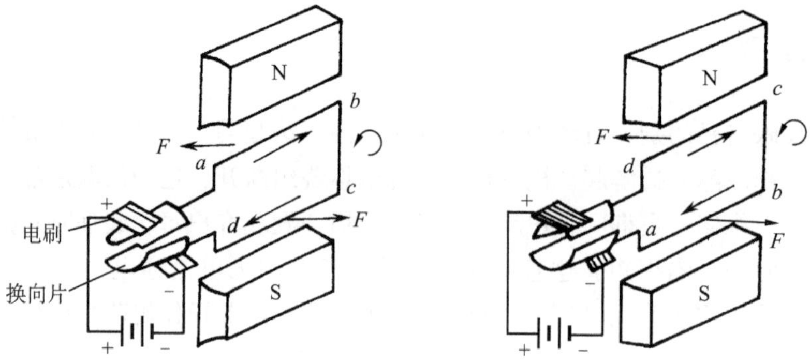

(a) 电流方向$a \to d$　　(b) 电流方向$d \to a$

图 5-1-2　直流电动机工作原理

由于一个线圈的电磁转矩太小，实际中为了使直流电动机能够产生足够大且稳定的电磁转矩，常在电枢上绕有很多线圈，使得换向器的片数也相应增加。

串励电动机工作时，电流从励磁绕组的始端进入各励磁绕组，励磁绕组的末端连接绝缘电刷，绝缘电刷又与换向片滑动接触，电流便从换向片进入电枢线圈，再经搭铁电刷流回电源负极构成回路。由于励磁绕组和电枢绕组串联相接，因此称此类电动机为串励电动机。

三、起动机的组成

起动机一般由直流电动机、传动机构、电磁操控装置三部分组成，如图 5-1-3 所示，其零件如图 5-1-4 所示。

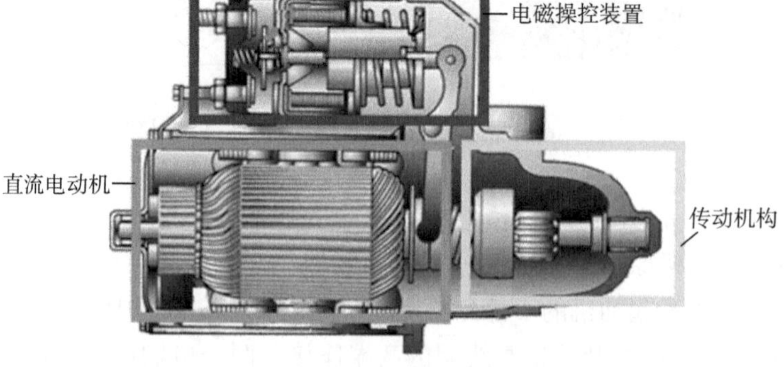

图 5-1-3　起动机三大组成部分

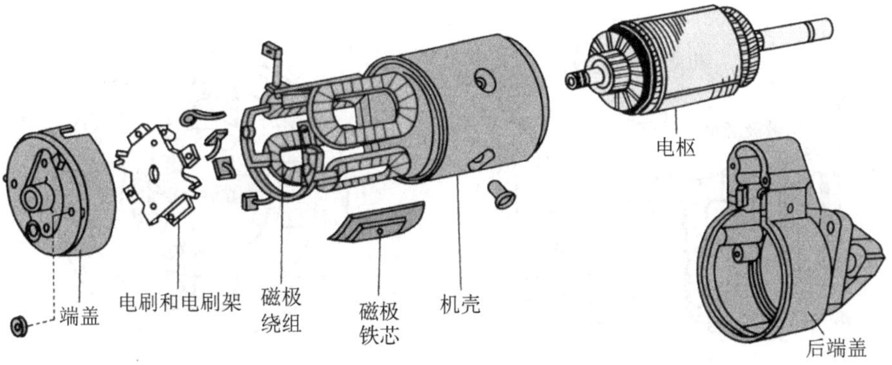

图 5-1-4　起动机零件图

（一）直流电动机

直流电动机的作用是产生转矩，它主要由电枢、磁极、电刷与电刷架、端盖等组成。

1. 电枢

电枢的作用是产生电磁转矩，主要由换向器、电枢绕组和电枢铁芯等组成，如图 5-1-5 所示。电枢铁芯是由硅钢片叠装而成，其圆周表面上有槽，用于安装电枢绕组；电枢绕组用很粗的扁铜线绕制而成；换向器由截面呈燕尾形的铜片围合，并由铜片和云母片相间叠压而成，压装在电枢轴上。燕尾形铜片称为换向片，换向片较厚，相邻换向片之间用云母片绝缘。换向器的作用是通过电刷将电流引入电枢绕组，并使不同磁极下导线的电流方向保持不变。

图 5-1-5　电枢

2. 磁极

磁极由铁芯和磁极绕组（即励磁绕组）构成，用于在电动机内形成一个磁场，用螺钉固定在电动机壳体上，如图 5-1-6 所示。

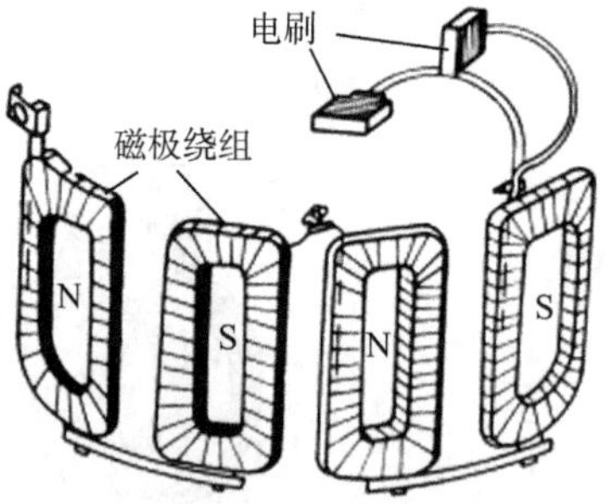

(a) 直流电动机磁极绕组和电刷装配示意图

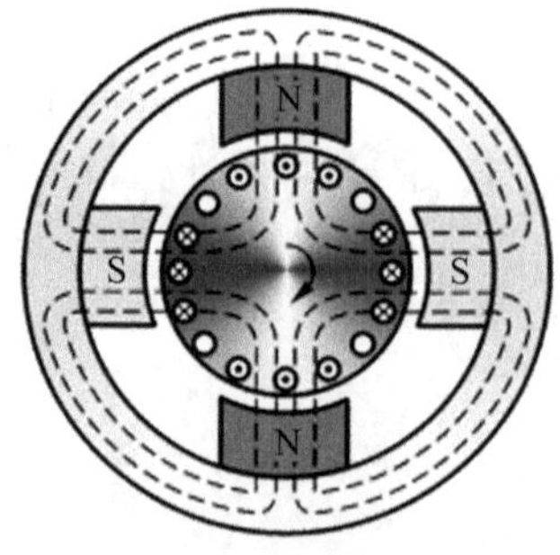

(b) 直流电动机磁极磁场分布图

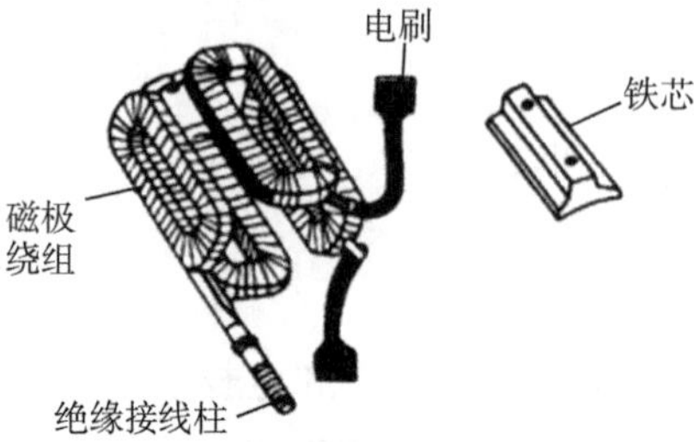

(c) 直流电动机磁极绕组及电刷组件分解图

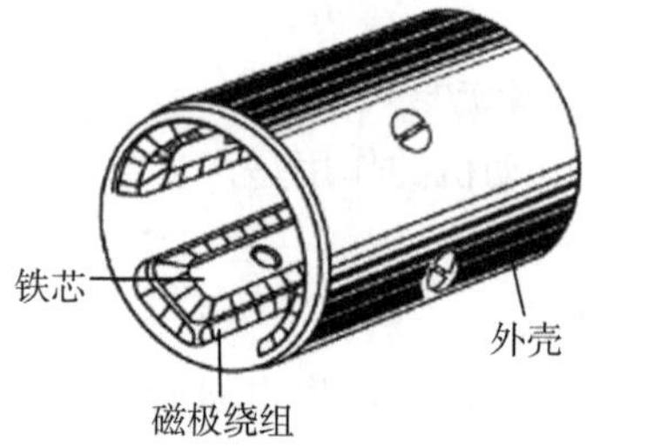

(d) 直流电动机磁极绕组与铁芯装配剖面图

图 5-1-6 磁极及磁通回路

串励直流起动机是指磁极绕组与电枢绕组串联，磁极绕组一端连接在壳体的绝缘接线柱上，另一端通过电刷与电枢绕组串联。一般起动机磁极绕组有 4 个，4 个绕组可直接串联，也可两两串联后再并联，如图 5-1-7 所示。起动时，该电动机电路为：接线柱→励磁绕组→正电刷→换向器→电枢绕组→负电刷→搭铁。

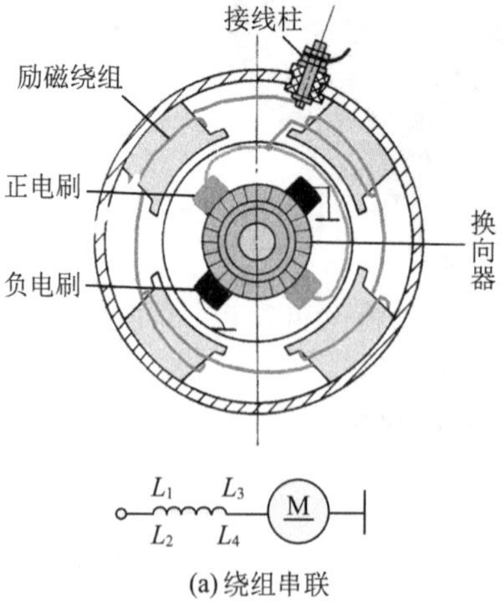

(a) 绕组串联

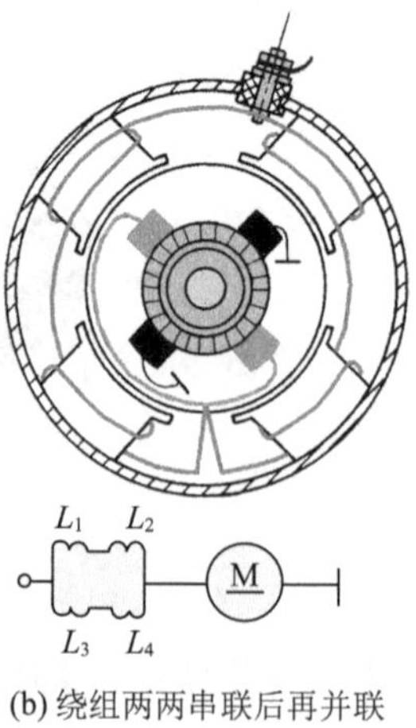

(b) 绕组两两串联后再并联

图 5-1-7 串励直流起动机内部结构示意图

图 5-1-8 所示为永磁式起动机的永磁体结构，从图中可以看到，起动机取消了传统的励磁绕组，改由永久磁铁代替。多个排列的磁极嵌入在机壳内，与机壳一并形成磁场，从而实现了永磁式起动机的功能。这种设计简化了结构，提高了可靠性和效率。

图 5-1-8　永磁式起动机的永磁体结构

3. 电刷与电刷架

电刷与电刷架的作用是将电源电压加到与换向器相连接的电枢绕组上，或者说，电刷与电刷架的作用是将直流电源引入电动机。

电刷、电刷架和电刷弹簧统称为电刷组件（见图 5-1-9）。电刷由铜粉与石墨粉压制而成，以减小电阻、增加耐磨性。电刷架固定在起动机后端盖内，电刷装在电刷架中，借电刷弹簧的压力紧压在换向片上。直接固定在端盖上的电刷架称为搭铁电刷架，装入此架中的电刷称为搭铁电刷。用绝缘板将电刷架绝缘并固定在端盖上的电刷架称为绝缘电刷架，装入此架中的电刷称为绝缘电刷。

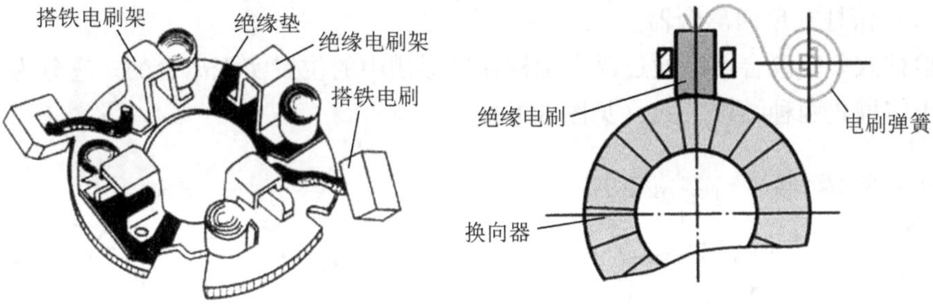

(a) 电刷和电刷架　　(b) 换向器上的绝缘电刷和电刷弹簧

图 5-1-9　电刷组件

4. 端盖

直流电动机有前、后两个端盖，前端盖为灰铸铁制成的缺口杯状，内部装电动机的传动机构，故又称为驱动端盖，其上设有拨叉座以及驱动齿轮的行程调整螺钉；后端盖一般用钢板压制而成，电刷架装在后端盖内，两端盖的中心均压装有青铜石墨轴承或铁基含油轴承。为了适应较长的电枢轴，前后端盖之间还装有中间轴承板，以免电枢轴弯曲变形。从前端盖的两个螺孔内穿入两个长的组装螺钉并拧入前端盖的螺孔内，就将起动机组装成一个整体了。

（二）传动机构

传动机构的作用是实现驱动齿轮和飞轮齿圈的啮合与分离。它主要由单向离合器、拨叉、驱动齿轮、活动铁芯等组成。

起动机不工作时，驱动齿轮处于图 5-1-10a 所示的位置；当起动机起动时，拨叉将驱动齿轮推出与飞轮齿圈啮合，将直流电动机产生的转矩传递给发动机曲轴，使发动机起动，如图 5-1-10b 所示；起动后，飞轮转速高于驱动齿轮，单向离合器立刻打滑，起动机拨叉在复位弹簧作用下回位，带动驱动齿轮退出飞轮齿圈的啮合。

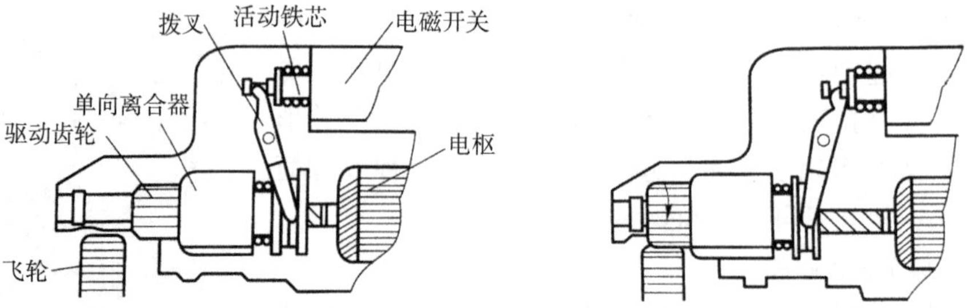

(a) 起动机未工作　　(b) 起动机啮合工作

图 5-1-10　传动机构工作过程

1. 单向离合器

单向离合器可以实现动力的单向传递，单向离合器的作用是保证让电枢轴上的电磁转矩传递给发动机的飞轮齿圈，而在发动机起动后自动打滑，防止起动机被飞轮反拖，保护起动机电枢不致飞散而损坏。单向离合器常见的形式有滚柱式、摩擦片式、弹簧式三种。

（1）滚柱式单向离合器。

滚柱式单向离合器是通过改变滚柱在楔形槽中的位置实现离合的。它分为十字块式和十字槽式两种结构形式（见图 5-1-11）。

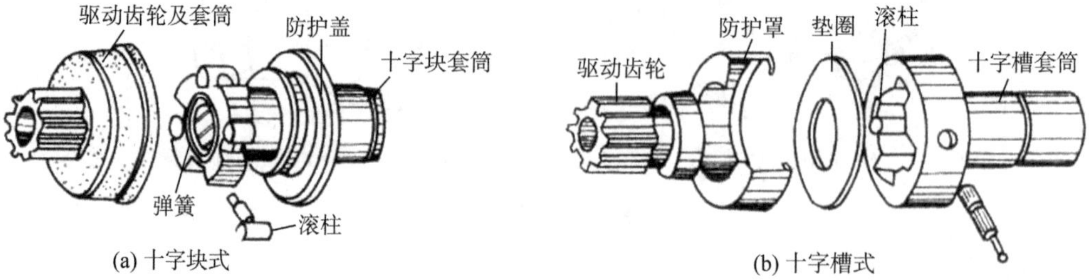

(a) 十字块式　　(b) 十字槽式

图 5-1-11　滚柱式单向离合器

① 滚柱式单向离合器的结构。

以十字块式为例，驱动小齿轮与离合器外圈制成一体，离合器内装有十字块及 4 套滚柱、压帽和弹簧。十字块与花键筒固定连接，防护盖与外壳相互扣合密封。十字块套筒的外面装有啮合弹簧及垫圈，末端安装拨环和卡圈。整个离合器总成套装在电动机轴的花键部位，可做轴向移动和随轴转动。在外壳与十字块之间，形成 4 个楔形槽，槽内分别装有 1 套滚柱、压帽和弹簧。滚柱的直径略大于楔形槽内最窄端的空隙，略小于槽内最宽端的空隙。

② 滚柱式单向离合器的工作原理。

如图 5-1-12 所示，当发动机起动时，起动机电枢旋转，转矩经套筒带动十字块旋转，滚柱在外壳摩擦力的作用下向十字块旋转的反方向转至楔形槽最窄端，4 个滚柱被挤压在外壳和十字块之间，外壳、十字块、滚柱三者便一起运转起来。外壳与驱动齿轮制成一体，驱动齿轮把电枢轴的力矩传递给发动机飞轮。发动机起动后，飞轮齿圈会带动驱动齿轮旋转。当驱动齿轮（与外壳制成一体）转速超过电枢轴转速时，外壳又将滚柱带入楔形槽的最深处，滚柱与十字块之间出现了间隙，便失去了相互驱动的关系，因而发动机的力矩将不会反向传递，起到保护起动机的作用。

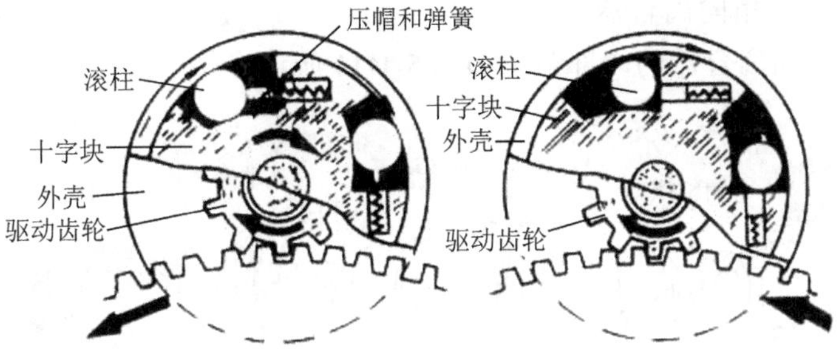

(a) 起动时　　(b) 起动后

图 5-1-12　滚柱式单向离合器的工作原理

③ 滚柱工作受力分析（见图 5-1-13）。

a. 起动时滚柱受力状态：发动机起动阶段，电枢带动十字块顺时针转动（对应图中箭头方向）。十字块与外壳间的楔形槽，因相对运动使滚柱受十字块推力 f_2、外壳摩擦力 f_1，滚柱被挤向楔形槽窄端并卡紧。此时，滚柱将十字块的转矩通过摩擦力传递给外壳，驱动与外壳一体的驱动齿轮带动飞轮，实现发动机起动。

b. 起动后滚柱受力状态：发动机起动成功，飞轮齿圈转速超过起动机电枢，带动驱动齿轮、外壳顺时针转动（对应图中箭头方向）。外壳相对十字块反向运动，使滚柱受外壳推力 f_2'、十字块摩擦力 f_1'，滚柱滑向楔形槽宽端。滚柱与十字块、外壳间出现间隙，切断动力反向传递，避免发动机带动起动机超速运转，保护起动机。

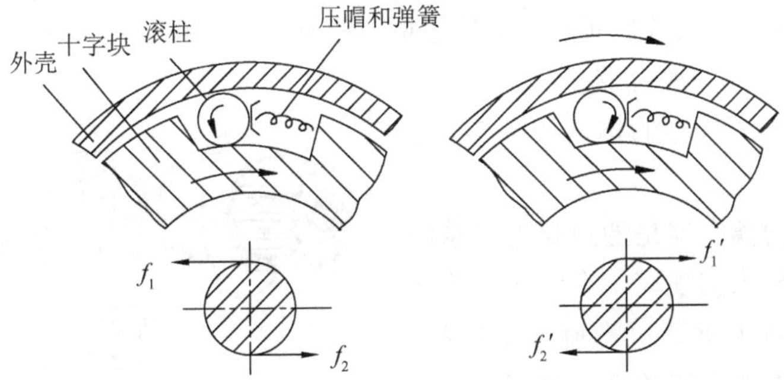

(a) 起动时滚柱受力状态　　(b) 起动后滚柱受力状态

图 5-1-13　滚柱工作受力分析

单向离合器的内圈通过花键与转子相连，外圈则与驱动齿轮连接在一起。当起动机运转时，单向离合器内圈带动离合器内部滚柱克服弹簧力向外圈楔形槽窄端靠拢并被内外圈卡紧，靠摩擦力带动外圈转动，实现力矩传递。当发动机起动着车后，若驱动齿轮不回位，则发动机带动起动机驱动齿轮顺时针旋转，此时，单向离合器外圈的转动方向和滚柱弹簧迫使离合器滚柱滚向楔形槽宽端，从而中断了单向离合器外圈向内圈的动力传递，从而防止直流电动机高速运转损坏起动机。在对起动机传动机构进行检查时，应检查拨叉有无变形、驱动齿轮有无缺齿和裂纹等现象，还应检查单向离合器工作是否正常。

（2）摩擦片式单向离合器。

摩擦片式单向离合器的内部结构如图 5-1-14 所示。

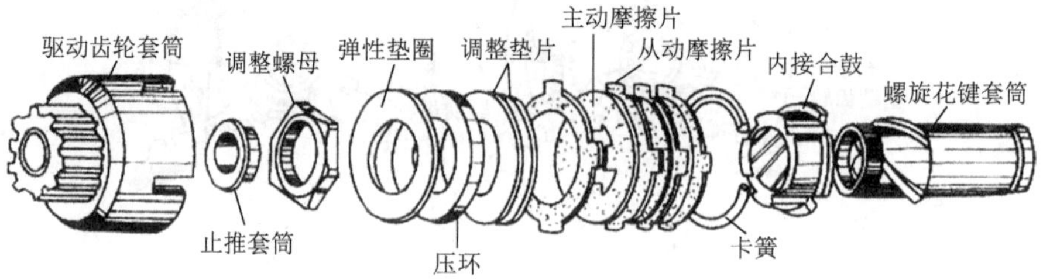

图 5-1-14　摩擦片式单向离合器的内部结构

它是通过主、从动摩擦片的压紧和放松来实现离、合的。螺旋花键套筒的内圆与电枢轴之间通过右螺旋花键连接，其外圆与内接合鼓通过三线螺旋花键连接；内接合鼓外圆上有凹槽，与主动摩擦片的内凸齿相配合；从动摩擦片有外齿，装入驱动齿轮套筒的槽中，驱动齿轮套筒与驱动齿轮为一体；螺旋花键套筒上自左向右还装有弹性垫圈、压环和调整垫片，端部用限位螺母轴向固定。发动机起动时，起动机电枢轴带动螺旋花键套筒转动，由于惯性的作用，内接合鼓与螺旋花键套筒之间有相对转动，内接合鼓沿轴向左移，从而使主、从动摩擦片被压紧，通过其摩擦力将电枢的电磁转矩传递给驱动齿轮。发动机起动后，在飞轮的带动下，内接合鼓的转速将高于传动套筒的转速，两者的相对转动使内接合鼓轴向右移，从而使主、从动摩擦片之间的压力消失而发生打滑，避免了发动机飞轮带动起动机电枢高速旋转，进而对起动机起到保护作用。

（3）弹簧式单向离合器。

弹簧式单向离合器的构造如图 5-1-15 所示。

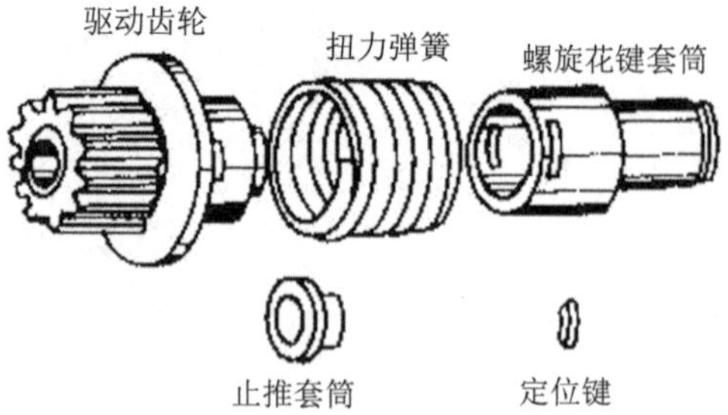

图 5-1-15　弹簧式单向离合器的构造

弹簧式单向离合器是通过扭力弹簧的径向收缩和放松来实现离、合的。螺旋花键套筒与起动机电枢通过螺旋花键连接，驱动齿轮的一端制有齿轮柄，属于电枢轴的光滑部件。在螺旋花键套筒和驱动齿轮对接处装有两个月形圈，使二者只能做相对转动而不能做轴向移动。在驱动齿轮柄和螺旋花键套筒的外圆表面装有扭力弹簧，弹簧的两端分别有 1/4 圈，它们内径较小，分别箍紧在驱动齿轮柄和传动套筒上。

发动机起动时，电枢轴带动传动套筒稍有转动，扭力弹簧就顺着其螺旋方向将齿轮柄与传动套筒包紧，起动机转矩经扭力弹簧传给驱动齿轮以起动发动机。发动机起动后，由于驱动齿轮转速高于传动套筒的转速，因此扭力弹簧放松，使驱动齿轮柄与传动套筒松脱而打滑，于是驱动齿轮空转，而电枢轴不随飞轮高速旋转。

2. 拨叉

拨叉（见图 5-1-16）的作用是使单向离合器做轴向移动，将驱动齿轮啮入和脱离飞轮齿圈。

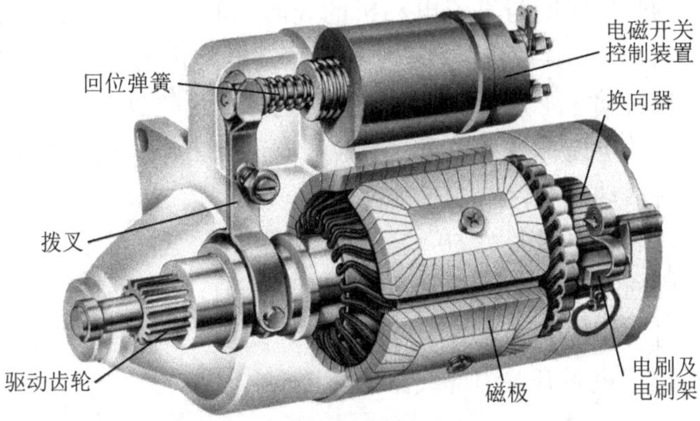

图 5-1-16　起动机内部拨叉

当发动机起动时，按下按钮或转动点火开关至起动位，线圈通电产生电磁力将铁芯吸入，于是带动拨叉绕拨叉轴转动，拨叉轴下端推出单向离合器及驱动齿轮，使之与飞轮齿圈啮合。发动机起动后，只要松开按钮或点火开关，两线圈电流方向就相反，电磁力互相抵消，在回位弹簧的作用下铁芯退出、拨叉返回，拨叉头又将打滑工况下的单向离合器拨回，驱动齿轮脱离飞轮齿圈，起动工作结束。

（三）电磁操控装置

1. 作用

电磁操控装置主要指电磁开关，其作用是接通或切断蓄电池与起动机之间的电路。

2. 组成

电磁开关主要由活动铁芯、保持线圈、吸拉线圈、触盘和触点等组成，如图 5-1-17 所示，其外型如图 5-1-18 所示，50 端子连接点火开关，30 端子连接蓄电池正极，C 端子连接磁极绕组。

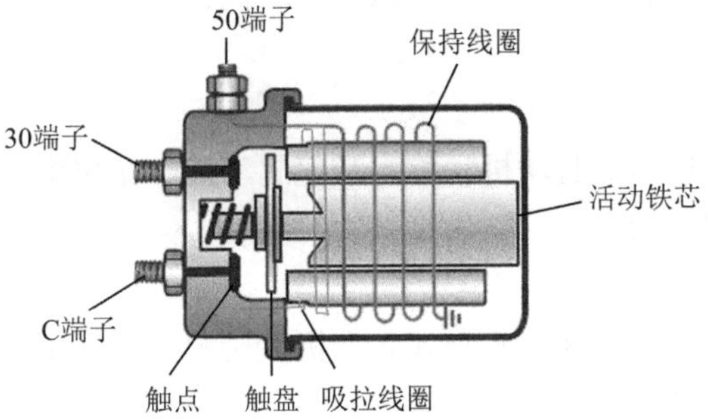

图 5-1-17　电磁开关的结构组成

图 5-1-18　电磁开关的外型

3. 电磁开关的工作原理

电磁开关起动时，电磁开关 50 端子通过点火开关接蓄电池正极，吸拉线圈和保持线圈通电产生的磁通方向相同，其电磁吸力相互叠加，可以吸引活动铁芯向左移动，直到推杆前端的触盘将电磁开关触点接通，从而使 30 端子和 C 端子导通，来自蓄电池的大电流作用到电动机上，带动电动机运转。

电磁开关中的吸拉线圈与直流电动机的线圈串联在一起，当电磁开关还未将 30 端子和 C 端子闭合时，流经吸拉线圈的电流经过电动机的电磁线圈搭铁，同时以较小电流带动电动机转动一个角度，方便电动机前方的齿轮进入啮合。当电磁开关闭合后，流经吸拉线圈的电流被开关短路，吸拉线圈退出工作，电磁开关只依靠保持线圈中产生的电磁场将活动铁芯保持在起动位置。

电磁开关起动后，电磁开关 50 端子断电，由于触盘的滞后性，吸拉线圈和保持线圈通电产生的磁通方向相反，其电磁吸力相互抵消，在回位弹簧的作用下，活动铁芯等可移动部件自动复位，触盘与触点断开，起动机 30 端子和 C 端子断开。

图 5-1-19 给出了电磁开关内部线路的连接。

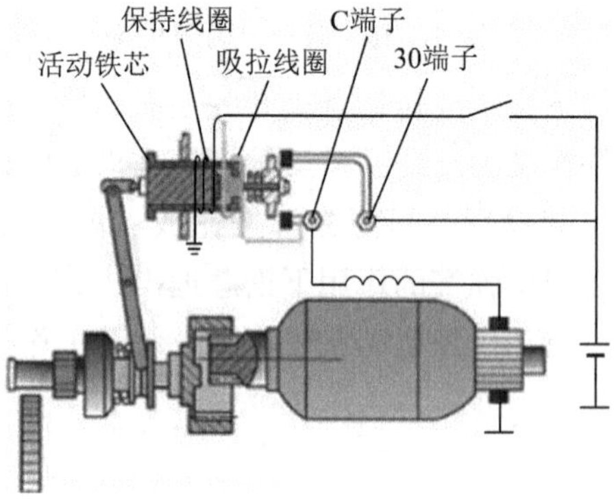

图 5-1-19　电磁开关内部线路连接

四、起动机的类型

常见的起动机有以下几种类型：

1. 电磁式起动机

电动机的磁场是由磁极绕组通电产生的起动机，称为电磁式起动机，它是常规起动机。

2. 减速式起动机

在电枢轴与驱动齿轮之间装有齿轮减速器的起动机，称为减速起动机。在功率相同的情况下，这种起动机的体积和质量相对较小。

3. 永磁式起动机

电动机的磁场是由永久磁铁产生的起动机，称为永磁式起动机。这种起动机没有磁极绕组，具有结构简单、体积小、质量轻的优点。

五、起动机的型号

汽车起动机的型号分为五个部分：

1　2　3　4　5

第 1 部分为产品代号：起动机的常见产品代号有 QD、QDJ、QDY，分别表示起动机、减速式起动机、永磁式起动机。

第 2 部分为电压等级代号："1" 表示 12 V；"2" 表示 24 V。

第 3 部分为功率等级代号：用一位数字表示，如表 5-1-1 所示。

表 5-1-1　功率等级代号

功率等级代号	1	2	3	4	5	6	7	8	9
功率/kW	≤1	1~2	2~3	3~4	4~5	5~6	6~7	7~8	≥8

第 4 部分为设计代号：是指产品设计的先后顺序，用阿拉伯数字。

第 5 部分为变形代号：在主要电气参数和基本结构不变的情况下，一般电气参数和结构的某些改变称为变形，以 A、B、C……顺序表示。

例如，QDY122E 起动机的含义为：电压等级为 12 V、功率等级为 1~2 kW、第 2 次设计、第 5 次变形的永磁式起动机。

六、起动机的正确使用与日常维护

（一）正确使用

（1）起动机每次连续工作时间不能超过 5 s。因为起动机工作时电流很大（200~600 A），连续长时间大电流向起动机通电，一方面容易使起动机因过热而烧毁，另一方面蓄电池长时间大电流放电容易出现极板硫化等故障。

（2）若第一次起动不成功，应停歇 15 s 以上再进行第二次起动，连续三次起动不成功则应进行检查，排除故障后方可再次起动。这样可以延长起动机和蓄电池的使用寿命。

（3）发动机起动成功以后应立即松开点火开关，及时切断起动电路，以减小单向离合器不必要的磨损。

（4）起动发动机时，应将变速杆置于空挡并踩下离合器踏板，严禁挂挡起动或利用起动机移动车辆。

（二）日常维护

（1）起动机外部应保持清洁，各连接导线，特别是与蓄电池相连的导线，都应保证连接牢固可靠。

（2）汽车每行驶 3000 km，应检查并清洁换向器，擦去换向器表面的碳粉和脏污。

（3）汽车每行驶 5000~6000 km，应检查电刷的磨损程度及电刷弹簧的压力是否在规定范围之内。

（4）汽车每行驶 6000~7500 km，应检查起动机工作是否正常，有无异响。

（5）汽车每行驶 12000～15000 km，应检查起动机外观、导线连接与紧固情况，用发动机检测仪或专用仪器检测起动机起动电流和起动电压。例如，桑塔纳、捷达轿车起动机稳定运转 5 s 时，其电流应为 110 A 左右，蓄电池电压不得低于 9.6 V；切诺基吉普车起动机稳定运转 5 s 时的电流应为 160 A 左右，蓄电池电压不低于 9.6 V；解放 CA1090 和东风 EQ1090 系列汽车起动机稳定运转 5 s 时的电流应为 400 A 左右，蓄电池电压不得低于 9.6 V。

（6）经常检查电枢轴两端支承点的润滑情况、电刷的磨损情况以及电刷弹簧压力的大小等。

（7）经常检查传动机构和控制装置的活动部件，并按规定进行润滑。

知识准备二：起动机检修

一、起动机常见故障

（1）电枢绕组短路、断路、搭铁。

（2）磁极绕组断路、搭铁。

（3）电磁开关触盘、触点接触不良。

（4）电刷与换向器接触不良。

二、起动机的拆卸

（1）拆下蓄电池的负极电缆。

（2）用扳手旋下电磁开关 30 端子及 50 端子的螺母，取下导线。

（3）从发动机上拆下固定螺栓，然后取下起动机。

三、起动机的解体

（1）清除起动机外部油污和尘垢。

（2）拆下防尘罩，用铁丝钩提起电刷弹簧，将电刷取出。

（3）取下穿心螺栓，分离前端盖、外壳和电枢。

（4）拆下中间轴承板、拨叉和啮合器。

（5）解体后，清洗、擦拭各零件。金属零件用煤油或汽油擦拭，绝缘零件用布或浸汽油的布擦拭。

四、拆卸过程中的注意事项

（1）工具摆放要整齐。

（2）操作台应清洁，其四周最好有上翻的边缘，防止从起动机拆下的小垫圈、小螺丝、小卡环等丢失。

（3）拆下来的零件应按拆卸的先后次序进行摆放。

（4）对拆下来的零件要有序地进行清洗，电枢线圈、磁场线圈、电刷和单向离合器不能用汽油清洗，只能用棉纱蘸少许汽油擦拭清洁。

（5）电磁开关、减速装置一般不要分解，如果检测结果需要分解电磁开关，可先用 50 W/220 V 的电烙铁将电磁开关接线板上的引线焊点焊开，再进行分解。

（6）分解时注意换向器轴前端的绝缘垫圈、中间支撑板后面的绝缘垫圈或金属圈以及止推垫圈是否完好，否则应予以更换。

五、起动机部件的检修

（一）电枢绕组的检修

由于起动机电枢绕组是用铜条制作的，因此在绕组内部不可能出现断条而断路，电枢绕组断路一般由线头脱焊或导线甩出部分折断导致，这些用目视检查法容易发现。若线头脱焊，重新焊上即可；若是导线甩出部分折断，可将折断处用铜焊接起来，再进行绝缘处理并固定。当局部短路或搭铁时，除目测外，还可用以下方法进一步检查。

（1）电枢绕组断路的检查：目测电枢绕组的导线是否甩出或脱焊，再用万用表两触针依次与两相邻换向器接触，所测电阻值应一样，如图 5-1-20 所示。如果读数不一样，说明断路。

（2）电枢绕组搭铁的检查：用万用表测量换向器和铁芯之间的电阻，该阻值应为无穷大，否则为搭铁，如图 5-1-21 所示。

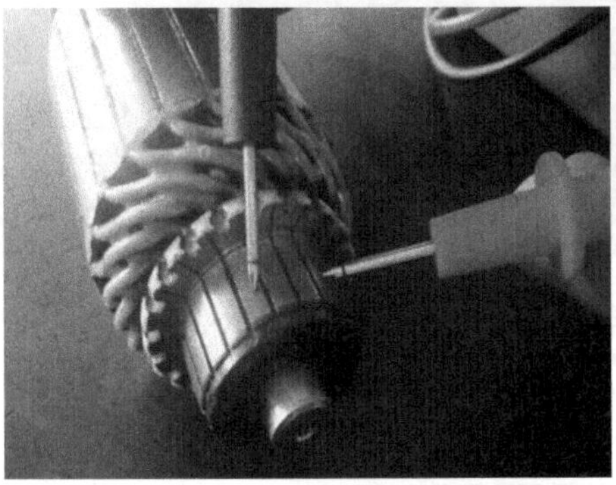

图 5-1-20　电枢绕组断路的检查

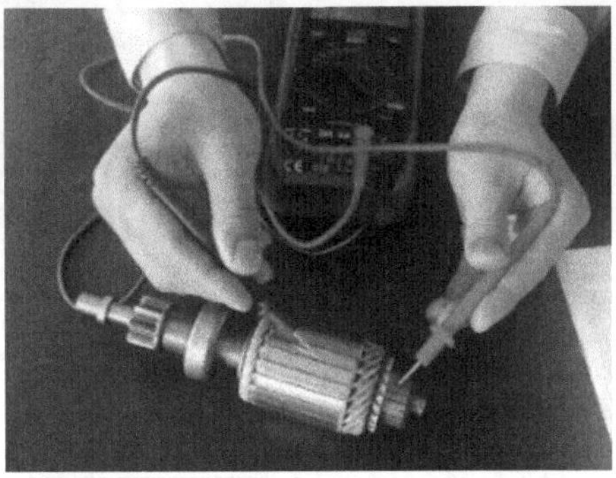

图 5-1-21　电枢绕组搭铁的检查

（3）电枢绕组短路的检查：将电枢放在电枢检验器上，接通电源，将薄钢片放在电枢上方的线槽上并转动电枢，薄钢片应不振动，若薄钢片振动，说明电枢绕组短路，如图 5-1-22 所示。

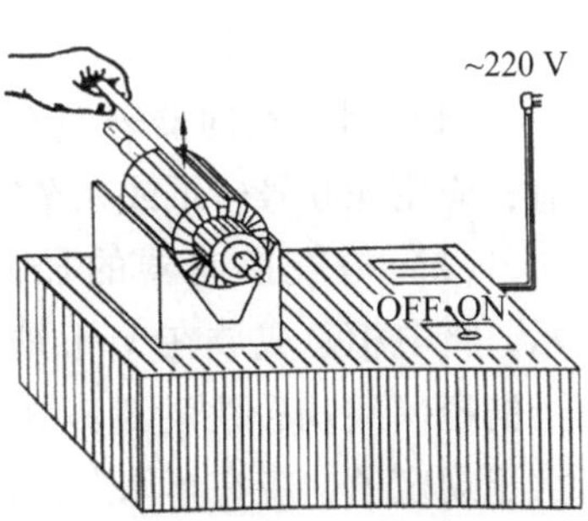

图 5-1-22　电枢绕组短路的检查

（二）磁极绕组的检修

（1）磁极绕组断路的检查：用万用表测量起动机接线柱（或正电刷）与绝缘电刷间的电阻，阻值应很小，若阻值为无穷大，则为断路，如图 5-1-23 所示。

（2）磁极绕组搭铁的检查：用万用表测量起动机接线柱（或正电刷）与外壳间的电阻，阻值应为无穷大，否则为搭铁故障，如图 5-1-24 所示。

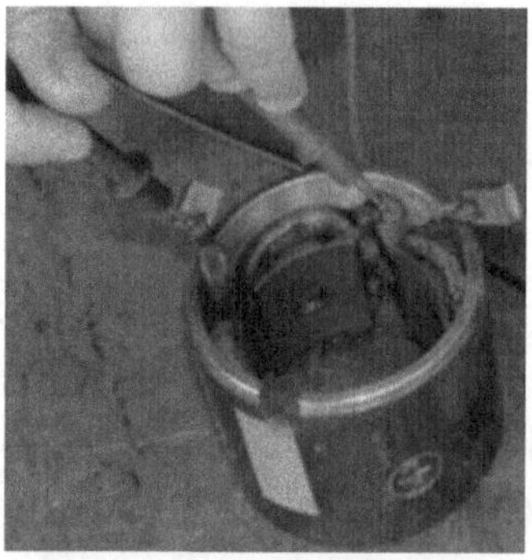

图 5-1-23　磁极绕组断路的检查

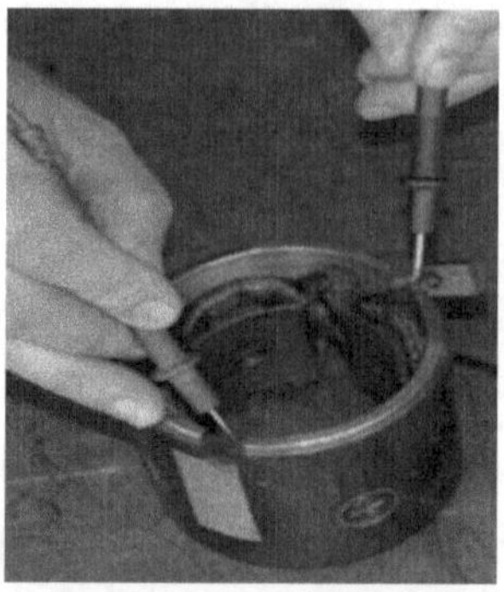

图 5-1-24　磁极绕组搭铁的检查

（3）磁极绕组短路的检查：用蓄电池 12 V 直流电源正极接起动机接线柱，负极接绝缘电刷，将起子放在每个磁极上，检查磁极对起子的吸力，每个磁极对起子的吸力应相同。若某磁极吸力弱，则为匝间短路，如图 5-1-25 所示。

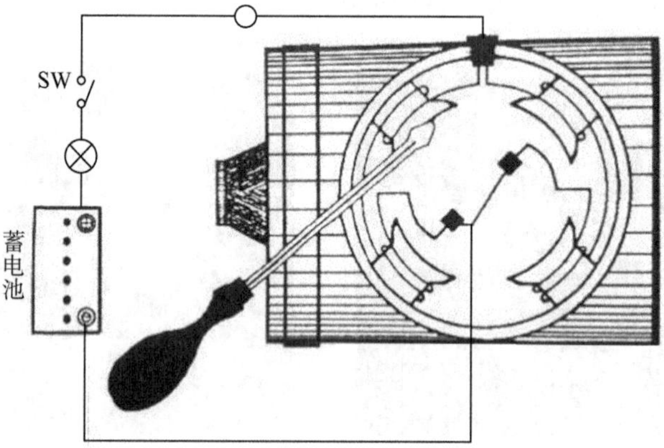

图 5-1-25　磁极绕组短路的检查

（三）换向器的检修

（1）目测换向器表面有无脏污和烧蚀情况，若有，应用 400 号砂纸或在车床上修整。

（2）检查换向器的径向跳动，如图 5-1-26 所示。将电枢总成放在 V 形铁上，用百分表测量圆周上的径向跳动，跳动量应在规定范围内。若跳动量大于规定值，应在车床上校正。

（3）用游标卡尺检查换向器的直径，若直径小于规定值，应更换电枢。

（4）检查换向器底部凹槽深度，槽底应清洁无异物，边缘光滑。凹槽深度标准值为 0.5～0.8 mm，如图 5-1-27 所示。

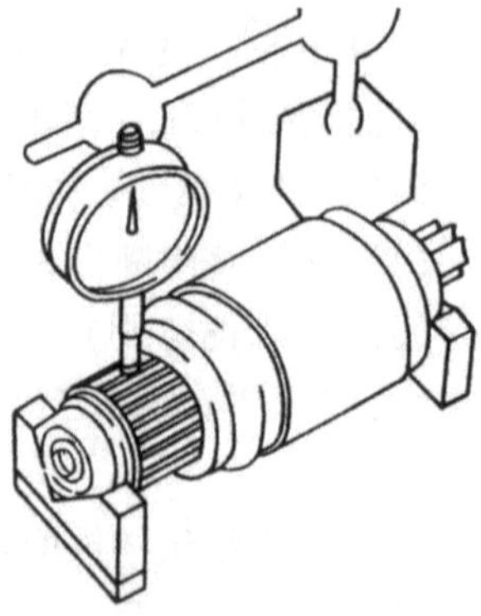

图 5-1-26　换向器径向跳动的检查

（5）检查换向器是否搭铁，如图 5-1-28 所示。用万用表 $R\times1$ 挡测量电枢铁芯与换向片之间的电阻值，不导通（电阻值为无穷大）为正常，导通则说明有搭铁故障，应更换电枢。

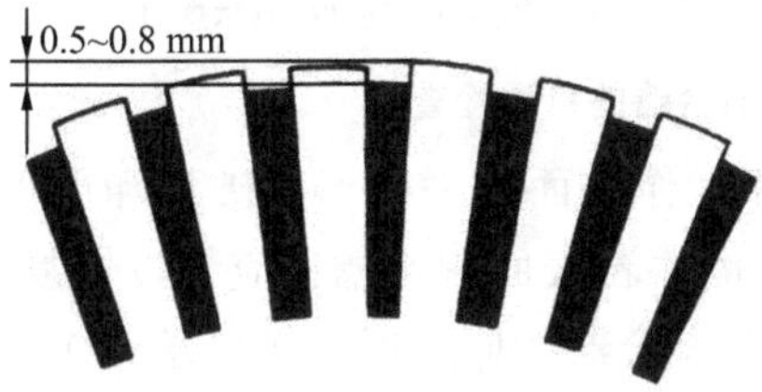

图 5-1-27 换向器凹槽深度的检查

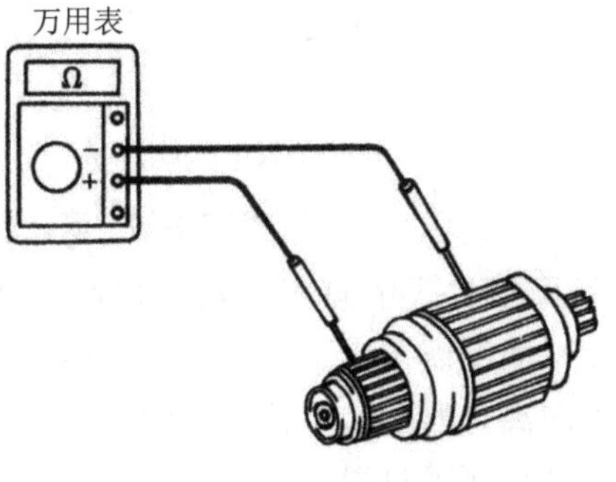

图 5-1-28 换向器搭铁的检查

（四）电刷、电刷架及端盖的检修

（1）检查电刷高度：电刷高度应不低于新电刷的 2/3，否则应更换电刷。

（2）检查电刷接触面：电刷与换向器表面之间的接触面积应达到 75% 以上，否则应研磨电刷。研磨方法：先在换向器上缠上 00 号砂布，然后装上起动机端盖和电刷，用手转动电枢进行研磨，研磨时电枢的转动方向应与其规定旋转方向相反。

（3）电刷弹簧压力检修：用弹簧秤检查电刷弹簧压力，将薄纸条压在电刷下面，通过弹簧秤慢慢拉起电刷，拉力应在电刷中心线上。当纸条能轻轻拉出时，弹簧秤的读数即电刷的压力。读取电刷弹簧从电刷分离瞬间的拉力读数。标准弹簧安装载荷通常为 17~23 N，最小安装载荷为 12 N。若安装载荷小于规定值，应更换电刷弹簧。

（4）电刷架的检修：用万用表欧姆挡检查，电刷架正极与负极之间应不导通。若导通，说明绝缘被破坏，应修理或更换电刷架。

（5）端盖的检修：检查轴承孔有无毛糙、烧伤现象；轴承与端盖座孔和电枢轴轴颈之间的配合是否得当；轴承与座孔之间不得有松旷、歪斜现象。若出现上述现象之一，应更换轴承。

（五）传动机构的检修

（1）拨叉的检修：拨叉应无变形、断裂和松旷等现象；回位弹簧应无锈蚀，弹力正常。若出现上述问题，应更换拨叉。

（2）驱动齿轮的检修：驱动齿轮的齿长不得小于全齿长的 2/3，且不得有缺损、裂痕，否则应予以更换；齿轮磨损严重或扭曲变形时，也应予以更换。

（3）单向离合器的检修。

① 滚柱式单向离合器的检修：常见故障是打滑。检查时，可将其夹在虎钳上，在花键套筒内插入一根花键轴，将扭力扳手与花键轴用套管相连，并逆时针转动扭力扳手，此时滚柱式单向离合器应能承受 26 N · m 以上的转矩而不打滑，否则应更换，如图 5-1-29 所示。

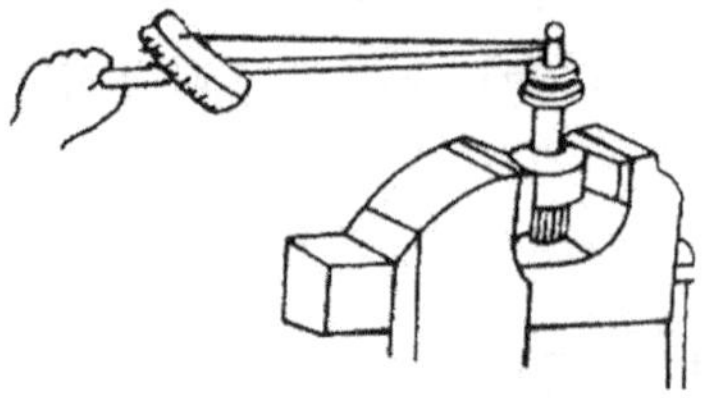

(a) 扭力扳手实验法

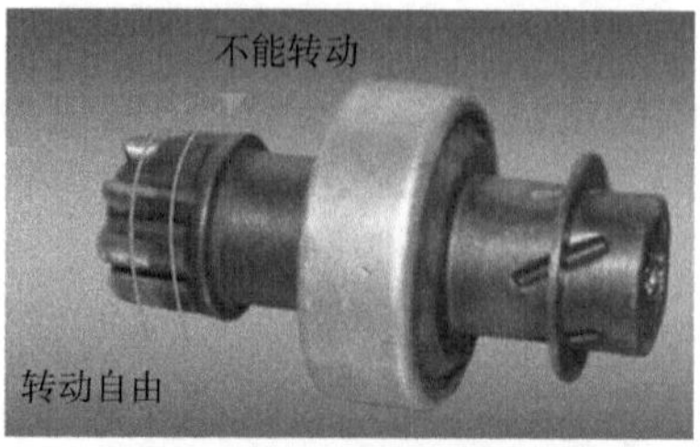

(b) 单向离合器自由转动检测示意图

图 5-1-29　滚柱式单向离合器的打滑检查

② 摩擦片式单向离合器的检修：摩擦片工作表面应平整，无破裂和严重变形；摩擦片平面度误差应不大于 0.1 mm；主动摩擦片若表面有沟槽，应予以修复。摩擦片式单向离合器的转矩检查方法与滚柱式单向离合器相同，但要求可承受 120 N · m 以上的转矩而不打滑，当转矩大于 180 N · m 时应打滑，其传递转矩的大小可通过增减压环与摩擦片之间的调整垫片的数量来调整。

③ 弹簧式单向离合器的检修：检查其活动情况，看其是否活动自如，如有咬位、卡死现象，应检修。测量扭力弹簧与套筒间的过盈量，其标准为 0.25～0.50 mm。弹簧式单向离合器的打滑检查方法同上述两种离合器。如果扭力弹簧折断、破裂、弹性减弱以及传递转矩不符合要求，均应更换扭力弹簧。

（六）电磁开关的检修

电磁开关最容易发生的故障有触盘和触点接触部分的烧蚀，以及吸拉线圈、保持线圈的短路、断路和搭铁等。

1. 触盘和触点的检修

如果发现触盘和触点接触面有烧蚀现象，可将触盘拆下来用锉刀、砂布修整，也可换面使用；触点烧蚀后可锉磨修整。但二者经修磨后会造成触盘与触点之间间隙过大，这时可在接线柱触点根部套装垫片进行调整。

2. 吸拉线圈和保持线圈的检修

线圈容易发生的故障通常是短路、断路或搭铁。这类故障通过用万用表 $R\times1$ 挡分别测量两个线圈的电阻值，然后与标准值对比进行判断。也可用试灯法进行判断，接通开关后应能听到活动铁芯动作的声音，同时试灯应被点亮；开关断开后，试灯应立即熄灭，否则应更换电磁开关或起动机总成。图 5-1-30 和图 5-1-31 分别为吸拉线圈和保持线圈的检查方法。

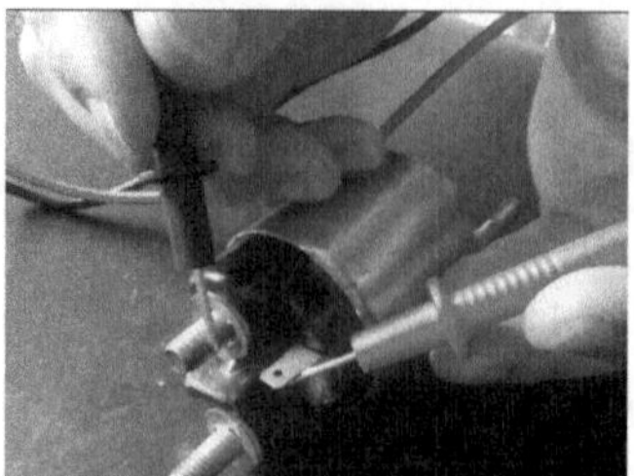

图 5-1-30　吸拉线圈的检查

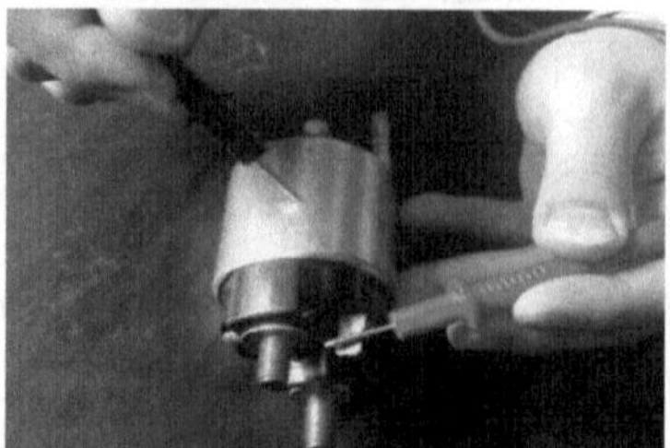

图 5-1-31　保持线圈的检查

六、起动机的装复、调试及性能试验

（一）起动机的装复

起动机的形式各不相同，具体的装复步骤也不完全相同，但基本都是按与分解时相反的步骤进行的。在安装过程中要注意两点：一是电枢轴两端衬套要涂润滑油；二是驱动齿轮的轴向间隙要调整准确。

（1）先将离合器和移动叉装入后端盖内，再装中间支撑板。安装时应注意：固定中间轴承支撑板的螺丝，一定要带有弹簧垫圈。否则，工作中支撑板振动，使螺丝松脱，易导致起动机不能正常工作，甚至损坏。

（2）将电枢轴插入后端盖内，安装时应注意：

① 磁极与电枢铁芯的间隙应有 0.82～1.8 mm，最大不应超过 2 mm，切不可有相互碰刮的现象。

② 电枢轴轴向间隙不宜过大，一般应为 0.2～0.7 mm，当轴向间隙不合适时，可通过在轴的前端或后端改变垫圈的厚度进行调整。

③ 检查各轴承的同心度，电枢轴有三个轴承支撑，往往不易同心，不同心度过大时，就会增加电枢轴运转的阻力。各轴承同心度的检查方法如下：各轴颈与每个铜套配合时，既能转动自如，又感觉不出有明显的间隙（中间轴承间隙可稍大一点）。在中间轴承支撑与后端盖结合好后，应将电枢轴装入试转，此时应转动自如，无卡顿现象。装上前端盖后，再次转动电枢，也应转动灵活，否则为轴承不同心。发现轴承不同心时，轻者可以修刮轴承，严重时应更换个别轴套。

④ 各铜套、电枢轴颈、键槽承推垫圈等摩擦部位都应使用机油予以润滑。

⑤ 装上电动机壳体和前端盖，并用长螺栓使起动机前、后端盖与壳压紧装合。安装时应注意：驱动齿轮端面的止推垫圈和换向器端面的胶木垫圈及中间轴承支撑板靠离合器一面的胶木承推垫圈，在装复时不要遗漏。

⑥ 最后用专用钢丝钩钩出电刷弹簧，把电刷装入电刷架内，装上防尘罩。

⑦ 安装电磁开关，固定电磁开关壳体，连接起动机“C”接线柱与壳体上磁场线圈的接线柱。

⑧ 试验完毕符合技术要求后，再装防尘箍。

（二）起动机的调试

起动机修复后，必须进行调整和试验，各项性能达标后方可装车使用。

1. 起动机驱动齿轮端面与端盖突缘间距的调整

（1）准备工作：准备钢板尺两把，开口扳手、螺丝刀各一把。

（2）检查：用台钳夹紧 QD124 型起动机，将一把钢板尺的平面紧贴驱动齿轮的前端面，用另一把钢板尺测量起动机驱动端盖突缘与贴着驱动齿轮的钢板尺之间的距离，正常值是 29～32 mm。

（3）调整：如果检查不符合要求，可松开调整螺钉一处的锁紧螺母进行调整。距离过大，旋出调整螺钉；距离过小，旋入调整螺钉，直到符合要求，如图 5-1-32 所示。

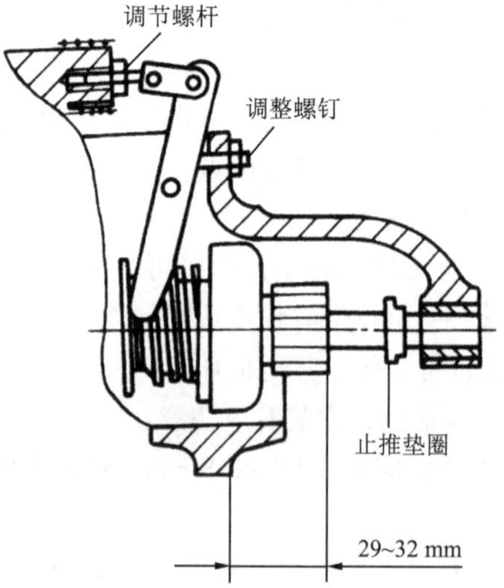

图 5-1-32 驱动齿轮初始位置的调整

2. 电磁开关接通时间的调整

（1）准备工作：准备 12 V 充足电的蓄电池、QD124 型起动机一个、试灯一个、大号螺丝刀一把、14~17 号开口扳手一把、连接导线和两根带夹电缆线。将起动机的 C 端子与壳体间的连接线脱开（把接线端子上的螺母拆下来即可取出此连接线）。

（2）接线：在起动机的 30 端子和 C 端子之间接一个试灯。用带夹电缆线将蓄电池正极和起动机的 30 端子相连，蓄电池的负极与起动机壳体相连。

（3）检查：用大号螺丝刀将起动机 30 端子和 50 端子短接，当试灯被点亮时，用塞尺检查驱动齿轮与止推垫圈之间的间隙，其值应为 4. 5±1 mm。需要注意的是，此项操作时间不宜过长。

（4）调整方法：如果不符合要求，可先脱开连接片与调节螺杆之间的连接，然后旋入或旋出调节螺杆进行调整，如图 5-1-33 所示。

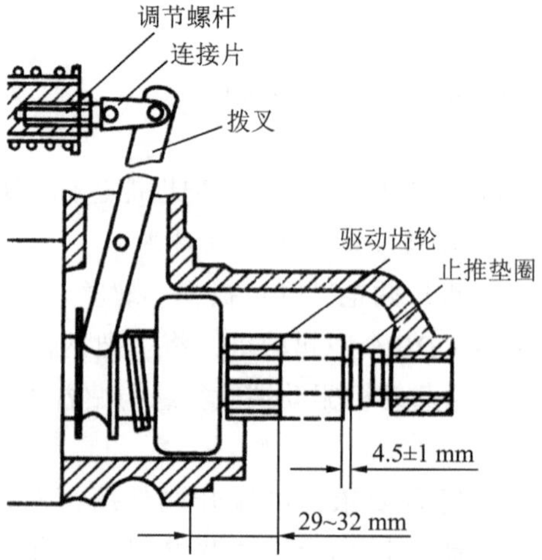

图 5-1-33 电磁开关接通时间的调整

3. 调整结果的检验

使用充足电的蓄电池，接好电缆线，进行起动机运转试验。接线方法同电磁开关接通时间的调整。把蓄电池两端按上述方法接好后，用螺丝刀短接起动机电磁开关的30端子和50端子，此时起动机驱动齿轮能顺利伸出，并且不与止推垫圈相撞。当移开螺丝刀断开电磁开关电路时，起动机驱动齿轮应迅速回位，同时，既不能与电枢发出冲击声，也不能与飞轮齿圈相碰擦。否则，需要重新调整，直至符合要求。

（三）起动机的性能试验

当起动机装复并调整好后，还应进行起动机性能试验。起动机性能试验包括空载试验、全制动试验、电磁开关试验三个项目。

1. 空载试验

（1）试验目的：通过空载试验可以测量空载转速和空载电流，以此来判断起动机有无电路故障和机械故障。

（2）试验条件：试验用蓄电池存电充足，并且蓄电池电压要与被测起动机额定电压相同，蓄电池容量要足够，起动机与蓄电池的连接导线电压降不得超过0.2~0.3 V。

（3）试验设备及接线如图5-1-34所示。

（4）试验过程：将起动机夹紧，接通起动机电路，起动机应匀速运转，且电刷无火花；起动机应运转平稳，没有机械摩擦声。然后记下电流表和电压表的读数，并用转速表测量起动机的转速，其值应符合规定。当电流为90 A时，起动机转速应达5000 r/min。若起动机消耗电流大于标准值，而转速低于标准值，可以判断起动机有故障。当消耗电流大于标准值时，说明电路中的电阻小于规定值，从而可以间接判断电枢绕组和磁极绕组内有短路或搭铁故障；当转速低于标准值时，说明起动机装配过紧、润滑不良或电枢轴弯曲变形等，使运转阻力增大而造成转速低于标准值。

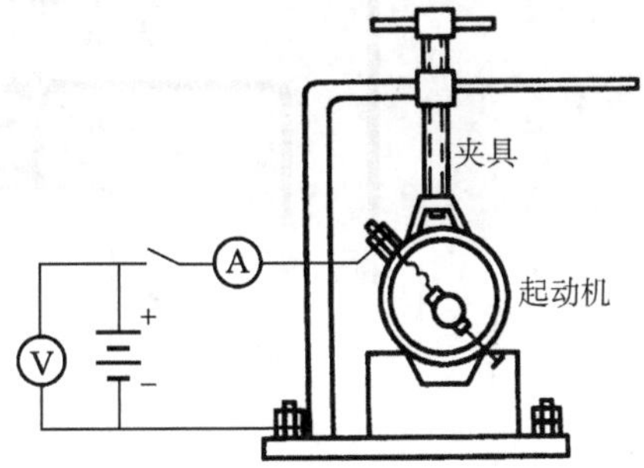

图5-1-34　起动机的空载试验

注意：每次试验时间不得超过1 min，以免造成起动机过热而损坏。

2. 全制动试验

（1）试验目的：通过测量起动机全制动时的电流与扭矩来判断起动机主电路工作是否正常，并检查单向离合器是否打滑。

（2）试验条件：与空载试验相同。

（3）试验设备及接线如图5-1-35所示。

（4）试验过程：将起动机夹持在试验台上，接通起动机电路，观察单向离合器是否打滑，并迅速记下电流表、电压表和

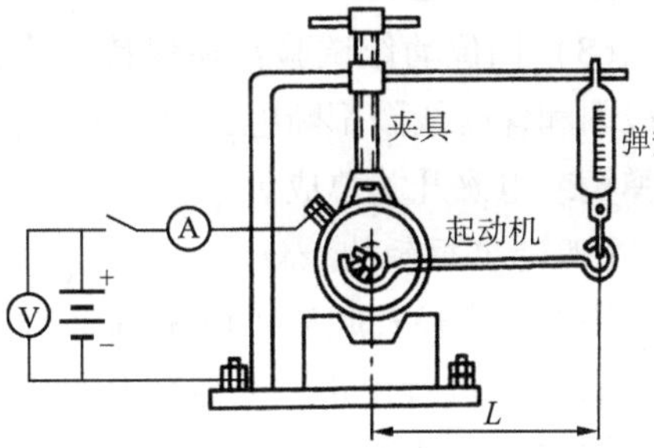

图5-1-35　起动机的全制动试验

弹簧秤的读数。其全制动电流和制动转矩应符合要求，当消耗电流为 650 A 时，输出扭矩应为 29.4 N · m。若发现消耗电流大于标准值而扭矩小于标准值，则表明起动机内部有接触不良的故障；若驱动齿轮在锁定的情况下还缓慢转动，则表明单向离合器有打滑的现象。

注意：全制动试验时，操作动作要迅速，每次试验通电时间不得超过 5 s，以免损坏起动机和蓄电池。试验过程中，工作人员应避开弹簧秤及夹具，防止发生安全事故。

3. 电磁开关试验

（1）吸拉动作试验：先将起动机电磁开关 C 端子与起动机壳体上的连接线拆下，然后用一根带夹的电缆线连接蓄电池负极、起动机壳体和 C 端子，再用另一根两端带夹的电缆线连接蓄电池正极和起动机电磁开关 50 端子，起动机电磁开关电路被接通，这时观察起动机驱动齿轮向外伸出的动作，由此判断电磁开关内部吸拉线圈和保持线圈状态是否正常。其接线如图 5-1-36 所示。

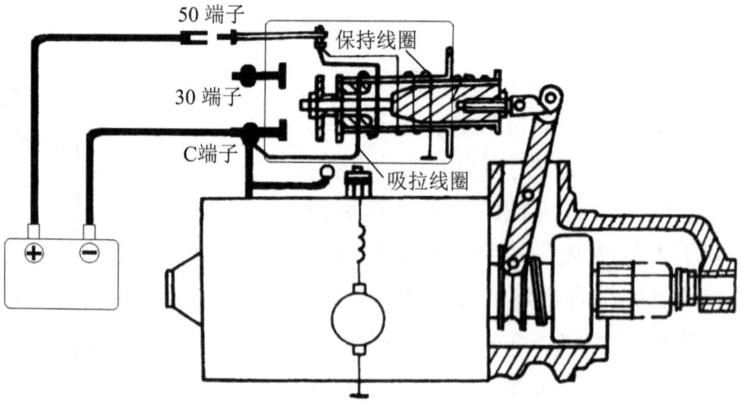

图 5-1-36　电磁开关吸拉动作试验

（2）保持动作试验：在吸拉动作试验的基础上，当驱动齿轮保持在伸出位置时，拆下电磁开关 C 端子上的电缆夹，这时吸拉线圈停止工作，保持线圈独立工作，如果此时驱动齿轮能保持在伸出位置，说明保持线圈正常；如果驱动齿轮退回，说明保持线圈断路，应予以修理。

（3）回位动作试验：在保持动作试验的基础上，拆下起动机壳体上的电缆，吸拉线圈和保持线圈都断电，这时驱动齿轮应迅速回位，否则说明回位弹簧失效，应更换弹簧或电磁开关总成。

（四）电枢轴的检修

用百分表检查起动机电枢轴是否弯曲，如图 5-1-37 所示。若电枢轴的摆差超过 0.1 mm，应进行校正。电枢轴上的花键齿槽严重磨损或损坏时，应进行修复或更换。电枢轴轴颈与衬套的配合间隙不得超过规定值，否则应更换新衬套进行铰配。

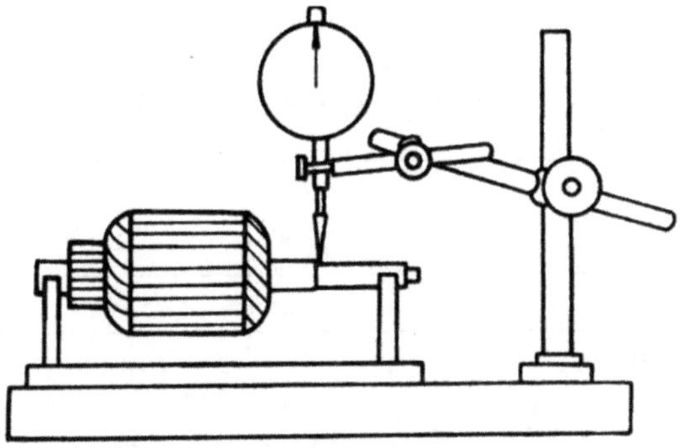

图 5-1-37　电枢轴弯曲度的检查

任务实施：起动机故障检修

一、各小组任务准备

请填写表 5-1-2。

表 5-1-2　任务准备列表

序号	准备事宜	具体内容
1	安全防护措施	
2	资料、工具、仪器	
3	物料	
4	零部件	

二、记录故障现象

三、记录从发动机上拆卸起动机的顺序

四、拆检起动机，分析故障原因

（一）记录起动机分解顺序

（二）记录起动机各部分的检测内容

1. 电枢的检测

2. 磁极的检测

____

____

3. 换向器的检测

____

____

4. 电刷组件的检测

____

____

（三）记录起动机的组装顺序

____

____

五、记录在发动机上安装起动机的顺序

____

____

六、查看故障是否排除

____

____

任务二 起动电路故障检修

任务导入

客户反映自己的大众 Polo 自动挡轿车停在小区内无法起动，将点火钥匙拧到“ST”挡位时，起动机无动作声。维修师傅经过检查发现是起动电路保险丝损坏，一旁的徒弟觉得这个故障很容易修理，换个保险丝就可以了。师傅笑笑说，他看问题过于简单，没有大局意识。徒弟百思不得其解。当电路出现异常导致电流过大时，保险丝就会熔断，从而保护用电器不被烧毁，避免更大的损失。因此，出现保险丝熔断的故障时，必须查明保险丝烧断的真正原因，找到电路故障，修复之后方可更换保险丝。这也告诉我们对问题的认识一定要从全局考虑，追根溯源，止于至善。

知识准备：起动系统电路信息

一、起动系统的组成

发动机起动系统主要由蓄电池、起动机以及起动线路等组成，如图 5-2-1 所示。起动机一般由点火开关“ST”挡位来控制。

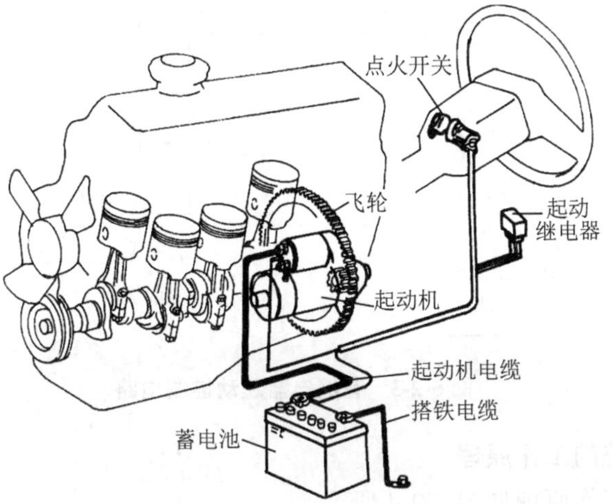

图 5-2-1　起动系统的组成

目前，起动机的控制电路包括无继电器起动控制电路和有继电器起动控制电路。无继电器起动控制电路是指起动机由点火开关直接控制，如图 5-2-2 所示。

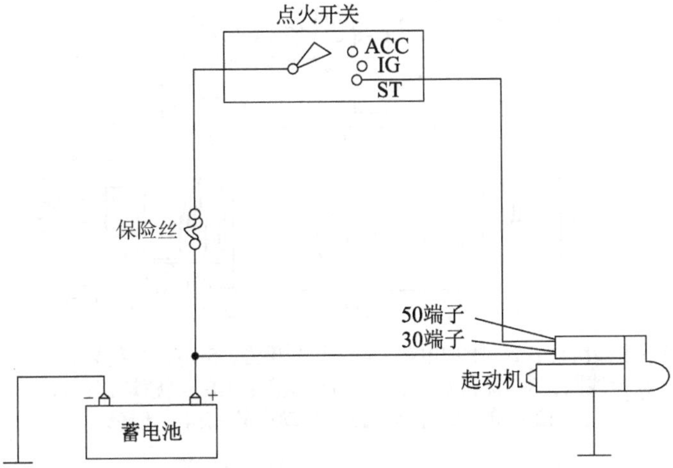

图 5-2-2　无继电器起动控制电路

有继电器起动控制电路是指起动机由点火开关通过起动继电器控制，如图 5-2-3 所示。起动继电器的作用是减小通过点火开关的电流，防止点火开关烧蚀。起动继电器的四个接线柱分别接起动机、蓄电池、搭铁和点火开关。当点火开关打到“ST”挡时，继电器线圈通电，继电器常开触点闭合，起动机 50 端子与蓄电池接通。

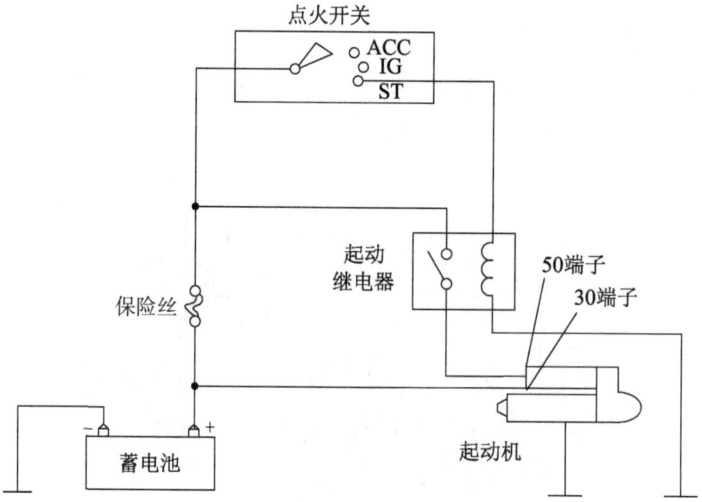

图 5-2-3 有继电器起动控制电路

二、起动系统的工作原理

起动系统的工作原理如图 5-2-4 所示。

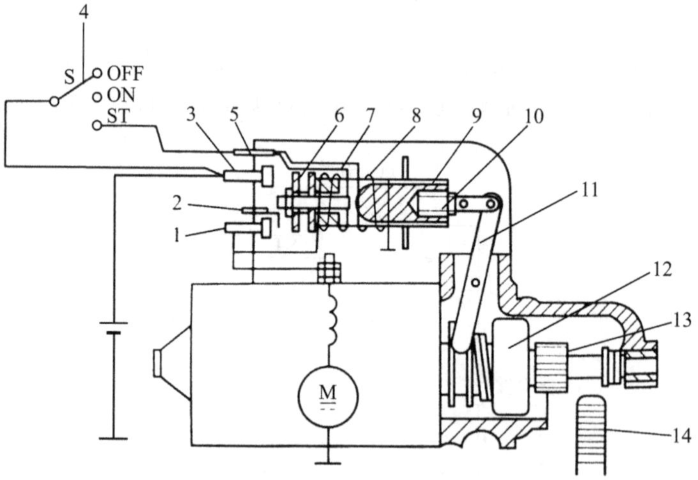

1，3—主接线柱；2—附加电阻；4—点火开关；5—起动接线柱；6—触盘；7—吸拉线圈；8—保持线圈；9—活动铁芯；10—调整螺钉；11—拨叉；12—单向离合器；13—驱动齿轮；14—飞轮。

图 5-2-4 起动系统的工作原理

起动机的工作过程如下：

（1）起动时，点火开关打到“ST”挡位，吸拉线圈 7 和保持线圈 8 通电，电流流向分为两路：

① 蓄电池正极→主接线柱 3→点火开关 4→起动接线柱 5→保持线圈 8→搭铁。

② 蓄电池正极→主接线柱 3→点火开关 4→起动接线柱 5→吸拉线圈 7→主接线柱 1→直流电动机→搭铁。

此时电动机低速运转，吸拉线圈和保持线圈通电产生的电磁力方向相同，吸引活动铁芯向左移动，通过拨叉使驱动齿轮与飞轮啮合。同时，触盘将主接线柱 1、3 内的触头接通，起动机主电路接通，主电路电流方向为：蓄电池正极→主接线柱 3→触盘 6→主接线柱 1→吸拉线圈 7→主接线柱 1→直流电动机→搭铁。此时吸拉线圈电路被短路，保持线圈电路仍然通电，活动铁芯保持在原位，直流电动机高速旋转，起动发动机。

（2）发动机起动后，点火开关回到“ON”挡，起动接线柱断电，起动机电流方向为：蓄电池正极→主接线柱 3→触盘 6→吸拉线圈 7→保持线圈 8→搭铁。此时吸拉线圈和保持线圈通电产生的电磁力方向相反，活动铁芯在回位弹簧的作用下迅速右移，驱动齿轮与飞轮分离，起动机停止工作。

三、起动电路常见故障

起动电路常见故障有起动机不转或运转无力、“打机枪”和空转等。

1. 起动机不转故障

起动发动机时，起动机不运转，无任何动作迹象。可能原因有蓄电池故障、起动机自身故障、继电器故障和起动线路故障等，检修步骤如图 5-2-5 所示。

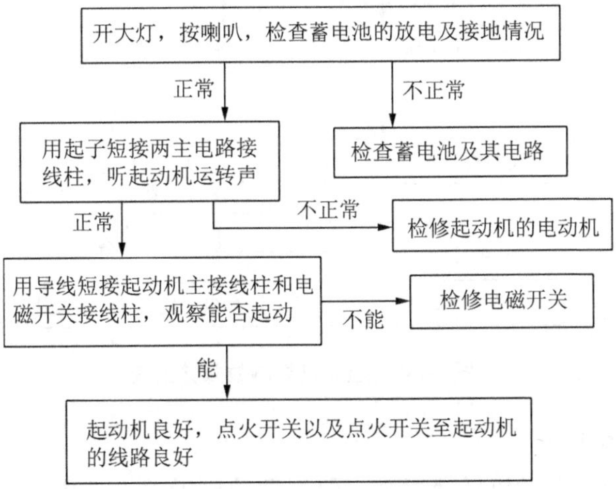

图 5-2-5　起动机不转故障诊断树

2. 起动机运转无力故障

起动发动机时，起动机能够运转，但是转速偏低且运转无力。可能原因有蓄电池故障、起动机自身故障、继电器故障和起动线路故障等，检修步骤如图 5-2-6 所示。

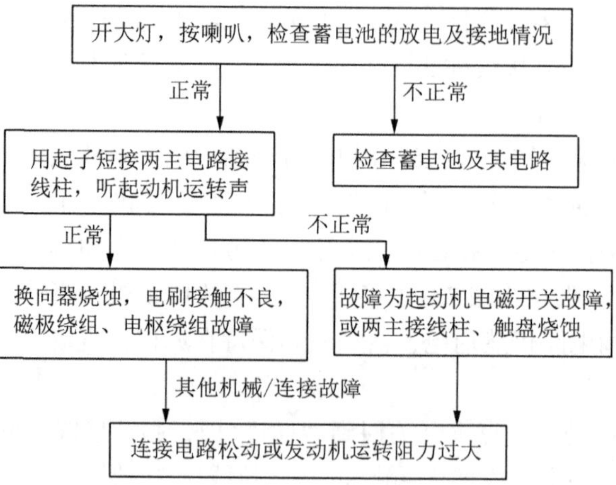

图 5-2-6　起动机运转无力故障诊断树

3. 起动机“打机枪”故障

起动发动机时，起动机发出“哒、哒、哒”的“打机枪”异响，检修步骤如图 5-2-7 所示。

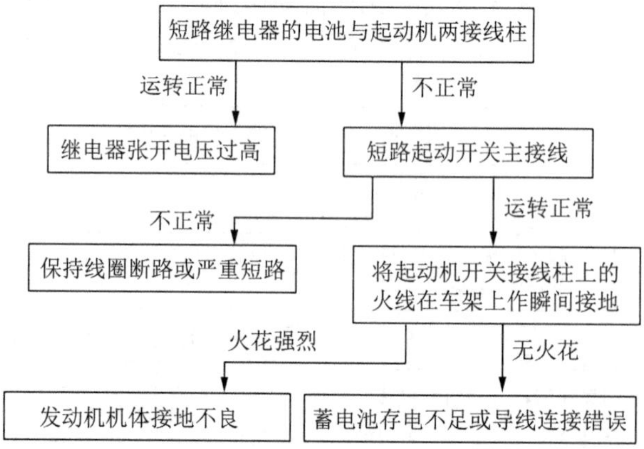

图 5-2-7　起动机异响故障诊断树

4. 起动机空转故障

起动发动机时，起动机转速过高，但是发动机无着火迹象。检修步骤如图 5-2-8 所示。

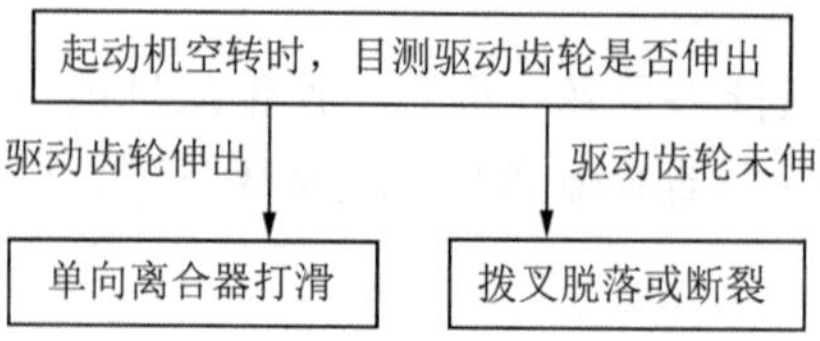

图 5-2-8　起动机空转故障诊断树

四、起动系统检修注意事项

（1）每次起动时间不能超过 5 s。

（2）起动次数不能太多，以免造成蓄电池亏电。

（3）将变速器置于空挡，并拉紧制动器。

（4）拆卸起动机前，应拆下蓄电池负极电缆线。

任务实施：起动电路故障检修

一、各小组任务准备

请填写表 5-2-1。

表 5-2-1　任务准备列表

序号	准备事宜	具体内容
1	安全防护措施	
2	资料、工具、仪器	
3	物料	
4	零部件	

二、记录故障现象

____

____

三、摘画起动系统控制电路图

（一）摘画步骤

（1）查看电路图，标注出与起动机控制系统有关的组成元件。

（2）仔细分析各元件之间的连接关系和对应针脚号。

（3）画出起动机及保险部分的电路草图。（采用反向画法，先从起动机开始画）

（4）画出起动开关部分的草图。（标出各元件针脚号和线径颜色）

（5）使用直尺和铅笔，对照草图画出最终电路图。（标出各元件针脚号和导线电路代号）

（二）摘画维修手册上的起动电路图

30 ______________________________

15 ______________________________

X/75 ______________________________

31 ______________________________

四、分析起动电路故障原因

（一）蓄电池的检查

____

____

（二）起动机控制电路的检查

1. 起动继电器的检查

____

____

2. 点火开关及线路的检查

____

____

（三）起动机的检测

____

____

五、查看故障是否排除

____

____

知识拓展：国赛车型迈腾 B8 的起动电路

图 5-2-9 所示为迈腾 B8 的起动电路。按压“一键启动”在 ON 位置时，车载电网控制单元 J519 控制供电继电器 J329 线圈导通，线圈产生磁场使得 J329 触点闭合，接线端 15 供电继电器开始向多个用电设备供电。当点火开关在启动位置时，发动机控制单元 J623 在满足起动条件且自身工作正常的情况下控制起动继电器 J906 和 J907 线圈接地，来自 J329 的电流通过保险丝 SC49 进入 J906 和 J907 的线圈搭铁后形成回路，线圈产生吸力使得两个起动继电器触点闭合，蓄电池电流经闭合的触点进入起动机电磁开关控制装置，电磁开关闭合，蓄电池大电流进入起动机磁极绕组和电枢绕组，使起动机快速旋转，从而带动发动机起动。

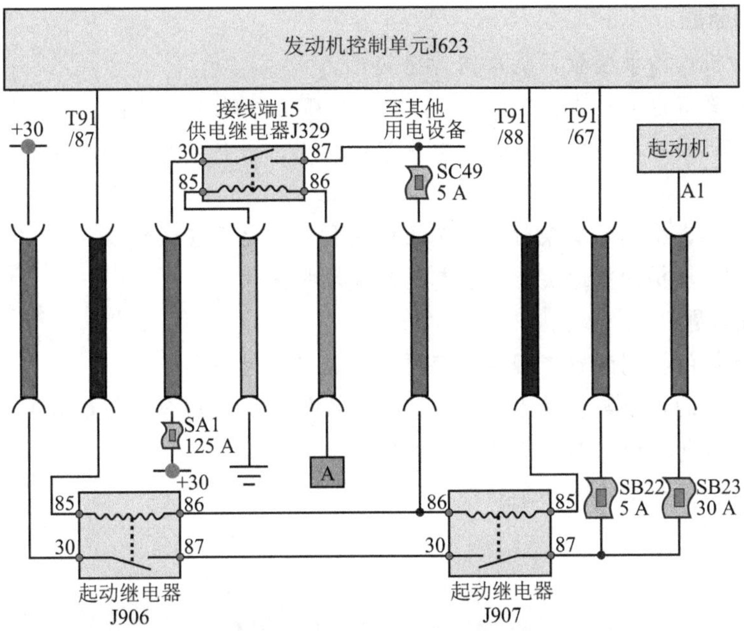

图 5-2-9 迈腾 B8 起动电路

思考与练习

一、选择题

1. 汽车用起动机电枢的作用是产生（　　）。

A. 磁场　　　　B. 感应电动势　　　　C. 电磁转矩　　　　D. 感应电流

2. （　　）控制起动机驱动齿轮与发动机飞轮的啮合与分离以及电动机电路的通断。

A. 点火开关　　　　B. 电磁开关　　　　C. 拨叉　　　　D. 单向离合器

3. 在发动机已起动，刚松开点火开关的瞬间，电磁开关两线圈（　　）。

A. 均产生磁场且方向相同　　　　B. 均产生磁场且方向相反

C. 吸拉线圈不产生磁场　　　　D. 保持线圈不产生磁场

4. 讨论起动机磁场线圈与电枢线圈的连接方式时，甲认为串联，乙认为并联，你认为（　　）。

A. 甲对　　　　B. 乙对　　　　C. 甲乙都对　　　　D. 甲乙都不对

5. 起动机无力起动时，短接起动机开关两主接线柱后，起动机转动仍然缓慢无力。甲认为起动机本身有故障，乙认为电池电量不足，你认为（　　）。

A. 甲对　　　　B. 乙对　　　　C. 甲乙都对　　　　D. 甲乙都不对

二、判断题

1. 起动机的传动装置只能单向传递转矩。 (　　)
2. 串励直流电动机中，“串励”的含义是四个励磁绕组串联。 (　　)
3. 起动机励磁绕组的一端接在电源接线柱上，另一端与两个绝缘电刷相连。 (　　)
4. 用万用表检查电刷架时，两个正电刷和外壳之间应该绝缘。 (　　)
5. 减速起动机的减速装置可以起到降速增扭的作用。 (　　)

三、简答题

1. 起动机的控制装置有哪些？简要说明其工作过程。
2. 起动机的传动装置是由哪几个部分组成的？单向离合器是如何工作的？
3. 起动机起动时，为什么要严格控制起动时间？
4. 如何诊断起动机无法运转的故障？

项目六

仪表系统检修

本项目主要学习汽车仪表系统的功能、结构组成、显示内容和电路控制原理，了解仪表常见显示标识，熟悉仪表常见故障，掌握仪表的故障排除流程。

知识目标

掌握汽车仪表的结构与工作原理；
掌握汽车仪表的拆装；
掌握汽车仪表常见故障的排除方法。

技能目标

能够识读、摘画仪表电路图；
能够识别仪表显示的各种标识信息；
能够检修仪表电路故障。

素质目标

提高语言表达能力，能与他人进行技术交流；
增强沟通协调能力，能与他人建立良好的人际关系；
培养良好的团队合作能力和组织协调能力，能与他人合作完成复杂的工作；
培养勇于探索、吃苦耐劳的工作精神；
培养理析万象、工求精密的大国工匠之风。

任务一 仪表系统故障检修

任务导入

某客户反映自己的捷达轿车仪表盘总是发出“哒、哒、哒”的响声，维修人员拆下仪表盘发现螺丝松动了，重新拧紧后故障消失。螺丝钉是汽车上最小也是最基本的零件，哪里需要装哪里，确保汽车坚实可靠运行。如果每一个人都像螺丝钉那样坚守自己的工作岗位，永不松懈，就算是再小的“螺丝钉”，也能为集体和国家注入无限能量。

知识准备：仪表信息

一、汽车仪表的功能

汽车仪表的功能是检测和指示各有关部分的性能和状态，获取需要的数据并采用合适的方式显示出来，反映车辆各系统的工作状况，为驾驶员提供所需的汽车运行参数信息，为正确使用和检修汽车提供依据。

汽车仪表是驾驶员与汽车进行信息交流的重要接口。随着汽车电子技术的发展，汽车行驶状况和各机构、各零部件的信息量显著增加，驾驶员在驾驶车辆时，必须更多、更及时地了解汽车的各种参数是否正常，以便及时采取措施，防止事故发生。

二、汽车仪表显示装置的种类

随着电子技术的进步，新型传感器和新型电子显示元器件陆续出现，汽车电子仪表也在更新换代。目前，汽车上使用的电子仪表显示装置主要有发光二极管、真空荧光屏显示器、液晶显示器三种。

1. 发光二极管

发光二极管最早在 20 世纪 60 年代末用在数字手表上，后来逐渐为人们所熟知。它结构简单，体积小，使用寿命长，现已逐渐取代传统仪表用的白炽灯泡。发光二极管在环境较暗的情况下显示效果好，但在阳光直射时则难以辨认，因而发光二极管多用于显示文字信息和条块图形。图 6-1-1 所示为发光二极管仪表显示装置。

图 6-1-1　发光二极管仪表显示装置

2. 真空荧光屏显示器

真空荧光屏显示器由许多封装在真空玻璃容器中的电极组成，通过高速电子流撞击荧光材料而发光。真空荧光屏显示比发光二极管的色域更宽，只用相当的工作电压就可进行色彩显示，并且容易控制电路连接，适用于显示各种不同的文字和图像。它具有高可靠性，读数方便，有很多颜色可供选择，但易震碎。图 6-1-2 所示为真空荧光屏仪表显示装置。

图 6-1-2　真空荧光屏仪表显示装置

3. 液晶显示器

液晶显示器利用液晶分子阵列在外加电场的作用下改变其倾斜方向的原理，液晶分子的倾斜方向改变，从而使自身光学特性发生改变。液晶显示器具有显示面积大、显示清晰、耗能少、不受阳光直射影响、通过滤光镜可显示不同颜色等优点。目前，液晶显示屏应用十分广泛。图 6-1-3 所示为液晶仪表显示装置。

图 6-1-3　液晶仪表显示装置

三、汽车仪表的组成

汽车仪表一般由车速表、转速表、机油压力表、水温表、燃油表以及指示灯、警报灯等组成。现代汽车仪表盘的面板下制作了各式各样的指示灯或警报灯，如冷却液液面警报灯、燃油量指示灯、清洗器液面指示灯、充电指示灯、远近光变光指示灯、变速器挡位指示灯、制动防抱死系统（ABS）指示灯、驱动力控制指示灯、安全气囊（SRS）警报灯等。

四、汽车仪表的工作原理

按工作原理的不同，汽车仪表大致可分为三代：第一代汽车仪表是机械机芯表；第二代汽车仪表为电气式仪表；第三代为全数字汽车仪表，它是一种网络化、智能化的仪表，其功能更加强大，显示内容更加丰富，线束链接更加简单。

现代汽车仪表多为第三代仪表，它既可以通过步进电机来驱动基表指针，也可以利用液晶显示屏直接显示图形或文字信息，同时它还有智能处理单元，可与汽车其他控制单元交互信息，用以控制相应的指示灯工作。

以前的仪表一般限制在 3~4 个量的显示和 4~5 个警告功能，现代新式仪表则达到约 15 个量的显示和约 40 个警告监测功能。不同的信息有不同的获取方式和显示方式，目前新式仪表信息获取方式主要有三种：通过车身总线传输获取；通过 A/D 采样转化获取；通过 I/O 状态变化获取。

信息显示方式主要有五种：通过驱动步进电机带动指针转动，以指针指向刻度的形式显示信息；通过点阵液晶显示屏显示图形或数字信息；通过段式液晶显示屏或数码管显示信息；通过 LED 灯的开关显示信息；通过蜂鸣器的不同鸣音指示当前状态。

五、汽车仪表的显示内容

（一）车速里程表

车速里程表（见图 6-1-4）由车速表和里程表组成。

图 6-1-4　车速里程表

1. 传统车速里程表

传统车速里程表是典型的机械式仪表，其上连接一根软轴，软轴内有一根钢丝缆，软轴另一端连接到变速器某一个齿轮上，齿轮旋转带动钢丝缆旋转，钢丝缆带动车速表罩圈内的一块磁铁旋转，罩圈与指针连接并通过游丝将指针置于零位，磁铁旋转速度的快慢引起磁力线大小的变化，平衡状态被打破，指针因此被带动。这种车速表简单实用，广泛应用于大小型汽车上。

里程表是一种数字式仪表，它通过计数器鼓轮的传动齿轮与车速表传动轴上的蜗杆啮合，使计数器鼓轮转动。其特点是，上一级鼓轮转一整圈，下一级鼓轮转1/10圈。

2. 电子式车速里程表

电子式车速里程表包括电子车速表、里程表、车速传感器。

（1）电子车速表：实际上是一个磁电式电流表，当汽车以不同车速行驶时，传感器传输一个与车速成正比的频率信号，通过IC的整形、触发，输出一个与车速成正比的电流信号，使得车速表指针偏转指示相应的车速。

（2）里程表：由一个步进电机及6位数字的十进制齿轮计数器组成，根据车速传感器频率信号经64分频后驱动步进电机累计里程。里程记录是将输入的脉冲频率由电子电路进行分频处理后，驱动步进电机，再经涡轮蜗杆机构驱动计数轮记录总里程和单程里程。

（3）车速传感器：由一个舌簧开关和一个含有4对磁极的塑料磁铁组成，4对塑料磁铁的磁极每转一周，舌簧开关的触点闭合8次，产生8个脉冲信号。汽车行驶时，安装在变速器上的车速传感器将车速转化为脉冲信号输入电子模块，经信号处理电路处理后，输出电流驱动动圈式测量机构并带动指针偏转一定角度指示车速。

（二）转速表

转速表（见图6-1-5）一般设置在仪表板内，与车速里程表对称地放置在一起。转速表是按照磁性原理工作的，它接收点火线圈中初级电流中断时产生的脉冲信号，并将此信号转换为可显示的转速值，发动机转速越快，点火线圈产生的脉冲次数越多，转速表上显示的转速就越大。

图6-1-5　发动机转速表

现代轿车一般采用电子式转速表，包括指针式和液晶数字显示式，表内有数字集成电路。电子式转速表将点火线圈输送过来的电压脉冲经过计算后驱动指针移动或进行数字显示。

另外，还有一种转速表是从发电机读取脉冲信号传送到转速表电路解析后显示转速值，不过因受发电机皮带打滑等因素影响，其数值通常不太精确。

（三）燃油表

燃油表（见图 6-1-6）一般设置在汽车仪表板内，常与其他仪表配合显示车辆信息。它是依据电路原理工作的，通过燃油传感器（通常为可变电阻式）感知油箱内燃油液位，燃油液位变化使传感器电阻改变，进而影响电路中的电流或电压。发动机控制单元或燃油表模块接收信号后，转换为可显示的燃油量数值，液位越高（油量越多），表上显示的油量值越大。现代汽车的燃油表有指针式、液晶数字显示式等，部分电子式燃油表利用数字集成电路，对传感器信号处理后驱动指针或数字显示。还有些车辆的燃油表信号可能与车辆的智能控制系统结合，实现更精准的监测与提醒，但是若燃油传感器出现故障（如接触不良等），则会导致燃油表显示不准确。

图 6-1-6　燃油表

（四）水温表

水温表（见图 6-1-7）是一种热敏电阻式传感器，用螺纹固定在发动机冷却水管道上，热敏电阻决定了流经水温表线圈绕组的电流大小，从而驱动表头指针摆动。以前汽车发动机的冷却水都是用自来水来充当，现在很多汽车发动机冷却系统都用专门的冷却液，因此水温表也称为冷却液温度表。

图 6-1-7　水温表

六、汽车仪表盘指示灯

汽车仪表盘指示灯分为三类，分别是指示灯、警示灯和故障灯。

（一）指示灯

指示灯（见图 6-1-8）通常以绿色居多，是日常行车时最常见的指示灯，如灯光信号灯、转向灯、驻车灯等，其作用是提示车辆各功能的状况。

图 6-1-8　仪表盘上的指示灯

（二）警示灯

警示灯（见图 6-1-9）通常为黄色，具有警示功能，如燃油指示灯、车门状态指示灯、安全带指示灯、胎压报警灯、机油报警灯、水温报警灯等。一般，警示灯在驾驶员进行相应动作后会熄灭。例如安全带指示灯，当系上安全带后，安全带指示灯就会熄灭。

图 6-1-9　仪表盘上的警示灯

（三）故障灯

故障灯（见图 6-1-10）通常为黄色或红色，也是最重要的指示灯，仪表当中黄色灯点亮，即告诉驾驶员车辆某个系统的功能故障。如果故障灯变成红色灯，一般都是危险警告灯，需要立刻进行检修。例如，发动机故障灯、发电机故障灯、ABS 故障灯、变速箱故障灯、刹车系统故障灯等。这些故障灯平时很少会点亮，或者在起动发动机时会点亮片刻后熄灭，如果故障指示灯常亮，并且伴有警告声，表明车辆已经出现故障或者异常。千万不要小看故障指示灯，如果故障指示灯常亮而忽视不管，轻则损坏车辆，重则危及行车安全。

图 6-1-10　仪表盘上的故障灯

任务实施：认识汽车仪表常用标识

汽车驾驶室的仪表板上装有指示汽车、发动机运行工况的各种仪表、报警灯、指示灯以及各种控制开关和按钮。为了便于驾驶员识别和控制，在各指示灯、开关等的相应位置通常标有醒目的形象符号。汽车仪表中的各种常用标识如下：

胎压低警告灯　信息指示灯　转向指示灯

可调空气悬架
指示灯

动力模式
指示灯

EV 驱动模式
指示灯

清洗液液位低
故障灯

光线/雨量传
感器故障灯

钥匙不在车内
提示灯

保持模式
指示灯

灯泡损坏
故障灯

巡航控制
指示灯

前雾灯指示灯

前照明指示灯

远光灯指示灯

后雾灯指示灯

换挡指示灯

行李箱盖未
关闭指示灯

车门未关闭
指示灯

后窗加热
指示灯

EBD（电子
制动力分配）
指示灯

驻车辅助
指示灯

智能进入和
启动系统指示灯

超速挡关闭
指示灯

坡道起步辅助
警告灯

霜冻警示灯

灯泡损坏
指示灯

自动变速箱
油温警告灯

钥匙在车外
警告灯

刹车片磨损
指示灯

转向助力系统
故障灯

水温报警
指示灯

发动机预热
指示灯

驻车制动与制动
油位提示灯

发动机防盗
锁止系统

前排安全带
提示灯

电子转向系统
警告灯

转向系统
警告灯

乘客侧气囊指示灯

乘客侧气囊
提示灯

VSA（车辆
稳定控制系统）
启用指示灯

VSA（车辆
稳定控制系统）
故障警告灯

发动机电子
防盗指示灯

燃油液位低
警告灯

动力转向
警告灯

安全指示灯

VSC（车身稳定控制系统）指示灯

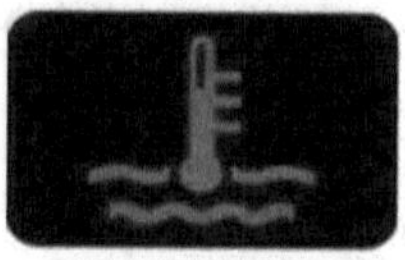

低水温指示灯

防滑指示灯

VDC（车身动态稳定系统）指示灯

制动系统警告灯

ESP（车身电子稳定系统）指示灯

EPS（电动助力转向系统）指示灯

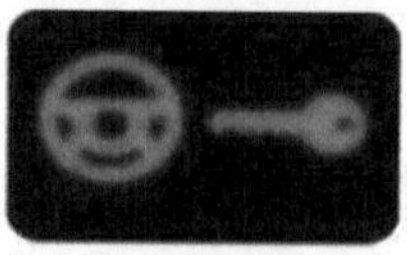

转向锁止系统故障灯

发动机启动系统故障灯

发动机故障灯

发动机功率控制系统指示灯

发动机系统故障指示灯

安全气囊警告灯

安全气囊警告灯

ABS（防抱死系统）指示灯

点火警告灯

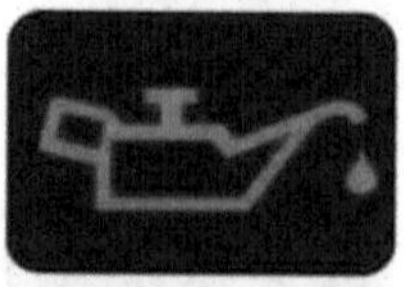

机油压力警告灯

车身稳定控制系统关指示灯

车身稳定控制系统指示灯

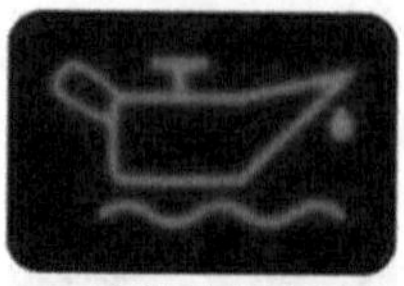

机油油位过低警告灯

安全带指示灯

燃油液位低
警告灯

制动系统
警告灯

ABC（车身主动
控制系统）指示灯

空气滤清器
更换警告灯

挂车结合器
故障灯

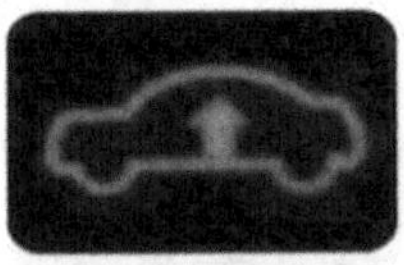
车身太低
警告灯

车辆正被升起
指示灯

燃油滤清器
警告灯

车钥匙指示灯

冷却液液位
过低警告灯

夜视功能
指示灯

胎压指示灯

燃油不足
警告灯

动力蓄电池
故障指示灯

减震器调节
指示灯

拖车牵引装
置指示灯

拖车转向灯
指示灯

钥匙未被识别
指示灯

车道保持辅助
系统指示灯

驾驶员疲劳
提示指示灯

限速警告
指示灯

遥控钥匙电量低
指示灯

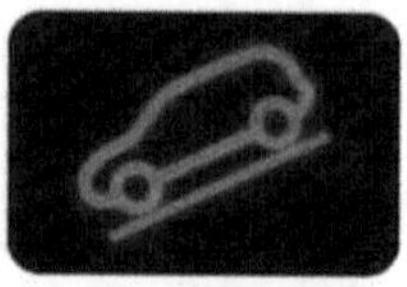
下坡行驶辅助
指示灯

发动机关闭
指示灯

发动机未被
关闭指示灯

制动踏板未
踩下指示灯

车辆保养
提示灯

自动变速器
报警信号灯

未啮合“Park”
指示灯

自适应前照灯
系统故障

自适应前照灯
系统关闭

防盗启动锁止
系统指示灯

定速巡航控制
指示灯

智能卡式遥控
钥匙系统指示灯

定速巡航
主指示灯

智能钥匙系
统警告灯

巡航设置
指示灯

牵引力关闭
指示灯

燃油经济性
指示灯

AFS（自适应
前照灯）指示灯

电子驻车制动
系统警告灯

发动机机油
油位低指示灯

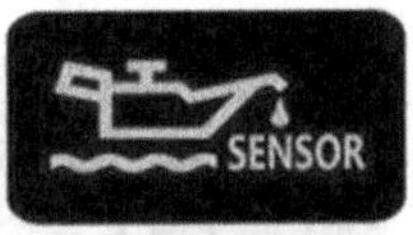

机油感应器
指示灯

车窗雨刮器
指示灯

巡航控制
指示灯

车辆维修
警示灯

超声波倒车
辅助指示灯

盲区监测
指示灯

传动系统
警告灯

前向碰撞预警
提示灯

车道保持
指示灯

升挡提示灯

燃油表/加油
口盖位置指示灯

电子节气门
控制指示灯

变速箱过热
警告灯

DBC（下坡制动
控制系统）指示灯

运动模式
指示灯

车距警告灯

遥控器电量低
警告灯

发动机动力部分
损失警告灯

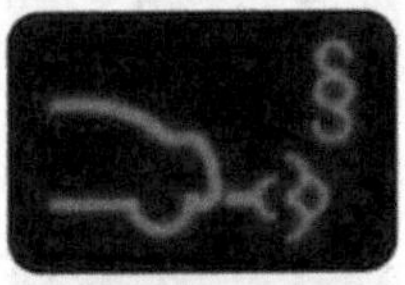
发动机排放
系统警告灯

ABS(防抱死制动
系统)和制动系统
警报灯

HDC（坡道
车速控制系统）指示灯

车外温度
指示灯

车窗防夹功能
指示灯

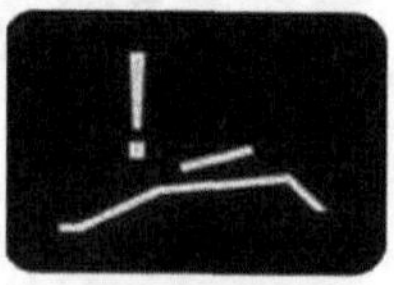

天窗防夹功能
指示灯

自适应大灯
系统故障灯

踩制动/离合
踏板指示灯

SOS呼叫警告灯

汽车需要维修
警告灯

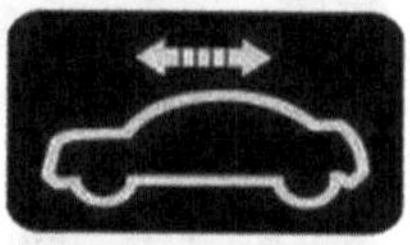

P挡锁止故障灯

P挡未锁定警告灯

电子方向盘
锁止警告灯

空调滤清器
故障灯

近光灯损坏
故障灯

远光灯损坏
故障灯

雾灯损坏
故障灯

服务期限
指示灯

服务有效
指示灯

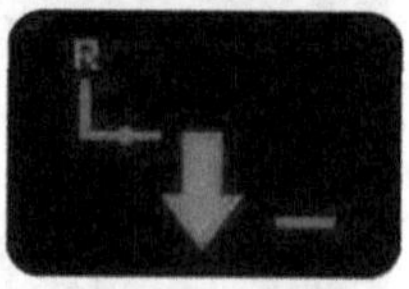

发动机转速低
指示灯

发动机转速高
指示灯

自适应弯道灯
故障指示灯

DTC指示灯

四驱系统
警告灯

起动机系统
指示灯

节能驾驶辅助
指示灯

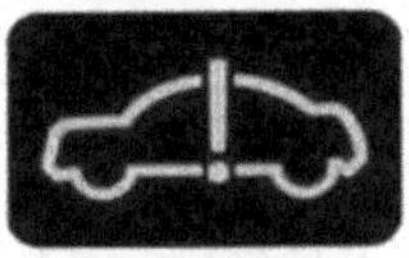
系统故障
警告灯

动力电池过热
警告灯

动力电池故障
警告灯

动力蓄电池
电量不足警告灯

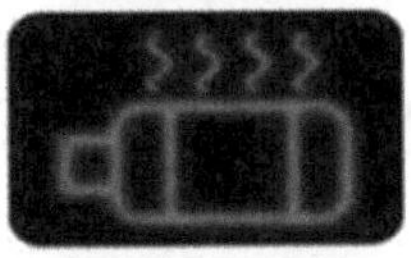
电机及控制器
过热指示灯

自动手刹
指示灯

发动机舱盖
打开指示灯

超出限速
警告灯

时间和日期
错误指示灯

充电线连接
指示灯

运行准备就绪
指示灯

环保驾驶模式
指示灯

任务二 仪表显示系统电路故障检修

任务导入

某客户发现自己的迈腾 B8 在接通点火开关时，燃油表指针总是指示 0 位，而实际上油箱并非无油，于是将车开到 4S 店进行检修。维修人员经过一番检修后，拆开油箱，拿出油泵总成，发现是浮子坏了，更换浮子后仪表显示正常。

知识准备：仪表电路图的识读

一、组合仪表电路图识读（以大众宝来为例）

（一）组合仪表系统电路图——供电电路（见图 6-2-1）

（1）常电供电电路：蓄电池正极→SA3（110 A）→SC13（5 A）→内部连接线 A167→组合仪表控制单元 J285 的 T32/4。

（2）点火供电电路：点火开关 15→SC2（10 A）→内部连接线 A20→组合仪表控制单元 J285 的 T32/23。

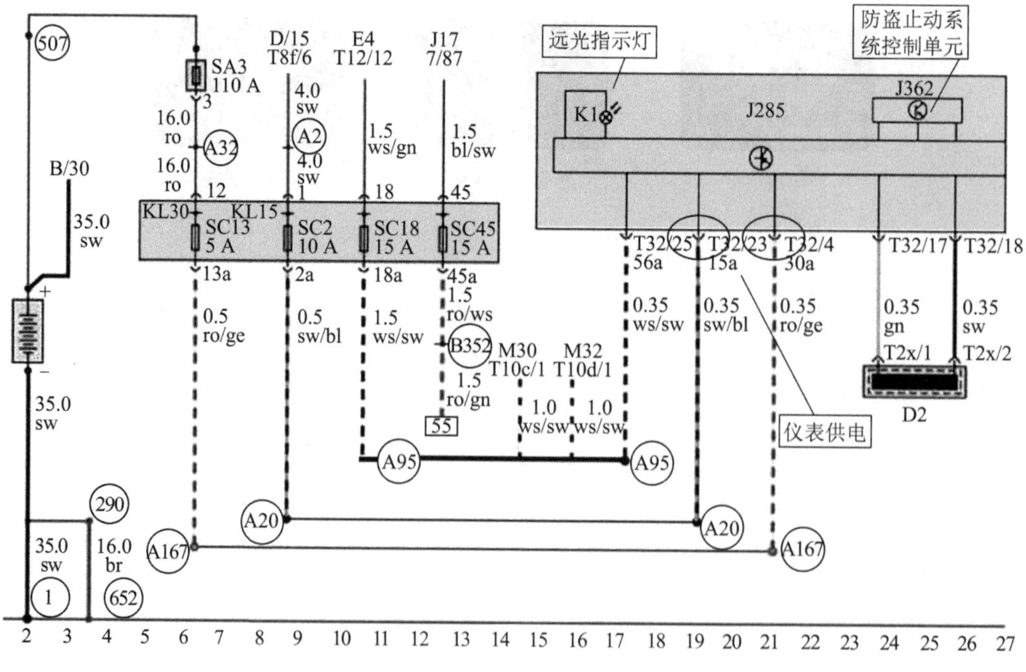

图 6-2-1 组合仪表系统电路——供电电路

（3）油泵电路：油泵继电器 J17 端子 87→SC45（15 A）→地址码 55→燃油泵 G6→接地。

（4）远光灯电路：手动变光开关 E4（即超车灯开关，扳动开关，车灯开关的电源经过手动变光开关触点到手动变光开关 T12/12 脚）→SC18（15 A）→内部连接线 A95，此处分三路：

第一路：左侧远光灯泡 M30。

第二路：右侧远光灯泡 M31。

第三路：组合仪表控制单元 J285 的 T32/25（去控制仪表远光指示灯 K1 点亮）。

（二）转向灯指示灯、驻车制动指示灯、多功能显示器电路图识读（见图 6-2-2）

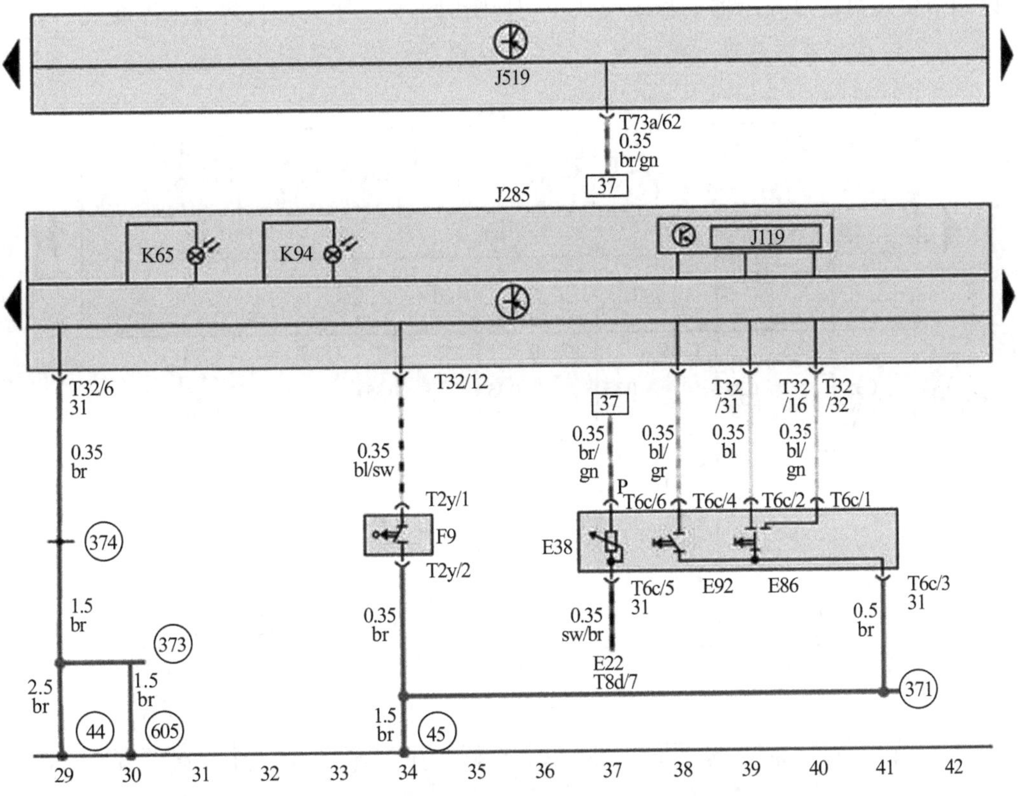

图 6-2-2 转向灯指示灯、驻车制动指示灯、多功能显示器电路图识读

1. 图中注解

E22—间歇式车窗刮水器开关；E38—车窗玻璃刮水器间歇运行调节器；E86—多功能显示器调用按钮；E92—复位按钮；F9—手制动控制开关；J119—多功能显示器；J285—组合仪表控制单元；J519—车载电网控制单元，在仪表板左侧下方；K65—左侧转向灯指示灯；K94—右侧转向灯指示灯；T2y—2 芯黑色插头连接；T6c—6 芯黑色插头连接；T8d—8 芯黑色插头连接；T32—32 芯黑色插头连接；T73a—73 芯白色插头连接；44—接地点，在左侧 A 柱下部；45—接地点，在仪表板中部空调器右侧支架上；371—主线束中的接地连接 6；373—主线束中的接地连接 8；374—主线束中的接地连接 9；605—接地点，在转向柱上部。

2. 电路分析

（1）K65、K94 为左、右转向灯指示灯，车载电网控制单元 J519 接收到转向开关或者危险警告灯或防盗遥控的开关信号后，通过 CAN 总线传输信号到仪表控制单元，仪表控制单元再去控制指示灯点亮。仪表插头插脚 T32/6 为仪表接地。

（2）T32/12 为驻车制动信号输入，控制驻车制动指示灯，当拉起驻车制动手柄时，驻车制动指示灯点亮，放下时驻车制动指示灯熄灭。

（3）E38 在雨刮拨杆上，通过调节器开关去改变电阻值传输信号到车载电网控制单元 J519，J519 控制雨刮电机的间歇时间长短；E92、E86 开关也在雨刮拨杆上，可以调节仪表盘液晶显示器的显示模式，切换瞬时油耗、平均油耗等显示界面。

（三）冷却液温度表、燃油存量显示表电路图识读（见图 6-2-3）

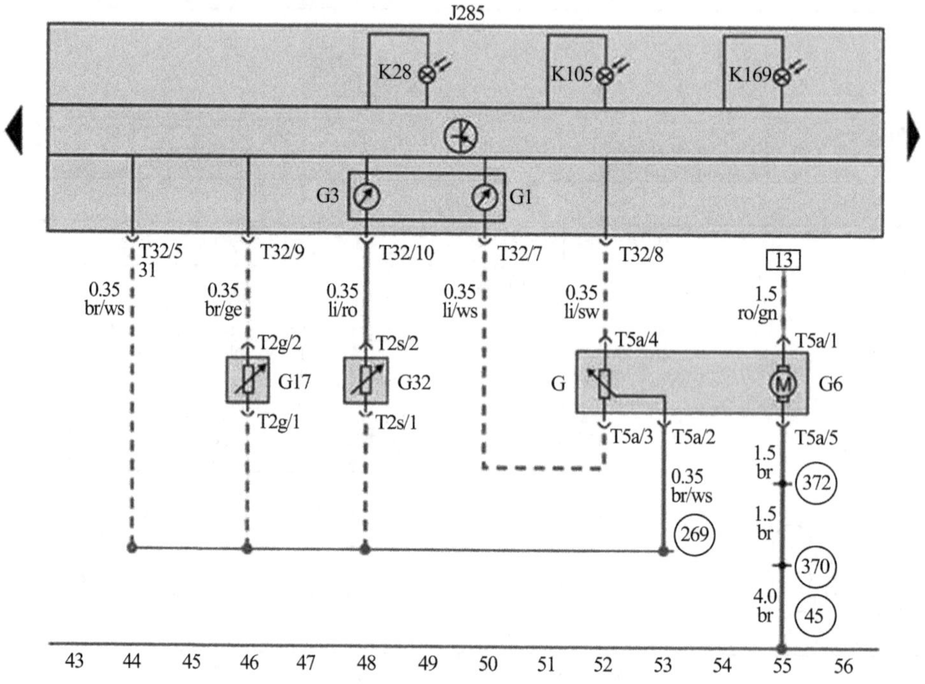

图 6-2-3　冷却液温度表、燃油存量显示表电路图识读

1. 图中注解

G—燃油存量显示传感器；G1—燃油存量显示；G3—冷却液温度表；G6—燃油泵；G17—车外温度传感器；G32—冷却液液位传感器；J285—组合仪表控制单元；K28—冷却液温度和冷却液不足指示灯；K105—燃油储备指示灯；K169—选挡杆锁指示灯；T2g—2 芯黑色插头连接；T2s—2 芯黑色插头连接；T5a—5 芯黑色插头连接；T32—32 芯蓝色插头连接；45—接地点，在仪表板中部空调器右侧支架上；269—仪表板线束中的接地连接 1（传感器接地）；370—主线束中的接地连接 5；372—主线束中的接地连接 7。

2. 电路分析

（1）仪表插接器端子 T32/5 为传感器通用仪表控制单元接地；G17 是车外温度传感器，检测车外温度，仪表控制单元接收此信号并控制多功能显示器显示车外温度值。

（2）G32 为冷却液液位传感器，用于检测冷却液是否足够。当冷却液不足时，会点亮仪表冷却液温度和冷却液不足指示灯 K28。冷却液温度表 G3 受发动机水温传感器 G52 控制，G52 将信号传给发动机电控单元，发动机电控单元通过 CAN 总线控制 G3，当水温过高时也会点亮 K28 指示灯。

（3）燃油存量显示传感器 G 用于检测燃油箱油量，并控制燃油存量显示 G1；当油量不足时会提醒驾驶员尽快加油，提醒方式为显示器显示和报警提示音。

（四）后雾灯指示灯、制动摩擦片磨损指示灯电路图识读（见图 6-2-4）

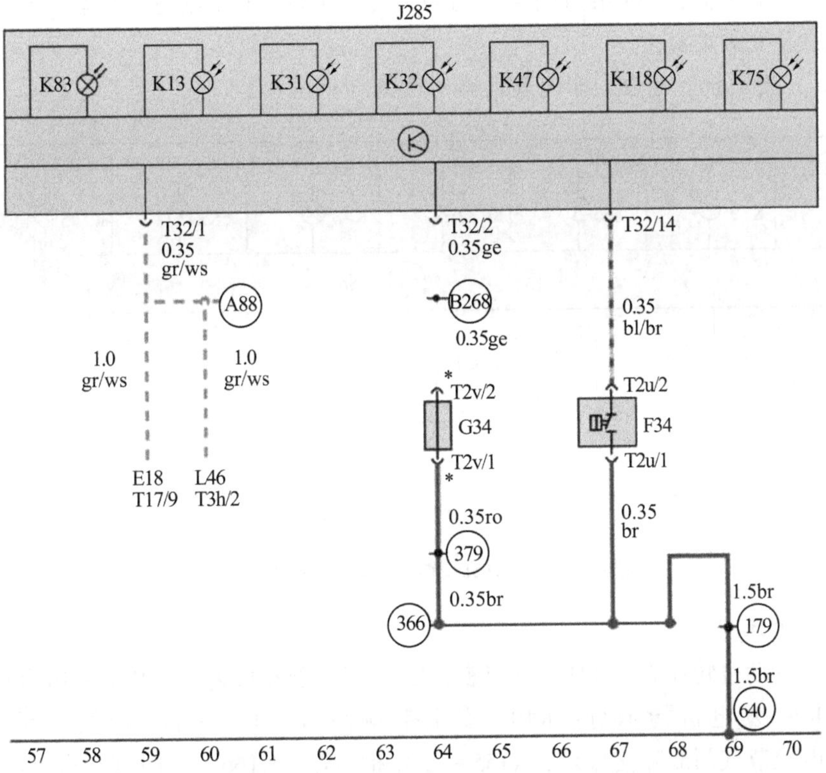

图 6-2-4　后雾灯指示灯、制动摩擦片磨损指示灯电路图识读

1. 图中注解

E18—后雾灯开关；F34—制动液液位警告信号触点；G34—左前制动摩擦片磨损传感器，在左前车轮内；J285—组合仪表控制单元；K13—后雾灯指示灯；K31—GRA 指示灯；K32—制动摩擦片指示灯；K47—ABS 指示灯；K75—安全气囊指示灯；K83—排气警示灯；K118—制动系统指示灯；L46—左侧后雾灯灯泡；T2u—2 芯黑色插头连接；T2v—2 芯黑色插头连接；T3h—3 芯黑色插头连接；T17—17 芯黑色插头连接；T32—32 芯蓝色插头连接；179—左大灯线束中的接地连接；366—主线束中的接地连接 1；379—主线束中的接地连接 14；640—接地点，在左前纵梁顶部中间；A88—仪表板线束中的连接（NSL）；B268—车内线束中的连接 1（制动摩擦片磨损显示）；*—仅限装备制动片磨损报警的汽车。

2. 电路分析

（1）E18 为后雾灯开关，当打开后雾灯开关时，E18 的 T17/9 有电→左侧后雾灯灯泡 L46→接地；同时，E18→仪表控制单元 J285 的 T32/1（去控制后雾灯指示灯 K13 点亮）。

（2）G34 为左前制动摩擦片磨损传感器，当刹车片磨损到更换极限时，会点亮仪表制动摩擦片指示灯 K32，从而提醒驾驶员更换刹车片。

（3）F34 为制动液液位警告信号触点，用于检测制动液是否足够。当制动液不足时，制动液面过低，F34 触点闭合，制动系统指示灯 K118 点亮，提醒驾驶员检查制动系统，补充制动液。

（五）发动机转速表、车速表电路图识读（见图 6-2-5）

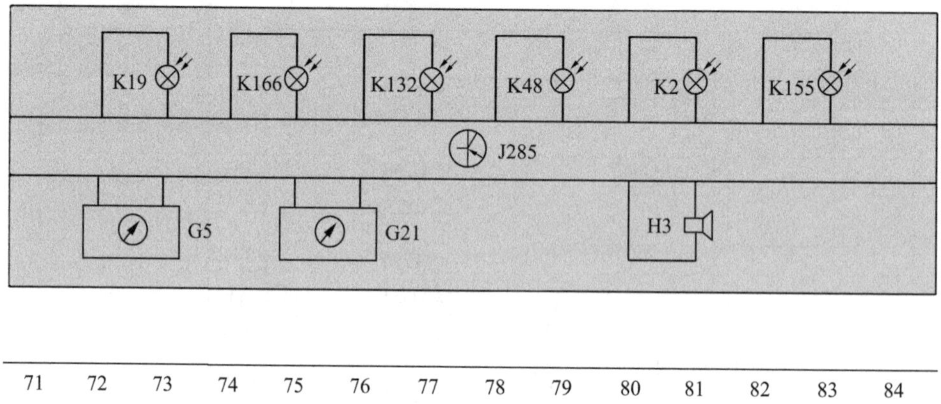

图 6-2-5 发动机转速表、车速表电路图识读

1. 图中注解

G5—发动机转速表；G21—车速表；H3—蜂鸣器和报警音；J285—组合仪表控制单元；K2—发电机指示灯；K19—安全带报警指示灯；K48—换挡显示指示灯；K132—电控节气门故障信号灯；K155—ASR 指示灯；K166—车门打开指示灯。

2. 电路分析

转速表 G5 显示发动机转速，发动机转速传感器检测发动机转速并将信号传至发动机控制单元，发动机控制单元通过 CAN 总线传输信号至仪表并控制转速表 G5 显示发动机转速。

仪表板内还有许多其他报警灯，它们各自受到相应的开关、传感器通过 CAN 总线传输相应的信号的控制，主要作用都是使驾驶员更好地了解车辆状况。

（六）机油压力开关电路图识读（见图 6-2-6）

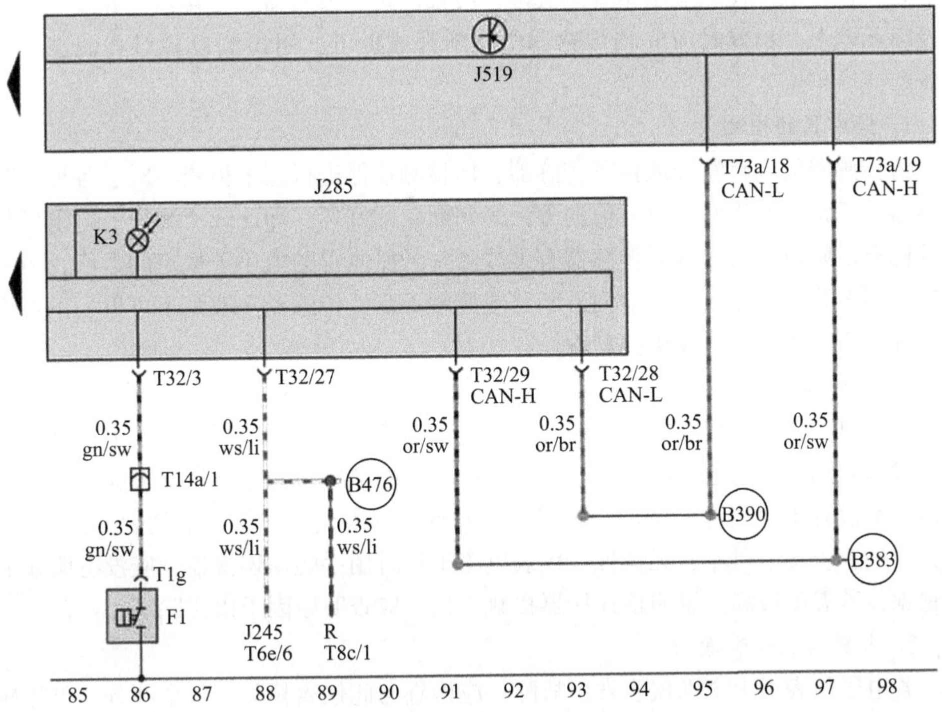

图 6-2-6　机油压力表开关电路图识读

1. 图中注解

F1—机油压力开关；J245—滑动天窗控制单元；J285—组合仪表控制单元；J519—车载电网控制单元；K3—机油压力指示灯；R—收音机；T1g—1 芯黑色插头连接；T6e—6 芯黑色插头连接；T8c—8 芯黑色插头连接；T14a—14 芯黑色插头连接，在发动机舱内左大灯后面；T32—32 芯蓝色插头连接；T73a—73 芯白色插头连接；B383—主线束中的连接 1（驱动系统 CAN 总线高频）；B390—主线束中的连接 1（驱动系统 CAN 总线低频）；B476—主线束中的连接 12；*—仅限装备无导航系统的汽车。

2. 电路分析

机油压力开关 F1 用于检测发动机机油压力，当发动机机油压力不足时，点亮机油压力指示灯 K3。

二、汽车电子仪表显示系统故障检修

现代汽车电子仪表显示系统看起来十分复杂，但由于其整个系统是按不同显示功能、由不同的独立装置组合而成的，因此只要深入了解该系统的内部结构和各独立装置之间的联系，就不难弄懂其工作原理，也不难掌握各仪表装置及整个显示系统的维修方法。

（一）仪表常见故障的检测

现代汽车电子仪表显示系统的故障一般都出现在传感器、连接器、导线、个别仪表及显示器上。检修时应先将传感器电路断开或拆下，用检测设备对它们进行逐个检查。

1. 传感器的检测

将传感器的电路断开或拆下传感器，用检测仪器进行逐个检查。对于各种电阻式传感器，通常是采用测量电阻值的方法来判断它的好坏，即比较所测得的电阻值与规定的标准电阻值，从而判断传感器有无故障。若所测得的值小于规定的数值，表明传感器内部短路；否则，传感器内部断路或接触不良。传感器一般是不可拆、不可维修的元件，若有故障，只能更换新件。

2. 连接器的检查

采用电子仪表的汽车，往往需要很多连接器将电线束连接到仪表板上。这些连接器一般都采用不同颜色，以辨认它属于哪一部分的连接。为保证连接牢固、可靠，连接器上都设有闭锁装置。检查时可用目测或触摸的方法，连接器装置要齐全、完好，插头、插座应接触可靠、无锈蚀。仪表电路工作时用手触摸连接器，应没有明显的温度感觉，若温度过高，说明该连接器接触不良，应查明原因予以排除。

3. 个别仪表故障诊断

若电子仪表板上个别仪表发生故障，应检查与此仪表相关的各个部分。首先应检查各导线的连接情况，包括各连接器的接触状况，导线是否破损，线路是否搭铁、短路或断路等；然后用检测设备分别对该仪表及其传感器进行检测，查明故障原因予以修复，必要时更换新的元件。

4. 显示器故障检修

一旦电子仪表板上的显示器部分笔划、线路出现故障，应将仪表板上的显示器件调整到静态显示状态，仔细观察是否还有其他故障，若有，则使用检测设备对与此相关的电路或装置进行检查。若仅有一两笔或线段不发亮或不显示，则说明逻辑电路板通过多路传输的脉冲信号正确，可能是显示装置的部分线路工作不正常，此时应作进一步检查。若为接触不良导致的故障，应加以紧固，确保其电路畅通；若是电子器件本身的问题，通常应更换显示器件或电路板。

（二）汽车仪表故障的诊断方法

一般来说，使用电子仪表的汽车都采用电子控制，其中包括对电子仪表系统的控制，即来自各种传感器信号处理和仪表的显示都是由电控单元控制的，使用电控单元控制的汽车一般都具有故障自诊断系统，包括对电子仪表系统进行自检，检查电子仪表系统功能是否正常，并对其进行故障诊断。对于具有故障自诊断系统的车辆，只要点火开关开至 ON 挡，系统便开始对汽车进行自检，若有故障，仪表通常会亮起相应的警示装置。

对于汽车仪表装置的故障诊断，除了依靠车载故障自诊断系统进行自诊断以外，还可以使用专门的诊断检测设备进行检测和诊断。这些检测设备属于外接设备，可以直接接入汽车电控单元的相应插槽内使用。

常见的汽车仪表故障诊断方法有拆线法、搭铁法、短接法和对比法。

1. 拆线法

当汽车电器仪表读数异常，通过分析、推断可能是传感器内部或传感器与指示仪表间的导线存在搭铁故障时，常采用拆线法进行检查，即通过拆除有关接线柱上的导线来判断故障的原因及部位。以电磁式燃油表为例，当传感器内部搭铁或浮子损坏，以及传感器与燃油表间的导线搭铁时，无论油箱内油量为多少，在接通点火开关后，燃油表指针总指向“0”，此时可采用拆线法进行检查：拆下传感器上的导线，若此时燃油表指针向“I”处移动，则为传感器内部搭铁或浮子损坏。若指针仍指向“0”，则拆下燃油表上的传感器接线柱导线，若仪表指针向“I”移动，则为燃油表至传感器间的导线搭铁；若指针仍不动，则可能是燃油表内部损坏或其电源线断路。

2. 搭铁法

当汽车电器仪表读数异常，通过分析、推断可能是传感器搭铁不良或损坏，传感器与指示仪表间的导线存在断路故障时，常采用搭铁法进行检查。利用导线将有关接线柱搭铁，可判断故障的原因及部位。接通点火开关后，对于电磁式燃油表，无论油箱存油多少，燃油表指针均指向“I”；对于双金属片式燃油表，燃油表指针则均指向“0”。以上情况均说明相应仪表传感器可能存在搭铁不良或损坏，或者是传感器与指示仪表间的导线存在断路故障，此时可利用搭铁法进行检查：将传感器与导线相连的接线柱搭铁，若指针转动，说明传感器损坏或搭铁不良。若指针不转动，可用导线将指示仪表上接传感器的接线柱搭铁，若指针转动，则为传感器与指示仪表间的导线存在断路故障；若指针仍不转动，则说明指示仪表内部损坏或其电源线断路。

3. 短接法

在其他电器仪表工作均正常，只有与稳压器相连的仪表（如燃油表、电磁式水温表等）不工作时，可利用短接法进行检查，即用导线将稳压器的输入、输出端短接，若与稳压器相连的仪表指针立即偏转，则为稳压器内部存在故障。

4. 对比法

仪表读数不准时，可采用对照比较法进行校验检查。在相同的工况条件下，比较被校验的仪表与标准仪表的读数，从而可判断被校验仪表的技术状况。

（三）检修注意事项

现代汽车电子仪表显示系统在检修中，需注意以下几点：

（1）现代汽车电子仪表比较精密，对检修技术要求较高，检修时应遵守各汽车实用维修手册中的有关规定，必要时，电子仪表装置应送至专业维修单位检修。

（2）现代汽车电子仪表显示板与母板（逻辑电路板）不仅容易损坏，而且价格昂贵，因此在使用与检修时应多加小心，除非有特殊说明，否则不能将蓄电池的全部电压加在仪表板的任何输入端；在检查电压、电阻时，应使用高阻抗仪器（不能使用简易仪表），若检修汽车仪表时使用不当，常常会造成电控单元电路的严重损坏，因此在进行仪表检修时应特别注意这一点。

（3）拆卸电子仪表板时首先应切断电源，然后按顺序拆卸，应特别注意拆卸时不能敲打、振动或用力过猛，以防损坏电子元器件。

（4）在拆装仪表板总成之前，脱开连接器或端子时，应先脱开蓄电池端子。更换电子仪表元器件时，应注意不让身体与所更换元件（备用元件）的集成电路引线端子接触，备件应放置在镀镍的包装袋内，不要提前从袋中取出，取出时不要触碰各部分接头，防止静电造成元器件损坏。

（5）检修电子仪表板时，不论是在车上还是在工作台上作业，作业地点或维修人员都不能带有静电。为此，作业时应使用静电保护装置，通常使用一根与车身搭铁的手腕带和放置一个电子部件的导电垫板。

（6）发动机运行时不能将蓄电池断开，因为这会引起瞬间的反电势，导致仪表损坏。

（7）电子仪表使用冷阴极管的，应注意冷阴极管连接器上通电后存在高压交流电，因此通电后不得接触这些部位。

（8）在处理电子式车速里程表的电路板时，必须使用原来的塑料盒，以免因静电感应而损坏电路板。不慎碰触电路板的接头时，仪表的读数将被消除，此时必须送至专业维修单位维修后才能使用。

任务实施：仪表电路检修

一、各小组任务准备

请填写表 6-2-1。

表 6-2-1　任务准备列表

序号	准备事宜	具体内容
1	安全防护措施	
2	资料、工具、仪器	
3	物料	
4	零部件	

二、记录故障现象

____

____

三、摘画仪表系统控制电路图

（一）摘画步骤

（1）查看电路图，标注出与仪表控制系统有关的组成元件。

（2）仔细分析各元件之间的连接关系和对应针脚号。

（3）画出仪表及保险部分的电路草图。（采用反向画法，先从起动机开始画）

（4）画出仪表各连接元件部分的草图。（标出各元件针脚号和线径颜色）

（5）使用直尺和铅笔，对照草图画出最终电路图。（标出各元件针脚号和导线电路代号）

（二）摘画维修手册上的汽车仪表电路图

30 ______________________________

15 ______________________________

X/75 ______________________________

31 ______________________________

四、分析仪表电路故障原因

1. 仪表供电线路的检查

____

____

2. 仪表控制电路连接端子的检查

____

____

3. 仪表自身的检查

____

____

五、查看故障是否排除

____

____

知识拓展：国赛车型迈腾 B8 的仪表电路

迈腾 B8 的仪表是在点火开关打开之后，通过舒适数据 CAN 总线接收到 15 电信号才开始点亮的，防盗控制单元 J362 集成在仪表盘里。迈腾 B8 仪表盘电路如图 6-2-7 所示。

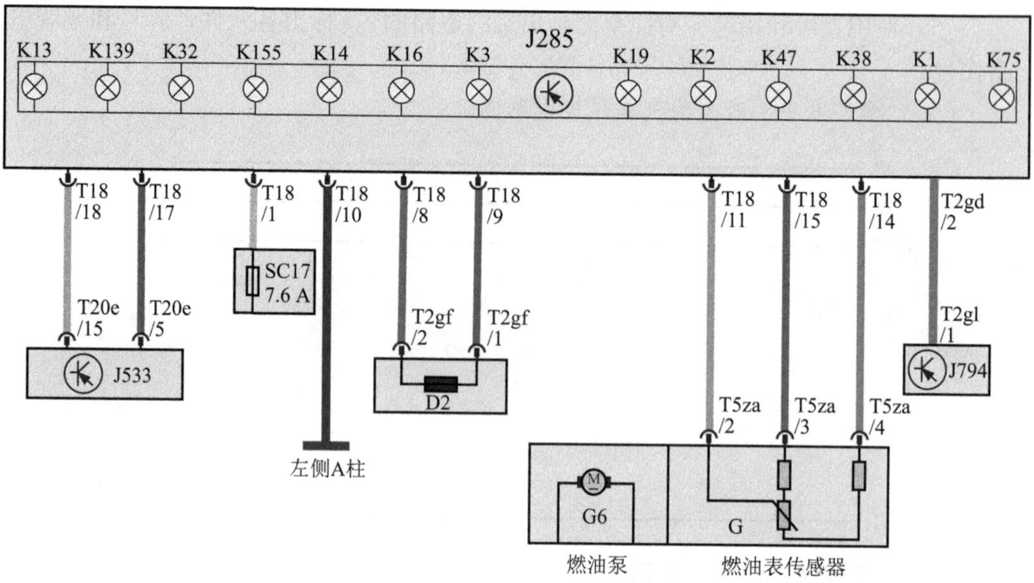

图 6-2-7　迈腾 B8 仪表盘电路

思考与练习

一、判断题

1. 车门状态指示灯——显示车门是否完全关闭的指示灯。（　）

2. 驻车指示灯——驻车制动手柄拉起时，此灯不亮；放下时，该指示灯自动点亮。（　）

3. 充电指示灯——显示蓄电池工作状态的指示灯。打开点火开关后亮起，发动机启动后熄灭。如果不亮或长亮不灭，应立即检查发电机及其电路。（　）

4. 刹车盘指示灯——显示刹车片磨损情况的指示灯。正常情况下此灯熄灭，点亮时提示驾驶员应及时更换故障或磨损过度的刹车片，修复后熄灭。（　）

5. 安全气囊指示灯——显示安全气囊控制系统工作状态的指示灯。打开点火开关后点亮，约 6 s 后熄灭，表示系统正常，不亮或常亮表示系统存在故障。（　）

6. ABS 指示灯——打开点火开关后点亮，约 6 s 后熄灭，表示系统正常。不亮或长亮则表示系统故障，此时可以继续高速行驶，随时紧急刹车。（　）

7. 清洗液指示灯——显示风挡清洗液存量的指示灯。如果清洗液即将耗尽，该灯点亮，提示驾驶员及时添加清洗液。添加清洗液后，指示灯熄灭。（　）

8. 远光指示灯——显示大灯是否处于远光状态。通常情况下该指示灯为熄灭状态，在远光灯接通和使用远光灯瞬间点亮功能时亮起。（　）

9. 安全带指示灯——显示安全带状态的指示灯，按照车型不同有所不同。通常此灯会亮起数秒进行提示，直到系好安全带才熄灭，有的车还会有声音提示。（　）

10. 水温指示灯——显示发动机冷却液温度过高的指示灯，此灯点亮报警时，应立即停车并关闭发动机，用冷水降温至正常温度后再继续行驶。（　）

二、简答题

1. 汽车仪表不亮的故障原因有哪些？

2. 参照维修手册简述所使用车辆仪表盘的拆装步骤。

参考文献

［1］吕丕华. 汽车基础电器系统故障诊断与维修［M］. 北京：团结出版社，2012.

［2］一汽-大众汽车有限公司. Magotan B8L 2020 年型修理手册·电路图［Z］. 长春：一汽-大众汽车有限公司，2020.

［3］弋国鹏，魏建平，郑世界. 汽车灯光控制系统及检修［M］. 2 版. 北京：机械工业出版社，2019.

［4］一汽-大众汽车有限公司. 速腾培训手册［Z］. 长春：一汽-大众汽车有限公司，2010.

［5］于津涛，王凯明，王兆轩. 奥迪车系电控系统检修及故障诊断仪使用技巧［M］. 2 版. 北京：机械工业出版社，2013.